アジアの中等教育改革
グローバル化への対応

馬越 徹
大塚 豊 編

東信堂

序　アジア中等教育改革の新動向

大塚　豊

　近年アジアの変貌はめざましく、加えて域内の緊密度は著しく高まっている。地域経済統合の動きが加速し、自由貿易協定の協議が進展している。ASEAN加盟6か国の間での輸入関税完全撤廃や広域メコン川流域圏の開発、さらに、各国の開放型経済運営の結果としての域内への直接投資が増大している。こうした経済を牽引車とするアジア域内の相互依存度の高まりは、教育の分野でも確実に認められる。最も直接的な現象として留学生の移動をとって見ても、従来からのアジア諸国から欧米諸国への留学生の動きに加えて、アジア域内の留学生移動ルートが新たに確立し、より多様化した移動が見られるようになった。しかも近年の留学生交流は、伝統的な学位取得型の留学から、学位取得を目的としない非伝統的な留学（単位互換を含むさまざまなタイプの短期留学）まで多様化してきている。このような留学の多様化に柔軟に対応するためには、相互の「接続」関係を考える場合の主要な基準である教育年限や修了資格（学位）にとどまらず、教育内容（カリキュラム）や評価法（進級・進学、修了資格認定方法）の実態にまで立ち入った検討が必要になってくる。

　翻って、アジア各国の教育に関する既存の研究状況を見てみると、高等教育に関する著書・論文は相当数にのぼり、また、1990年にタイのジョムティエンで開かれた「万人のための教育（EFA）」世界会議を契機として、その後に高まった基礎教育普及への関心から、初等教育に関する研究も広く行われてきた。しかし、そのはざまにある中等教育、とりわけ後期中等教育に関する研究関心は世界的に低調であり、わが国でもアジア各国の後期中等教育に関

する論考はきわめて限られている。そこで本書は、アジア諸国の中でもわが国の大学が多くの留学生を受け入れている国・地域の中等教育を取り上げ、そのカリキュラムや評価方法も含めた教育の実態をできるだけ解明することに努めた。中等教育段階は、いずれの国においても制度的に複雑でその実態がつかみにくいが、とくにアジア各国（地域）の場合、独立後半世紀以上を経たとはいえ、未だに教授言語（media of instruction）や教育制度の面で、植民地遺制を引きずり複雑さが残存している。従って、わが国が受け入れ、また今後ますます増加することが予想される留学生の出身国の中等教育を中心とする教育の実態に関して最も正確な情報を提供することが、本書の第一義的目的である。

　この目的に照らして、各章での記述は、①歴史的発展過程も含む中等、とくに後期中等教育の全体像の俯瞰、②中等学校への入学者選抜と卒業認定、③カリキュラム改革を中心とする90年代以降の改革動向、④中等教育と高等教育との接続問題という4つのテーマを大きな柱として構成されている。

　各国の中等教育の状況や目下進行している改革は多様であり、本書の各章に盛り込まれている詳細な記述をご覧いただきたいが、それぞれの主要な動向は、おおよそ次のように点描しうるであろう。

韓　国

　グローバリゼーションへの対応や21世紀に向けての韓国の教育改革は、「集権から民主へ」と「画一から多様へ」の基本方針の下で急速に進んできた。

　中等教育カリキュラムは90年代以降、「分権化」「多様化」の方向に向かい、自律的かつ創意的韓国人育成のために大きな変化を見せた。中学校では、教科のほか、裁量活動および特別活動と呼ばれる多様な内容が設けられるようになった。高校の教科編成も従来は学校種別に行われてきたが、「普通教科（一般教養教育）」と「専門教科（職業・専門教育）」の二大教科群の中から各校が柔軟にカリキュラムを編成しうるようになった。内容の改革とともに、教育方法についても、教員が教科書を一方的に教える従来の画一的方式から、学習の個性化・個別化の観点に立った「開かれた教育」運動が推進されつつある。

教育に当たる教員については、児童・生徒数の急激な減少の中で、供給過剰の状況が生まれ、教員採用における競争激化が進んでいる。加えて、父母による校長・教員選択権が部分的に認められるとともに、生徒や父母による教員評価制も実施されるなど、教員人事のあり方は転換期を迎えている。

高校卒業者の大学進学率はここ数年頭打ちとなっているものの、8割前後に達し、すでにユニバーサル・アクセス段階に達している。入学者選抜では入学査定官制度、つまりAO入試の広範な導入が図られているが、その選抜における客観性の担保や、社会階層による有利さの差に対する懸念などの問題点も残っている。

中　国

「改革・開放」政策の下、市場経済化を急速に進める中国は、地域間経済格差をはじめとする課題も少なくないが、その解消も含めて社会経済発展を実現する基盤として教育に対する期待は大きい。また、各教育段階・各種の学校に学ぶ児童・生徒・学生数は約2億5,000万人にのぼり、在学者の数から見れば、「世界一の教育大国」と呼ぶことができる。

カリキュラム改革では、情報化社会の中でのコンピュータ教育の重要性に鑑み、情報技術教育が重視されてきた点と、問題解決能力の育成を目指す総合的実践活動が重視されるようになっている。総じて、「書物中心」「教科中心」「知識中心」であった従来の教育のあり方を打破し、実践的学習、現実の生活、価値観・情緒・態度の育成などにより大きな力点を置くものに変化している。

このようなカリキュラムやそれに伴う教科書および教授法の変化は、担当する教員に対して新たな課題を課すことになった。中国の教員は教育段階に応じて異なる師範系の教育機関で養成されてきたが、80年代以降、教員の資格や職位の要件に関する明確な規定が設けられ、高級、1級、2級、3級の4等級に分けられるとともに、現職教員の研修が積極的に進められるようになっている。

中等教育と高等教育の接続に関しては、90年代後半に大学入学者定員の急激な拡張策がとられたことにより、大学の門戸が相当に広がり、2011年

現在の広義の高等教育進学者は同一年齢層の26.5％と、すでに大衆化段階に達している。

台　湾

　50年にも及ぶ日本による植民地統治を脱した後、大陸から移ってきた蒋介石国民党政府の下で戦後の教育建設を始めた台湾は、植民地時代からの比較的高い教育の普及度を基盤として中国大陸の制度が移植され、さらに改革を重ね、今日に至っている。現在の初等および前期中等の9年間から、後期中等教育を含む12年間を義務教育ないし国民全員が基本的に享受すべき教育とすることがすでに議事日程に載るほど、教育は普及し、高等教育についても当該年齢(18-21歳)人口の67.27％が在学するなど、ユニバーサル・アクセスの段階に到達している。

　中等教育のカリキュラムの法的拠り所が「課程標準」とかつて呼ばれていた時代には、台湾全土の教育を一律に規定する傾向が強かったが、98年に現行の「課程綱要」に変わって以降、柔軟性が増し、学校ごとに弾力性のある教育実践を行うことも可能となっている。規制緩和や多様化という時代の流れに沿った改革と言えよう。教科の中身に関しては、初等および前期中等段階での「認識台湾」という科目の導入に象徴されるように、中華文明全体や漢民族中心の教育内容や考え方とは距離を置き、台湾の独自性に関する内容が、後期中等段階を含むすべての教育段階で強化された点が注目される。加えて、教科書の編纂・出版を国立編訳館と呼ばれる国家機関で一本化することが改められ、国立編訳館による審査は行われるものの、広く民間の出版社の参入が認められたことに見られるように、社会の多元化や自由化の流れに沿った改革が行われてきた。自由化、規制緩和の流れは教員養成についても見られる。なお、教育実習期間が半年と長いのは、わが国などと比べて特色であろう。

　中等教育と高等教育との接続に関して、上述したとおり、台湾の高等教育への進学率はアジアで最も高いものの1つになっているが、国立台湾大学を頂点とする一流大学合格を目指す受験競争は熾烈である。各地に存在する「明

星学校」と呼ばれる進学有名高級中学を中心として大学入試の受験準備が熱心に行われ、受験予備校が盛況をきわめている。

フィリピン

　初等教育の普及がほぼ完成した後、フィリピン政府は1980年代後半から各種法制の整備や具体的な経費投入を通じて中等教育の拡大を積極的に推進してきた。私立学校への財政支援も行われたものの、公私の就学者比率が約8対2であることに見られるように、粗就学率が8割を越えた中等教育の拡大は、主として公立校により実現された。公立中学については最寄りの学校への無試験入学が保障されているが、私立校の場合には学校独自の入試が課される。教育水準の維持ないし質保証を目的として、小学校6年生に対する全国初等教育能力試験および中等学校入学予定者に対する中等学校準備試験が実施されている。この中等学校準備試験で学力不十分と認定されると所定の補償教育を受ける必要がある他、中等学校での厳密な学習成績の評価と原級留置や中等教育の修了時に実施される全国中等教育能力試験など、学力保持にはとくに注意が払われている。

　新しい「2002年基礎教育カリキュラム」では、従来の教科目の統合と内容の精選が図られたが、英語と数学に大きな力点が置かれる一方、従来の社会、技術・家庭、保健体育・音楽、価値教育を統合した科目であるマカバヤンにおいて国家統合のための愛国心の涵養が図られるようになっている。

　こうした教育を支える教員については、行政区域ごとに、マニラ首都圏ではフィリピン師範大学というように教員養成の拠点形成が行われている。また、関連行政機関代表や専門家から構成される教員養成協議会の設置により、教員養成・研修の質の向上が図られている。現職教員に対して少なくとも5年に1度実施される試験は、合格者に対する優遇措置がとられ、一方不合格者も排除されることなく、あくまで質の向上を図る施策であると位置づけられている。

　中等教育と高等教育との接続に関連して、上記の全国中等教育能力試験で75％以上の成績を収めた者には各大学が実施する入試の受験資格が生まれ

る。また、医学8年、法学8年、工学5年、建築学5年というように、高等教育段階での修業年限が一部分野において相対的に長いのは、前後期あわせて6年間が他国では一般的な中等教育を4年一貫で実施するフィリピン特有の制度的制約を踏まえたものと見ることもできよう。

ベトナム

　長年にわたる南北分断状態が1975年の北側による国家統一によって解消された後、旧北ベトナムの全体としての修業年限が南の制度にあわせて2年間延長される形で5-4-3制の全国統一的な学校制度ができあがった。その後、市場主義経済の導入を目指す、いわゆるドイモイ（刷新）政策の導入により、教育分野でもさまざまな変化が生じてきた。ドイモイ政策を反映し、1998年に制定された史上初の体系的な教育法は2005年に全面的に改定され、1990年代までの量的拡大に力点を置いた政策から、今後の迅速な工業化を目指して、むしろ質的向上を重視するものへと変化しつつある。

　教育普及の努力の結果、初等教育は9割以上の純就学率を達成しているが、義務教育とはいえ中学校は約8割、高校に至っては未だ5割弱にとどまり、さらなる拡大が目指されている。また、高等教育への進学率は今世紀に入ってから急激に上昇し、それまで10％弱であったものが20％程度にまで達し、大衆化が進行している。中・高・大学への進学は下級段階での全国統一の卒業試験と当該段階の入学試験の両方に合格しなくてはならない。進学競争と受験準備は他のアジア諸国と同じく厳しい。

　各教育段階とも基本的に全国統一のカリキュラムが適用され、教科書も全国統一の「国定」教科書が使われるために、異なる地域の状況にいかに対応するかという問題を抱えている。高校の新カリキュラムでは情報、総合学習、課外活動、キャリア教育などの新設科目が注目に値する。各教育段階とも指導に当たる教員は、相応のレベルの師範系諸学校で主に養成される。これらの学校は無償の上、学生のほぼ全員が一定の奨学金を受けることができる。しかし、教職に就いた後の給与・待遇の低さが大きな問題であり、教員の多くが副業に就くことを余儀なくされている。

タイ

　経済成長に伴う産業構造の変化に対応するため、とくに従来は中等教育を受ける機会が限られていた農村地域を中心に中等教育拡大政策がとられ、あわせて中学、高校の無試験入学が推進された結果、90年代以降、中等教育の大幅な普及が起こった。但し、無試験入学政策は未だ徹底しておらず、一部の伝統校や従来からの進学校では依然として厳しい入学競争が見られる。無試験入学策の一方で、学力維持ないし質保証の観点から、小学校3年、6年次および中学3年次には共通学力試験が実施されることになった。

　高校でのカリキュラム改革では単位制の導入により生徒の選択の幅を広げることが進められてきた。現行の2001年基礎教育カリキュラムは自由選択制がさらに強化されるとともに、カリキュラムの構造、各教科の教育水準や目標、評価方法などに関して示された大枠の中で、各学校が独自にカリキュラムを編成しうるようになったことが特色である。カリキュラム改革に連動して、従来は暗記中心であった教育のあり方にも変化が現れ、「生徒中心主義」の授業に向けて努力が続けられている。

　そうした授業改革を担う教員の養成に関して、教員養成機関への進学希望者の減少、少子化に伴う根本問題として将来起こりうる中等教員供給過剰への懸念、教員の都市部への集中と農村部での不足という地域間格差など問題も少なくない。

　中等教育と高等教育の接続に関して、タイでも90年代以降、高等教育の大幅な拡張が見られ、当該年齢人口に占める短大レベルを含めた高等教育在籍者は2008年に3分の1を越え、大衆化が相当に進行した。量的拡大とともに、従来の文系重視の構造から理工系および情報系学部充実の方向に向けて転換が図られている。共通入学試験（高等教育入学者選抜試験）、大学が独自に行う学区制入学試験、スポーツ・芸術面での才能や宗教に配慮した特別優先入学試験という3種類の試験からなる選抜に関しても見直しと改革が進んでいる。

マレーシア

　マレー半島部とサバ、サラワクの島嶼部とでは民族構成に差があるものの、

典型的な多民族国家のマレーシアは、各民族間の教育上の権利およびその言語の扱いという点で多大な課題を抱えてきた。基本的にはマレーシア語（マレー語）を主要教授言語とし、ブミプトラ政策に象徴されるマレー系民族優先策がとられてきた。但し、国際言語としての英語の比重の高まりを見て取ることができる。

　各教育段階の修了試験と上級学校への入学者選抜とが結びついていて、下級段階での学習到達度の確認および一定の質保証措置となっている点はイギリス植民地であったことの特徴を色濃く残している。高校修了までは教育省試験委員会が統一試験を実施し、大学進学のための高等教育資格試験は教育省から独立した機関である試験評議会が実施することになっており、それらの成績により進学先が決定される。修了試験でも教授言語の変化に応じて、マレー語による一元化から一部英語による試験が行われるように変わってきている。こうした主としてマレー語を教授言語とする学校制度の主流に対して、一貫して華語による教育を望む華人にとっては、傍流として華文独立中学が特異な教育機会を提供している。また、イスラーム系学校も独自の卒業認定制度を有している他、マレー系および先住民のための教育機会を拡大するために置かれたマラ理科下級カレッジも注目に値する。

　中等教育カリキュラムの特徴として、ムスリムの生徒にはイスラーム宗教教育が必修であるのに対して，ムスリム以外の生徒には道徳教育が必修となっている点が挙げられる。

　中等教育と高等教育との接続に関連して、従来から数多く存在した私立カレッジに加え、1996年に私立高等教育機関法が制定されて正式認可の道が開かれたことにより、大学レベルの私立高等教育機関が急増してきている。加えて、学士号授与資格を持たない私立機関を中心として、海外の大学との間で協定を結び、当該大学の相対的に優れた教育資源を利用しうる種々のプログラムを提供することにより、自校のカリキュラムを魅力あるものにすることで多くの学生を惹き付けようとする試みがなされてきた。海外大学との提携により、在籍期間の後半の一部を海外の当該大学に学ぶことも含めて学位取得につなげるトゥイニング・プログラムと呼ばれるものは、その典型で

ある。このように、国際化が急速に進む中で、イスラームの教育であれ、非ムスリムのための道徳教育であれ、国民の精神的支柱に相当するものの教育をいかに強化するかに腐心する状況が見られる。

シンガポール

　淡路島ほどの広さの国土に国民の約4分の3を占める華人の他、マレー系、インド系などの民族が暮らす都市国家シンガポールは、天然資源などない小国にもかかわらずアジアで最も豊かな国として存在感を示している。それを支えるのは教育を通じて洗練された優れた資質の国民であり、その鍵となるのは、各教育段階で実施され、かつての宗主国イギリスの影響を受けた修了試験の成績に応じて、コースや教育機関別に学習者を振り分ける選抜制の高いシステムである。

　近年における中等教育制度改革の一環としては、総合課程制校、専門科インデペンデント校、私費運営校と学校品質認証制度の導入が図られてきた。またカリキュラム改革のねらいでは「学際的で自己探究型の内容」「選択教科の増加」「リーダーシップやチームワークの伸長」「批判的・創造的な思考力」などがキーワードであり、より多彩な学習内容の提供が目指されている。上述したとおり、選抜制のきわめて高いシステムの中で教育段階の早い段階から、優秀な者に集中的に重点を置いた教育運営がなされる印象の強いシンガポールであるが、学習に遅れや障害のある生徒を対象とした「"B"課程」を設けるなど、多様なニーズに応じるための措置も講じられている。

　シンガポールの高等教育はかつてきわめてエリート的であったが、大学進学率は急速に上昇し、1980年に5％であったものが、91年に14％、2001年には22％と伸び、2009年の時点で25％に達し、大衆化段階に入っている。これにポリテクニックの入学者数を加えれば、高等・中等後教育機関への進学率は70％を越えるところになっている。このため、高等教育への進学者の選抜では柔軟で特色ある選抜方法が模索されている。

インドネシア

　国民の大半が信仰するイスラームが国教としては指定されていないものの、教育の面でも国家教育省管轄の普通学校の他に、宗教省管轄の学校が各教育段階とも一定の割合を占めていることがインドネシアの特徴である。1994年から実施されている9年制義務教育の完全普及はアジアの経済危機などの影響により、いくぶん遅れが見られるが、徐々に浸透してきている。

　当面の改革の基本的方向を指し示す2003年教育法には、地域の多様性や自律性を尊重する地方分権に向けての転換と、国民の教育への責任と参加を促す構想が盛り込まれた。従来きわめて深刻であった原級留置やドロップアウトの問題は、各学校の自主性を尊重する改革方針に基づいて、成績判定や卒業認定における学校の裁量権が拡大したことや国家教育省の卒業認定基準の緩和により、いくぶん軽減される傾向が見られる。

　一方、小中高校とも最終学年の年度末に行われる学校ごとの試験、それに引き続いて実施される全国一律の試験という二重のハードルを児童・生徒に課してきた。この過重な負担軽減のために、2002年には小学校卒業時の全国一律試験が廃止されるとともに、中学・高校についても学校ごとの試験と全国一律の試験との受験科目の重複を避けるなどの措置が一時とられるようになっていたが、2005年以降、小学校卒業時の全国一律試験が復活するなど、試験強化の傾向が生じている。加えて、全国一律試験の結果は進学時の判定材料に使われる他、学校ごとのデータが公表されるために、学校・地域のランキング機能を果たすことになり、学校間・地域間の競争を促している。

　カリキュラム面での改革では「コンピテンシー」概念に基づく内容の精選と再編が図られ、その指導に当たる教員については学歴面での資格基準の引き上げにより質の向上が目指されている。

　高等教育進学者は当該年齢層の17.25％となり、大衆化段階に入っている。こうした高等教育進学者の選抜方法については、いく度かの改革が行われ、全国一斉に実施されていた国立大学入学試験が廃止され後、各大学による独自入試、数大学の連合入試、従来独自に入試を実施してきた私立大学も含めた複数大学による共同入試など、多様な形態が併存している。こうした大学

入試への対策として多くの児童・生徒を惹き付ける学習塾の台頭も見られる。

　以上、これらの国・地域の状況に横断的に認められる共通点を要約すれば、集権化よりも分権化や規制緩和の方向に進み、カリキュラムや教育内容における選択の幅が広がっている。同時に、既存の知識の記憶や習得よりも、生徒の創造性や実践力を育てることに教育の力点が移ってきていることが分かる。こうした改革の動きは、とりもなおさず各国が国際競争力の充実強化とその基となる人材の育成を従来にも増して重視していることの表れに他ならない。経済を中心とするグローバリゼーションが急速に進み、ボーダレスな社会のあり方が喧伝されていても、実際のところ国家間の競争はかえって熾烈さを増しているからである。教育への期待が膨らむ所以である。また、アジア諸国においては、後期中等教育はもとより、それに接続する高等教育でも機会の拡大が飛躍的に起こり、すべてにおいて大衆化が進み、すでにユニバーサル・アクセス段階に達しているところもある。従って、わが国の大学が各国・地域からより多くの留学生を受け入れようとすれば、各国内の機会が限られていたかつての時代より、よほど質的に高い教育、あるいは自国では満たされない要求を満足させうる何らかの魅力的な内容を提供することが求められていることを自覚しなければならない。

　最後に、本書が刊行に至った経緯を少しだけ述べておきたい。約10年前に馬越徹名古屋大学教授(当時)を研究代表者とする科学研究費補助金による共同研究「アジア地域の中等教育の内容と評価法に関する調査研究」が組織され、本書の執筆者とかなり重なる共同研究メンバーは、対象地域での現地調査も含めて精力的に情報を収集して調査報告書を完成させた。やがて、類書が見られないこと、および研究の成果をより広く社会に還元したいとの思いから、同報告書を下敷きに新たな構成の下に市販の書物として書き直す企画が立てられた。1年余りを経て、すでに何章分かの原稿が集まっていたが、諸般の事情から短期間での刊行には至らなかった。その後、馬越教授は胸部悪性腫瘍の手術後5年近くを経てから再発が見つかり、体調が思わしくないにもかかわらず、数年来の書物刊行の約束を果たしていないことをひどく気

に懸けられ、その後の仕事を小生に託された。再発後に病魔が教授を蝕む速度は予想外に速く、平成23年春4月7日、惜しまれつつ散っていく桜花のように逝去された。その後、初期の構想から相当に時間が経過していたこともあり、単なるデータ等の更新ではなく、新たな内容と装いをもって本書を編まざるをえなかった。再び桜の時期が巡ってくるこの時に、われわれ執筆者全員が尊敬してやまない馬越教授の御遺志を継ぎ、心からの追悼の意も込めて、故人を共同の編者として本書を刊行するものである。

　出版に際しては、何年も前の約束を忘れられることなく、執筆者らと同じ気持ちから本書の刊行をご快諾くださった東信堂の下田勝司社長に心からの感謝を申し上げたい。

　平成25年春　馬越徹教授の二年祭（神式）に際して

大塚　豊

アジアの中等教育改革──グローバル化への対応／目次

序　アジア中等教育改革の新動向……………………………大塚　豊…i

第1章　韓　国──多様化と自律性の拡大を目指して………馬越徹・韓龍震…3
　1．教育制度の歴史的背景と現状………………………………………………3
　　(1) 歴史的背景　3
　　(2) 基幹学制および数量的水準　5
　2．中等教育の入学および卒業認定制度………………………………………7
　　(1) 制度的概要　7
　　(2) 入学者選抜方法　8
　　(3) 成績評価と進級・卒業認定方法　9
　3．中等教育の内容と水準………………………………………………………9
　　(1)「教育課程(＝学習指導要領)」の決定主体とその特色　9
　　(2) 教育課程の構成と水準　10
　　(3) 教科書および指導用教材　13
　　(4) 授業方法と学習の評価　14
　4．中等教育教員の養成と選抜システム………………………………………14
　　(1) 中等教育教員の養成　14
　　(2) 中等教育教員の選抜システム　15
　5．中等教育と高等教育との連関………………………………………………17
　　(1) 高等学校卒業者の進路──最近の動向　17
　　(2) 高等教育機関への入学資格と入学者選抜方法　17
　　(3) 大学入試の現状と課題　18

参考文献(18)

第2章　中　国──多様化の模索………………………………大塚豊・小川佳万…21
　1．教育制度の歴史的背景と現状………………………………………………21
　　(1) 歴史的背景　22
　　(2) 学校制度　23
　2．中等教育段階の入学者選抜方法と進級・卒業認定………………………26
　　(1) 入学者選抜方法　26

(2) 成績評価と進級方法　27
　　(3) 卒業認定方法　29
　3．中等教育課程の特色 …………………………………………32
　　(1) 教育課程行政　32
　　(2) 履修科目の構造　33
　　(3) 教科書改革と履修内容の特色　37
　　(4) 授業方法と成績評価　39
　4．中等学校教員の養成と研修体制 ……………………………40
　　(1) 資格要件　40
　　(2) 教員に関する当面の問題点　41
　5．中等教育と高等教育との連関 ………………………………43
　　(1) 中等教育修了者の進路　43
　　(2) 高等教育進学者の最近の傾向　44
　　(3) 高等教育機関の入学資格と入試時期・入試方法　46
　　(4) 大学入試の特色　49
　　(5) 学校間・大学間格差の問題　50
　　(6) 課外学習（進学準備）の実態　51

参考文献(53)

第3章　台　湾──6-3-3-4制上の独自モデルの追求 …………所澤　潤…54
　1．教育制度の歴史的背景と現状 ………………………………54
　2．中等教育の入学および卒業認定制度 ………………………60
　　(1) 後期中等教育への進学　60
　　(2) 進級方法と飛び級　65
　　(3) 卒業の認定方法　66
　3．中等教育課程の特色 …………………………………………68
　　(1) 教育課程の構造　68
　　(2) 各教科の種類と水準　71
　　(3) 教科書　77
　　(4) 授業方法と学習の評価　78
　4．中等教員の養成と研修体制 …………………………………81
　　(1) 養成制度の現状と問題点　81
　　(2) 研修体制と課題　82

5. 中等教育と高等教育との連関 …………………………………………83
    (1) 卒業者の進路状況(1990年代から2000年代への展開) 83
    (2) 高等教育機関の入学資格 85
    (3) 大学入学者選抜方法の現状と課題 86
    (4) 中等学校における入試準備と課外学習の実態 89

参考文献(90)

第4章 フィリピン——中等教育拡大に伴う質的課題……**中井俊樹・北村友人**…92
  1. 教育制度の歴史的背景と現状 …………………………………………92
  2. 入学者選抜方法と進級・卒業認定 ……………………………………96
    (1) 入学者選抜方法 96
    (2) 進級・卒業認定方法 98
  3. 中等教育課程の特色 ……………………………………………………98
    (1) 教育課程の構造 98
    (2) 各教科の種類と水準 98
    (3) 教　材 101
    (4) 授業方法 102
    (5) 学習の評価 104
  4. 中等学校教員の養成と研修体制 ………………………………………106
    (1) 中等学校教員の資格 106
    (2) 中等学校教員の養成と研修の動向 107
  5. 中等教育と高等教育との連関 …………………………………………109
    (1) 進路先としての高等教育 109
    (2) 高等教育機関への入学者選抜方法 109

参考文献(114)

第5章 ベトナム………………………………………………**近田政博**…115
    ——新カリキュラムの導入で国際水準を目指す
  1. 教育制度の歴史的背景と現状 …………………………………………115
    (1) 歴史的背景と最近の教育動向 115
    (2) 教育制度の現状 117
  2. 入学者選抜と卒業認定 …………………………………………………123
    (1) 中学校の入学・進級・卒業認定 124

(2) 高校の入学・進級・卒業認定　124
　　(3) 成績証明と卒業証書　125
　3．中等教育課程の特色 …………………………………128
　　(1) 教育課程の構造　129
　　(2) 各科目の内容と指導要領　133
　　(3) 教科書を含む教材　134
　　(4) 授業方法・教授法　134
　4．中学・高校教員の養成と研修体制 ……………………135
　　(1) 教員養成制度の現状と問題点　135
　　(2) 教員の現職研修　137
　5．中等教育と高等教育との連関 …………………………138
　　(1) 高校卒業生の進路　138
　　(2) 大学・短大の選抜方法　140
　　(3) 大学入試準備と課外学習　142

参考文献(142)

第6章　タ　イ——急増と変革の中等教育 …………**野津隆志**…144
　1．教育制度の歴史的背景と現状 …………………………144
　2．中等学校への入学および卒業認定制度 ………………147
　　(1) 入学者選抜方法　147
　　(2) 進級方法と成績評価　148
　　(3) 卒業認定方法　150
　3．中等教育課程の特色 …………………………………150
　　(1) 教育課程の構造　150
　　(2) 各教科の種類と水準　152
　　(3) 教科内容の水準(スタンダード)　153
　　(4) 教科書を含む教材　153
　　(5) 授業方法と学習評価　154
　4．中等学校教員の養成と研修体制 ………………………155
　　(1) 教員養成の現状と問題点　155
　　(2) 研修体制の問題と課題　156
　5．中等教育と高等教育との連関 …………………………158
　　(1) 中等教育卒業生の進路と最近の傾向　158

(2) タイの高等教育機関 (2008年現在)　158
　(3) 高等教育機関の入学資格と試験時期・方法　159
　(4) 大学入試問題の特色　161
　(5) 学校間・大学間格差の問題　161
　(6) 課外学習 (進学準備) の実態　161

参考文献 (162)

第7章　マレーシア　………………………………西野節男…164
　　　　――国民統合とグローバル化・イスラーム化の課題

1. 教育制度の歴史的背景と現状 ……………………………………164
　(1) 歴史的背景　164
　(2) 現行教育制度　165

2. 入学者選抜方法と進級・卒業認定 ………………………………169
　(1) 入学者選抜方法　169
　(2) 進級方法　171
　(3) 卒業認定方法　172

3. 中等教育課程の特色 ………………………………………………174
　(1) 教育課程の構造　174
　(2) 各教科の種類と水準　175
　(3) 教科書を含む教材　179

4. 中等学校教員の養成と研修体制 …………………………………179
　(1) 養成制度の現状と問題点　179
　(2) 研修体制の問題と課題　181

5. 中等教育と高等教育との連関 ……………………………………181
　(1) STPM 取得者のための学位 (イジャザ) コース　182
　(2) SPM 取得者のためのディプロマ・コース　183
　(3) トゥイニングと日本留学　184
　(4) 高等教育機関の成長　185

参考文献 (188)

第8章　シンガポール　………………………………池田充裕…190
　　　　――中等教育の多様化と能力主義教育の行方

1. 教育制度の歴史的背景と現状 ……………………………………190

(1) 歴史と概況　190
  (2) 基幹学制　191
  (3) 教育行政と学校種別　195
  (4) 近年の動向——多様化する中等教育制度　197
 2. 入学者選抜方法と進級・卒業認定 …………………………200
  (1) 入学者選抜方法　200
  (2) 成績評価と進級方法　202
  (3) 修了認定方法　204
 3. 中等教育課程の特色 ……………………………………206
  (1) 教育課程の構造、教科の種類　206
  (2) 教科書・教材　210
  (3) 授業方法　211
 4. 教員制度の歴史と現状 …………………………………212
  (1) 国立教育学院(NIE)　212
  (2) 芸術系教員の養成機関　213
  (3) NIE開設の養成・研修課程　213
  (4) 教員身分・給与・職階制度　215
 5. 中等教育と高等教育との連関 …………………………216
  (1) 高等教育の拡大と卒業者の進路状況　216
  (2) 大学入学審査の改革　217
  (3) 大学入学審査の概要　218
  (4) 中等教育段階における入試準備と課外学習　220

参考文献(220)

第9章　インドネシア ……………………………服部美奈…222
——グローバル時代を生き抜く国民教育の見取図

 1. 教育制度の歴史的背景と現状 …………………………222
 2. 入学者選抜方法と進級・卒業認定 ……………………226
  (1) 入学者選抜方法　226
  (2) 全国試験の結果による学校の序列化　228
  (3) 評価と進級　229
  (4) 卒業認定方法　230
 3. 中等教育課程の特色 ……………………………………234

(1) カリキュラムの変遷　234
　　(2) 2006年カリキュラム（KTSPカリキュラム）　237
　　(3) 授業方法と学習の評価　241
　　(4) 教科書を含む教材　241
　4. 中等学校教員の養成と研修体制 …………………………………243
　　(1) 養成制度の現状と問題点　243
　　(2) 研修体制の課題　245
　5. 中等教育と高等教育との連関 ……………………………………246
　　(1) 高等教育機関への進学状況　246
　　(2) 大学入学者選抜方法の現状と課題　248
　　(3) 試験勉強と課外学習の問題　250

　参考文献（251）

索　引………………………………………………………………………252
執筆者一覧…………………………………………………………………258

アジアの中等教育改革
──グローバル化への対応

第1章　韓　国
―― 多様化と自律性の拡大を目指して

馬越徹・韓龍震

1．教育制度の歴史的背景と現状

(1) 歴史的背景

　「解放」後の韓国の教育制度の原型は、米軍政時代に形成された6-6 (3-3)-4学制を基盤として、1951年に確定した6-3-3-4学制の単線型制度である。大韓民国成立（1948年8月15日）に伴って制定された「教育法」（1949年）は1997年12月、「教育基本法」、「初・中等教育法」、「高等教育法」の3つに分けて再編されたが、教育制度の骨格は変わっていない。もちろん過去60余年間に中等教育および高等教育機関は多様化し、時代の変化に対応したさまざまな機関が創設されてきたが、教育制度の根幹、つまり上記の教育段階の区分は変わっていない。日本の小学校に相当する韓国の初等学校の就学開始年齢は、日本と同じく満6歳であり、韓国と日本は教育制度の上できわめて類似している。歴史的に見て若干の差異があったとすれば義務教育のあり方であるが、現在では両国とも9年制義務教育体制になっており、教育制度上の差異はほとんどない。

　1980年代の民主化運動の影響で、1993年2月には金泳三大統領の「文民政府」が登場した。文民政府は、「世界化（グローバリゼーション）」を旗印に韓国を先進国家の一員へと導き、1996年10月にはついに OECD（経済協力開発機構）に加盟した。ところが翌年（1997）12月、いわゆるアジア金融危機の直撃を受け、対外債務返済用の外貨が底をつき、韓国経済は IMF（国際通貨基金）の管理下に置かれることになった。これによって当時の新韓国党（現在のセヌリ党）は選挙で敗北を喫し、初の与野党政権交替が行われ、それにより「国民の政府」

と呼ばれた金大中政府 (1998-2003) が誕生した。次の政府は盧武鉉大統領が選ばれ、同じ進歩改革路線を辿りながら、国民が政治に参与することを意味する「参与政府」と呼ばれた。しかし、2008年の大統領選挙では米国発の経済問題の影響で再度保守系右派の李明博大統領が当選した。IMFの患難以降、新自由主義の無限競争体制や世界化の悪夢を痛感しつつ、「国民の政府」や「参与政府」が格差社会に陥ることを防ぐため、懸命の努力をしたにもかかわらず、李明博政府下において非正規労働者の問題はますます大きくなっていた。一方、社会文化的には、韓国ドラマやK-Popなどが韓流という名で、アジアの各国をはじめとして、最近ではヨーロッパでも高い関心を持たれている。

　2012年現在、韓国の人口は概ね5,000万人、世界経済における順位は15位であるが、韓国社会は確実に少子高齢化が進みつつある。21世紀を前後して、韓国の政治・経済・社会の変化は目まぐるしい。教育界の変化も、社会・経済のそれに連動して加速化している。もともと韓国の教育界は、大統領府主導の「実験的」手法による改革を果敢に行ってきたことを特色としているが、文民政府下の1990年代、とくにその後半以降はグローバリゼーションという一種の「外圧」をテコに、一段と改革のスピードが増した。いずれの改革も21世紀に対応することを旗印に、「中央集権から民主へ」と「画一から多様へ」をその内容とするものであった。初等中等教育における主な改革項目について見ると、地方教育自治法の制定、教員・保護者・校外委員で構成される学校運営委員会の制度化、教育課程の大幅な改編(①科目数の削減、②選択科目の大幅な導入、③裁量時間の増大)、初等学校における英語教育の開始、学校および教育行政における評価制の導入等を挙げることができるが、これらはどれをとってもこれまでの韓国教育のイメージを一変させるものばかりである。国民教育憲章 (1968年) 下の「礼節・共同体・国家・反共」理念は後方に退き、ポスト・ナショナリズム時代の教育改革が急進展していると言える。

　こうした動きを象徴する出来事として、OECDの教育委員会による「韓国教育政策審査」(1996年10月) がある。韓国のOECD加盟直後に行われた審査会議に韓国政府 (教育部) が提出した基本報告書は、①生涯教育、②教育の質、③知識・情報、④教育制度の活力の4領域からなり、教育改革への強い

意志と方向性を示すものであった。審査メンバー（イグザミナー）も、こうした韓国側の取り組みを高く評価するとともに、更なる改革への指針として12の勧告を進言した。文民政府の下で、これまでややもすればナショナリスティックで画一的であった教育を、多様性のある教育への質的転換を模索している最中にOECDによる国際的審査を受け、一定の評価を得たことの意義は大きいと言わなければならない。

(2) 基幹学制および数量的水準

　韓国の現行学校制度は、学校系統図（図1-1）に見られるように、その基幹部分は従来と変わらない（初等教育段階の「国民学校」が、1996年から「初等学校」に名称変更）。すなわち、就学開始年齢は満6歳であり、初等・中等教育（義務段階）の修学年限は合計9年間である。学校の種類を見ると、初等教育段階では初等学校、中等教育段階では中学校および高等学校、高等教育段階では大学（校）が基幹部分をなすが、これら以外にさまざまな学校が制度化されている。とくに義務教育段階の公民学校・高等公民学校は、解放後さまざまな理由で就学できなかった「就学年齢超過者」を対象にした学校である。中等教育段階には、産業体付設高等学校および特別学級（夜間）が設置されていることも韓国教育制度の特色となっている。これらの学校は、産業体に雇用されている勤労青少年に開かれた学校であり、雇用者は就学奨励義務が課されている。但し、このカテゴリーの学校もほとんどなくなり、1998年高等学校段階で14校・52学級（約1万6千人）であったが、2007年現在ではそれぞれ1校・12学級（756人）となっている。

　また、技術学校および高等技術学校は、公民学校および高等公民学校修了者に開かれた学校であるが、これらも量的には激減しており、高等技術学校が1998年には17校（約9千人）あったが、2007年現在では7校（1,188人）しか残っていない。なお、韓国の学校制度の特色の1つとして、上記の学校に「類似した」教育を行う機関として「各種学校」（2007年現在、16校6,605人）があり、そこでは中等普通教育や専門教育および職業教育を行っている。なお、特殊学校の義務化は、1994年から始まった9年間の無償義務教育に加えて、2010年からは5

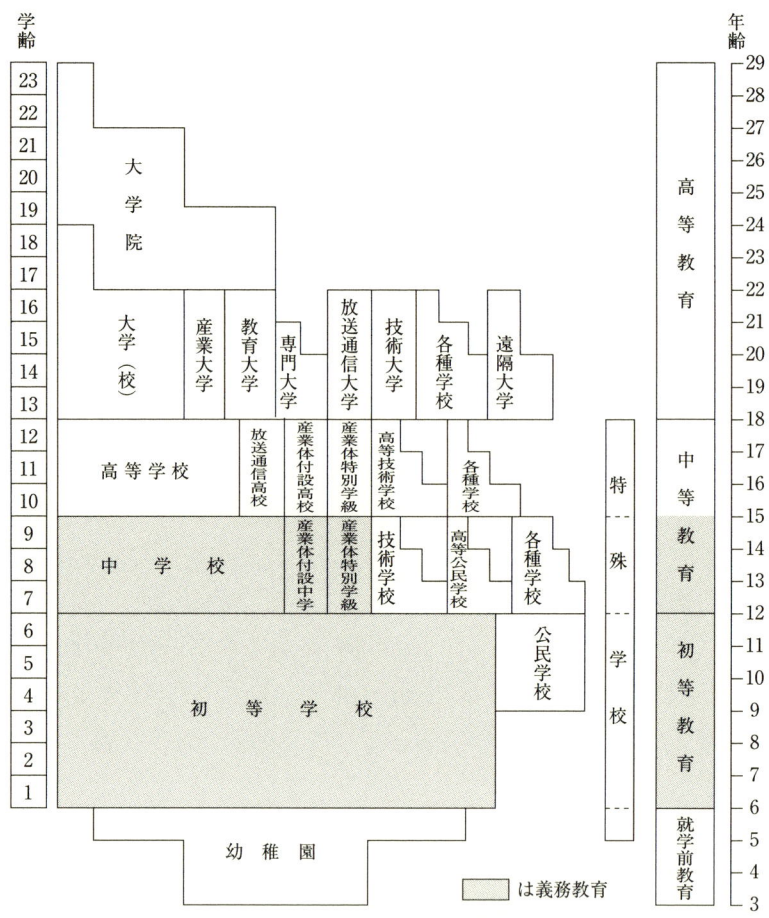

図1-1　韓国の学校系統図

出典：馬越徹『韓国大学改革のダイナミズム』東信堂、2010年。

歳以上の幼稚園課程や高等学校課程を、また2011年には4歳以上の幼稚園課程、そして2012年からは3歳以上の幼稚園課程まで義務化を拡大実施するようになった（「障害者などに対する特殊教育法」2007年5月、第3条および同法施行令第2条）。

　高等教育段階は、新「高等教育法」において、基幹部分（大学・大学院および専門大学）に変化はないが、従来の開放大学が「産業大学」に名称変更された。専門大学（2～3年制）卒業生には、一般大学への編入学が保障されている。

学年は、初等学校から大学まで一律に3月1日に始まり2月末日に終わることになっている。進級・卒業は「学年制」をとっているがすべての学校段階において、早期進級・早期卒業が認められている。

　教育部統計により見ると、義務教育となっている中学校への進学率はすでに1980年に95.8％であり、2010年現在99.9％に達している。高等学校進学率は1990年の95.7％から、現在は99.7％に達している。そして大学（各種高等教育機関を含む）進学率は2008年度の83.8％をピークに2009年度81.9％、2010年度79％と減り続けている（ここで「進学率」とは、当該年度の進学者を前年度の卒業者で割った数値である）。また、中途退学率は中学校が0.9％、高等学校1.5％で進級・卒業率はきわめて高いと考えられる。

2．中等教育の入学および卒業認定制度

(1) 制度的概要

　韓国の中等教育は、上述したように、前期の中学校（3年）が義務化されているのに対して、後期の高等学校（3年）は義務ではない。しかし中学卒業者の高校進学率は2010年現在、99.7％に達しており、中等教育は完全にユニバーサルな段階にあると言える。中学校の約75％は公立で、約25％が私立である。一方、高等学校は公立が約51％、私立約48％、国立約1％の割合となっている。

　2010年現在、高等学校は教育課程の運営と学校の自律性を基準に次の4つの学校に大別され、①一般高等学校（1,299校）、②特殊目的高等学校（以下「特目高」：116校）、③特性化高等学校（693校）、④自律高等学校（108校）がある（「初中等教育法施行令」第76条の2：2010.6.29改訂）。これらの他に、放送通信高等学校や産業体付設中・高等学校がある。まず、英才教育を目的に設置されている特目高は科学高（18校）、外国語高（33校）・国際高（4校）、芸術高（25校）・体育高（15校）、産業需要適合型高等学校（いわゆるマイスター高：21校）に大別される。また、特性化高校には実業系高等学校や代案学校が含まれる。2008年から始まった自律高等学校には自律型私立高と自律型公立高がある。2002年から認定された自立型私立高等学校（6校）も自律高校の一例である。

(2) 入学者選抜方法

　初等学校から中学校への進学は、まだ中学校が義務化されていなかった1968年度から入学試験が撤廃され、無試験（抽選）入学制度が導入された。これが契機となって中学校への進学率は急上昇し、20世紀末にはすでに99.9％の進学率を達成することになったのは周知のとおりである。

　中学校から高等学校への進学、すなわち高校段階での入学者選抜は、1970年代前半に都市部からまず導入された「平準化」政策により、高入選抜考査（＝聯合考査）の後に、公立・私立一律で「学校群」内の高校に抽選で入学者の振り分け（学校配置）が行われてきた。これにより、学校間格差は徐々になくなり、一部超有名高校も姿を消した。こうした平準化政策は高校進学率を急上昇させ、今日の高校全入時代を出現させることとなった。そして1997年度からは筆記試験による入学者選抜も次第に廃止され、「学校生活記録簿」（中学校から送られてくる内申書）のみによる入学者選抜となった（2012年現在、7つの市・道教育庁は部分的に高入選抜考査実施中）。しかし、この学校群制度も、学校選択の自由・入試の多様化という大きな流れの中で、再検討の対象となって2010年からは制限的な高校選択制を施行している。

　高等学校への志願は前期と後期に分けて、前期には特目高や特性化高、自律高などの選考があり、後期には一般高の抽選による振り分けが行われている。ただ、ソウルなどの大都市以外の非平準化地域の一般高は現在も高校別選抜考査を実施している。また、英才教育を目的とした特殊目的高等学校も1997年度から学校別選抜試験（筆記試験）を廃止し、「学校生活記録簿」と「面接」のみによる選抜とし、「実技」については生活記録簿に記録された特定科目の成績に加重値計算をして、選考を行う方式に改められた。さらに1999年度からは、外国語高校や国際高校も一般の高等学校同様「学校生活記録簿」のみによる選抜に切り替えた。

　1968年の中学入試撤廃に始まる中等教育段階における入試（筆記試験）撤廃の動きは、高等学校段階においても実現することになった。とくに科学高校や外国語高校、国際高校の特殊目的高校および自律型私立高校などの入試

競争が激しい71の高校は2011年から自己主導学習選考で学生を選抜している。自己主導学習選考とは、第1段階で「学校生活記録簿」(「学業成就度および人性(人物)」評価)の内申成績と出席で定員の一定の倍数を選抜し、第2段階では3人以上の入学査定官により構成された入学選考委員会が学習計画書や推薦書などに基づいて面接を実施し、最終合格者を決める制度である。

(3) 成績評価と進級・卒業認定方法

このように韓国では「学校生活記録簿」が入学者選抜に直結しているため、中等教育段階での成績評価のあり方は、常に議論の対象となってきた。従来、成績評価は「秀」、「優」、「美」、「良」、「可」の5段階(相対評価)で行われてきたが、1996年度から絶対評価(各教科ごとの席次と点数の表示は行い、全教科の総合計点数の表示は行わない)に移行しつつある。成績表には、高等学校の場合、①単位数、②教科別5段階、③教科ごとの席次が記録されている。韓国の中学校段階における進級・卒業は「学年制」をとっており、進級・卒業の条件は60点が目安になっているが、ほとんど全員が何らかの理由づけ(教科の成績が悪い場合には、教科外活動の成果等を配慮して)により「合格」し、進級・卒業している。高等学校は単位制をとっているが、進級・卒業のあり方は中学校の場合とほぼ同様であり、原級留置率はきわめて低い。なお、韓国の初等・中等学校では早期進級・早期卒業、さらには早期入学制が公的に認められ実施に移されている。これらの特別措置を実施できる学校は年度ごとに教育部から指定を受けている。

3. 中等教育の内容と水準

(1)「教育課程(=学習指導要領)」の決定主体とその特色

韓国の教育課程は国(教育部)が策定し、法的拘束力を持つものであるが、1990年代以降、大きな変化を見せた。教育課程は7～8年周期で改訂されてきているが、第6次教育課程(1992年公示、1995年から施行、高等学校の場合は1996年から施行)は、従来の韓国の教育課程には見られなかった「分権化」「多

様化」の原理に基づいて構成されている点が、大きな特色となっている。すなわちこれまで国家の絶対的基準として機能してきた教育課程は、「一般的・全国的共通基準」として位置づけられることとなり、地方教育当局（市・道教育委員会）および各学校に、教育課程編成・運営の裁量権が付与されることになった。また、21世紀の世界化・情報化時代を主導する自律的かつ創意的韓国人育成のため、1997年12月30日に教育部告示第1997-15号として公示された第7次教育課程（2001年は中学校1年生から、2002年は中学校2年生と高等学校1年生から順次施行）は、10年間の国民共通基本教育課程を設定し、水準別教育課程や裁量活動を新設・拡大した。第7次教育課程改訂以降は全面改訂をせず、必要な科目や部分だけを改訂し、第何次教育課程という言葉は使われなくなった。

(2) 教育課程の構成と水準

表1-1　中学校時間配当基準

2007年の教育課程改訂（教育人的資源部告示第2007-79号）					2012年の教育課程改訂（教育科学技術部告示第2012-14号）		
区分		学年 1	2	3	区分		1-3学年
必修教科	国語	170	136	136	教科（群）	国語	442
	道徳	68	68	34		社会（歴史含む）/道徳	510
	社会	102	102	136			
	数学	136	136	102		数学	374
	科学	102	136	136		科学/技術・家庭	646
	実科(技術・家庭)	68	102	102			
	体育	102	102	68		体育	272
	音楽	68	34	34		芸術（音楽/美術）	272
	美術	34	34	68			
	外国語（英語）	102	102	136		英語	340
裁量活動	教科裁量活動	102	102	102		選択	204
	創意的裁量活動	34	34	34	創意的体験活動*		306
	特別活動	68	68	68			
年間授業時間数		1,156	1,156	1,156	総授業時間数		3,366

注：(1) この表の時間数は、34週を基準とした年間最少時間数。
　　(2) 1時間の授業は中学校45分、高等学校50分を原則とする。
　　(3) 創意的体験活動は自律活動、サークル活動、進路活動、奉仕活動および学校スポーツ活動の5つの活動が含まれている。

表1-2　高等学校選択中心教育課程（普通教科）

区分		選択科目
教科	国語	話法(6)、読書(6)、作文(6)、文法(6)、文学(6)、媒体言語(6)
	道徳	現代生活と倫理(6)、倫理と思想(6)、伝統倫理(6)
	社会	韓国地理(6)、世界地理(6)、経済地理(6)、韓国文化史(6)、世界歴史の理解(6)、東アジア史(6)、法と社会(6)、政治(6)、経済(6)、社会文化(6)
	数学	数学の活用(6)、数学Ⅰ(6)、微積分と統計基本(6)、数学Ⅱ(6)、積分と統計(6)、幾何とベクトル(6)
	科学	物理Ⅰ(6)、化学Ⅰ(6)、生命科学Ⅰ(6)、地球科学Ⅰ(6)、物理Ⅱ(6)、化学Ⅱ(6)、生命科学Ⅱ(6)、地球科学Ⅱ(6)
	技術・家庭	農業生命科学(6)、工学技術(6)、家庭科学(6)、創業と経営(6)、海洋科学(6)、情報(6)
	体育	運動と健康生活(4)、スポーツ文化(4)、スポーツ科学(6)
	音楽	音楽実技(4)、音楽と社会(4)、音楽の理解(6)
	美術	美術と人生(4)、美術感想(4)、美術創作(6)
	外国語	英語Ⅰ(6)、英語Ⅱ(6)、実用英語会話(6)、上級英語会話(6)、英語読解と作文(6)、上級英語読解と作文(6)
	外国語	ドイツ語Ⅰ(6)、ドイツⅡ(6)、フランス語Ⅰ(6)、フランス語Ⅱ(6)、スペイン語Ⅰ(6)、スペイン語Ⅱ(6)、中国語Ⅰ(6)、中国語Ⅱ(6)、日本語Ⅰ(6)、日本語Ⅱ(6)、ロシア語Ⅰ(6)、ロシア語Ⅱ(6)、アラビア語Ⅰ(6)、アラビア語Ⅱ(6)
	漢文	漢文Ⅰ(6)、漢文Ⅱ(6)
	教養	生活と哲学(4)、生活と論理(4)、生活と心理(4)、生活と教育(4)、生活と宗教(4)、生活経済(4)、安全と健康(4)、進路と職業(4)、環境(4)
履修単位		132
特別活動		8
履修単位		140

注：（　）の中の数字は単位数であり、1単位は毎週50分授業を基準に1学期（17週）に履修する授業量である。

　現行の第7次教育課程における中学校および高等学校（「普通教科」系）の教科別時間（中学校）・単位（高等学校）配当基準は、**表1-1**、**表1-2**のとおりであるが、教科構成の特色について見ておこう。中学校の国民共通基本教育課程は、教科、裁量活動および特別活動に分けられる。まず教科は国語、道徳、社会、数学、科学、実科（技術・家庭）、体育、音楽、美術、外国語（英語）であり、裁量活動は教科裁量活動と創意的裁量活動に大別される。

　中学校の裁量活動として、まず教科裁量活動は「漢文」、「コンピュータ」、「環境」、「生活」、「外国語（ドイツ語、フランス語、スペイン語、中国語、日本語、ロシア語、アラビア語）」、「その他必要とされる教科」とし、第6次教育課程での「選

択教科」群と置き換えられた。そして創意的裁量活動は、それぞれの学校の教育的なニーズや学生たちのニーズに基づき個別教科に跨る学習(例：エネルギー教育、性教育、進路教育、統一(南北統一を目的とする)教育、国際理解教育、海洋教育、情報化および情報倫理教育など)や生徒の主体的学習のための時間である。その他、特別活動は自治活動、適応活動、啓発活動および行事活動などを含んでいる。さらには、裁量時間に、第二外国語を選択科目として履修できるようにした点も注目される。

　高等学校の段階での教科を「普通教科(一般教養教育)」と「専門教科(職業・専門教育)」に大別し、各高校はこれら2つの教科群の中からその特性と必要に応じて教科目を選択して、柔軟にカリキュラムを編成することができるようになった。普通教科(70科目)のうち教育部が指定する「共通必修科目」は10科目のみであり、「課程必修科目」は地方教育当局が、「課程選択科目」は各学校が独自に選定して、多様なカリキュラム類型の編成を可能にした。また職業・専門教科(378科目)については、「系列別必修科目」(2〜4科目)は教育部が、「学科別必修専門科目」は地方教育当局が、「学科別選択専門科目」は各学校が独自に教科目を選択して、教科課程を編成することになったのである。

　普通教科は12科目(国語、道徳、社会、数学、科学、技術・家庭、体育、音楽、美術、外国語、漢文、教養選択)となり、教科ごとに開設される科目の種類・レベルは、高校全入時代に対応して、大幅に多様化された。さらに国際情勢や地球環境の変化に対応して、第二外国語として、ドイツ語、フランス語、スペイン語、中国語、日本語、ロシア語、アラビア語がある。また、教養選択科目は日常生活と関わることとして、「生活と哲学」、「生活と倫理」、「生活と心理」、「生活と教育」、「生活と宗教」、「生活経済」、「安全と健康」、「進路と職業」、「環境」になったのが注目される。専門教科は農生命産業、工業、商業情報、水産海運、家事実業、科学、体育、芸術、外国語、国際などである。

　以上に見られるように、第7次教育課程の最大の特色は、何と言っても教育課程運営・編成における「自律性」の拡大にあり、①学習者の能力、適性、

進路に適合した学習者中心の教育課程、②国民共通基本教育課程(初等学校第1学年から高等学校第1学年までの10年間、2009年からは9年間の「共通教育課程」というように期間や言葉が変わった)と選択性の教育課程、③教育内容の量とレベルの適正化と水準別教育課程の導入、④地域および学校の自律裁量と学生の選択幅の拡大等を主な内容としている。しかし、第7次教育課程は2004年から2011年までにすでに7回、部分改訂があった。とくに「2009年教育課程改訂」(教育科学技術部告示第2009-41号、2009.12.23.)は教科群や学年群を活用する教科集中履修制を導入し、学期当たりの履修科目を10〜13科目から8科目以下に減らし、学校によって自律的に教育課程を20%の範囲内で調節することができるようになった。また、特別活動と裁量活動は創意的体験活動に統合されて、2011年3月より中高1年生から順次に適用されている。なお、表1-1のように2013年3月より中高1年生から順次に適用される「2012年の教育課程改訂」(教育科学技術部告示第2012-14号、2012.7.9.)では10の必須教科を8つの教科(群)に変えて、学校別に教科(群)の履修時期と授業時間数を自律的に決定することにした。毎学期の科目数は8つまで(体育と芸術は例外)とする教科集中履修制により担任教諭は自分が担当しているクラスの授業科目がない学期もあるなど、学校現場ではさらに混乱が続いている。高校でも全課程を選択教育課程として運営するなど、学校の教育課程の編成権や自立性を拡大したこの改訂教育課程が定着するにはずいぶん時間がかかるようである。

(3) 教科書および指導用教材

現在、「国定」教科書は廃止され、教科書は次の3種類が発行されている。第一は教育部が著作権を有する第1種教科書(かつての「国定」に当たる)、第二は教育部の検定基準に基づいて作成される第2種教科書、第三は各市・道の教育長が申請し、教育部長官の認定を受ける「認定図書」である。第1種教科書は教育部と韓国教育開発院の共同開発であり、第2種教科書は一定の資格を持つ民間出版社が著作者と契約して作成し、教育部の審査(検定)を受ける。今後は、規制緩和政策の流れの中で、現行の第2種教科書(検定教科書)を中心とする制度へと移行することになるであろう。指導用教材に関しても

同様である。

(4) 授業方法と学習の評価

これまでの韓国の学校における授業は、いわゆる受験体制に制約され、教師が教科書を一方的に教える画一的方式が一般的であった。そして学期(2学期制)ごとに行なわれる中間・期末試験(客観式70％、論述式30％)の点数が成績表に記録されてきた。ところが近年、このような画一的授業方式に対する反省から、学習の個性化・個別化の観点からいわゆる「開かれた教育」運動が、モデル学校(「示範学校」)を中心に行われるようになっている。こうした学校では、教室間の壁を少なくしたオープンスペース・スクールが建設され、個別学習や小集団学習を積極的に導入している。また、視聴覚機器やコンピュータを駆使した先進的な方法も試みられるようになってきている。日常の学習評価は、各学期ごとに行われる中間・期末試験の結果が全国統一様式の「学校生活記録簿」に記録され、すべての学校でコンピュータにより管理されている。かつては5段階評価(秀・優・美・良・可)に加え、各科目の点数、席次まで表示されていたが、現在では席次の表示はするものの、点数の表示はしなくなっている(総合計点数の表示もしない)。学校生活記録簿には、学業成績だけでなく、資格証取得状況、奉仕活動、行動発達状況等13項目が記録され、進学・就職に当たっては必要に応じて当該部署(教育委員会、大学、企業等)に提出される。

4. 中等教育教員の養成と選抜システム

(1) 中等教育教員の養成

韓国ではこのところ児童・生徒数の急減により、一般的に教員は供給過剰になっており、教員養成システムの見直しが迫られている。現行制度下では、初等学校教員は全国に10校ある教育大学(4年制国立)およびその他2機関(教員大学、梨花女子大学)で養成され、中等教員は国立・私立総合大学の師範学部(師範大学と呼ぶ)および一般大学の師範系列学科・教職課程および教員養

成課程を持っている教育大学院において養成されている。すなわち、小学校と中等学校の教員養成が区別されている。2008年には済州教育大学と済州大学を合併し、済州大学の中には中等教員養成の師範学部と初等教員養成の教育学部(教育大学と呼ぶ)が各々ある。

　師範系列の学科ではなく、教職課程を通して教員になろうとする者は毎年2学期末(12月中)に教職履修申請書を提出しなければならず、自分が属する専攻学科別に10％の範囲内で教員免許状を取得できる。教職課程を履修するためには、各専攻別の基本履修科目を含めた専攻42単位以外に教職理論で14単位以上(1単位は50分授業で15週間)と各学科で開設する教科教育領域で4から6単位(例えば、国語科教科教育論と国語科教材研究および指導法など)、そして学校現場実習2単位、あわせて20単位以上の教職科目を履修しなければならない。これらの課程を修了すると正教師2級免許状が与えられ、教員採用試験を受験することができる。その後、学校現場での教育経験を積むことにより、また上級学校(大学院等)における学位の取得さらには各種研修を受けることにより正教師1級の免許状を取得することができる。これらの基礎資格の上に、教育歴および再教育(研修)を積み重ねることにより、校長および校監(教頭)の資格を取得することができる仕組みになっている。

(2) 中等教育教員の選抜システム

　中等教員の場合、1990年代初頭まで国立師範系列大学卒業者に対する優遇措置があった。入学に当たっては、入学金、授業料の免除措置だけでなく、卒業後は一定期間服務義務を課すことを理由に、彼らを優先的に採用してきたのである。ところが、私立師範系列大学側からの民主化要求に応じる形で、1991年より「公開選考制」による教員採用に踏み切り、国立師範系列の優遇措置を撤廃した。同時に国公私立の師範系大学生の入学者選考過程において、①教職適性・性格試験、②面接試験、③師範系大学と他大学との複数志願の禁止、④高等学校長の推薦重視を法令で規定する措置がとられたのである。

　中等教員の採用試験は、私立中・高等学校では学校ごとに実施されるが、公立学校の場合には、各市・道の教育庁において教師任用のための公開競争

試験を通して選抜される。この試験の正式名称は「公立中等学校教師任用候補者選定競争試験」(または教員任用考査)と言い、市・道教育長が翌年の3月に必要な教員の科目と人数を決め、韓国教育課程評価院(KICE)に依頼をし、全国同時に実施される。選考過程ではまず、毎年9月中に試験の公示を市・道教育長で公開し、10月中に出願を受け付ける。1次試験は毎年10月中に行われ、教育学20点(マークシート方式の5択問題、40問70分)および専攻問題80点(マークシート方式5択問題、40問120分)が出題される。また、ここで必要人員の2倍の人数を選抜する。2次試験は1次試験の合格者を対象に、11月中に行われる。ここでは専攻に関する試験のみを行うが、試験を1・2時間目に分け、それぞれ100点満点(論述式で各2問、120分ずつ)で、必要人員の1.2倍の人数を選抜する。そして最終の3次試験は、翌年1月中に市・道教育庁別に行われ、教職適性に関する集中面接や教授学習指導案作成、および授業実演を通し、最終合格者を決定する。近年では応募人数に対し募集人数が減少し、2009学年度に16.4倍だった中等教員任用考査の競争率が、2010年には23.2倍に上昇する等、中等教員になるのは大変難しい状況だ。なお、2013年9月1日以降に実施される教員任用考査からは国史編纂委員会が施行する「韓国史能力検定試験」の3級以上の認定書を提出しなければならない。また、教員任用考査もマークシート方式の試験(教育学と専攻)を省略して、3次の試験を2次の試験に縮小する。

　一方、1995年から「学校運営委員会」の設置に伴い、学校長招聘制、教師招聘制等、父母による校長・教員選択権が一定の比率ではあるが認められつつあり、2010年からは生徒や父母による教員評価制を実施しており、韓国における教員人事のあり方は転換期にさしかかっている。これにより教員間の競争を刺激し、「有能な教師」育成を図ることを目的としているが、学校現場は「教職社会の一体感を損ねる」との立場から、この制度に批判的であるとも言われている。これらの他に教育部は、各種教員研修(資格研修、一般研修、職務研修、特別研修、海外研修等)を強化することにより、現職教員の資質向上に努めている。

5. 中等教育と高等教育との連関

(1) 高等学校卒業者の進路――最近の動向

2010年現在、3,130校の中学校と2,253校の高等学校にはそれぞれ197万人と196万人の学生が在籍する。また、高校卒業者の大学進学率は2010年現在、79.0％を記録しており、すでにユニバーサル・アクセス段階に達している。これを支える高等教育機関は、大学(4年制)、専門大学(2-3年制)、教育大学、放送通信大学、産業大学、技術大学、各種学校(大学および専門大学レベル)と多岐にわたっており、2010年現在、200校の大学に在籍する218.4万人と145校の専門学校に在籍する76.7万人をあわせて高等教育機関に在籍する学生数は295.1万人の規模に達している。

大学進学率の内訳について見ると、一般系高校からの進学率は、81.5％，実業系高校からのそれは71.1％であり(2010年現在)、両者の差はあまり大きくない。

(2) 高等教育機関への入学資格と入学者選抜方法

大学をはじめとする高等教育機関への入学資格は、高等教育法(第33条)に規定されており、①高等学校を卒業した者、またはそれと同等以上の学力をもつと認定された者、②教育部長官が施行する大学修学能力試験を受験した者、③但し、外国で12年以上の教育課程を履修した者には試験を免除することができる等が基本的な骨格となっている。

このところ韓国の大学入学者選抜方法は目まぐるしく変わっているが、一般選抜と特別選抜の2種類に大別される。まず一般選抜について見ると、国公私立大学受験者はすべて全国統一の「大学修学能力試験」を受験しなければならない。この試験は、①言語、②数理、③外国語(英語)、④社会／科学／職業探求、⑤第二外国語・漢文(8科目中1科目選択)の5領域からなり、毎年11月に韓国教育課程評価院の主管で実施される。各大学は、この試験と高等学校から提出される「学校生活記録簿」(教科の学力、出席、行動発達、特別活動、社会奉仕等)の他に、必要に応じて大学別試験(論述考査、面接・口述考査、

実技考査、教職適性検査、身体検査等)を行うことができる。

　特別選抜では、就業者、特技を持つ者、特性化高校出身者等をはじめとして、大学が独自に設けた基準で選抜を行うものであるが、とくに在外国民や農漁村出身の学生、専門系高校の出身者、障害者、基礎生活受給者および次上位階層(最上位の次の階層)等は、入学定員の他に2％の範囲内で入学許可を出すことができる。とくに2008年度から特別選抜過程において入学査定官制度(AO入試)を実施しているのだが、これは大学が募集学科別にさまざまな資料を審査し、学生の潜在能力や発展可能性等の多様な能力や素質を評価し、入学の可否を決定する選抜方式である。

(3) 大学入試の現状と課題

　これまで韓国の大学入試制度は、教育部長官が代わるたびに目まぐるしく変わってきた。金大中大統領時代の2002年から「大学無試験入学制」を導入したが、李明博大統領の就任以降は入学査定官制度をすべての大学に拡大しようとしていた。大学入試改革はこのところの少子化趨勢により、大学受験人口が急減していることと関係しているし、また21世紀が要求している創意性のある人材を養成するために、「新しい学校文化を創造する」契機として導入されるものであると教育部は説明している。とくに入学査定官制度は2008年にすでに40大学で4,401人の学生を選抜した。さらに政府は大学入学学生の30％以上を、入学査定官制度により選抜することを計画している。ところが現実には、このような制度は子どもの多様な側面を充足することのできる余裕のある家庭の学生により有利なのではないかと疑問視する声と、いったい学生たちの潜在能力を正しく判断できる入学査定官をどのように養成し、この制度を定着させるべきかという悩みがある。入学査定官制度は、①書類審査、②集中面接およびディベート、③最終選抜の3段階で行われる。

参考文献
　(1) 日本語文献
稲葉継雄「『先生様』の国の学校」(二宮皓編『世界の学校』福村出版、1995年、211-

224頁)。
馬越徹編著『国際理解教育と教育実践―①アジア諸国の社会・教育・生活と文化』エムティ出版、1994年、289頁(韓国は、63-84頁)。
馬越徹「韓国―21世紀に向けた世界化戦略―」(佐藤三郎編『世界の教育改革―21世紀への架け橋』東信堂、1999年、191-212頁)。
馬越徹「韓国高等教育におけるユニバーサル化のインパクト」(『高等教育研究紀要』高等教育研究所、1999年、55-67頁)。
河合文化教育研究所『隣国ではどんな入試が行われているか―日・中・韓大学入試統一試験比較分析レポート』河合出版、1997年。

(2) 英語文献

Korean Educational Research Association, *Global Forum on Education*, 2008.
Korean Society for the Study of Education (ed.), *The Role of Education in the 21st Century*, 2003.
Korea Institute of Curriculum and Evaluation (KICE), *A Guide to the KICE*, 1998.
Korea Institute of Curriculum and Evaluation, *Guideline for College Scholastic Ability Test*, 1998.
Ministry of Education, *The School Curriculum of the Republic of Korea*, 1998, p.94.
OECD, *Review of National Policy for Education*, 1998, p.207.
The Presidential Commission on Education Reform, *Education Reform for New Education System*, 1996.

(3) 韓国語文献(日本語表記に直して記した。)

韓国教育課程評価院編『(KICE)研究レポート2010』、ソウル、2011年。
韓国教育課程評価院編『(KICE)研究レポート2009』、ソウル、2010年。
韓国教育開発院　教育統計サービス：http://cesi.kedi.re.kr/index.jsp
韓国教育課程評価院：www.kice.re.kr
韓国大学教育協議会 大学入学相談センター：http://univ.kcue.or.kr/main/main.jsp
韓龍震「学制の比較教育史的考察」(『比較教育研究』韓国比較教育学会、2006年、293-315頁)。
韓龍震「世界化3.0時代の教育論」(『教育政治学研究』韓国教育政治学会、2010年、203-216頁)。
韓龍震「教員養成課程における教育史の価値と位相」(『韓国教育史学』韓国教育史学会、2011年、151-169頁)。
教育科学技術部「2009年改訂教育課程」(教育科学技術部告示第2009-41号)、2009年。
教育科学技術部教育課程企画課「2009年改訂教育課程、問答資料」、2009年12月。
教育科学技術部：http://www.mest.go.kr/main.do
教育科学技術部 教育一般(進学率統計)：http://www.mest.go.kr/web/1087/site/contents/ko/ko_0118.jsp?selectId=1085
国家教育課程情報センター：http://ncic.kice.re.kr/

国家統計ポータル：http://kosis.kr
国土海洋統計ヌリ：http://stat.mltm.go.kr/portal/main/portalMain.do
大韓教科書株式会社『初・中等学校教育課程―国民共通基本教育課程』1998年。
統計庁 2010 人口住宅総調査：http://census.go.kr/

第2章　中　国
――多様化の模索

大塚豊・小川佳万

1. 教育制度の歴史的背景と現状

　1980年代からの「改革・開放」政策下の中国の歩みを振り返ると、経済は実質GDPの平均成長率が10％近い驚異的な数字を達成してきた。とりわけ1992年1月中旬から2月中旬にかけて鄧小平が広東省の深圳、珠海両経済特区を視察するとともに、各地で改革・開放路線のいっそうの推進を鼓吹する一連の談話を発表した「南巡講話」以来、成長は急激に加速した。2008年の外貨準備高は1兆9,500億ドルで世界第1位となった。この間に、2008年の北京オリンピック、2010年の上海万博など、世界的イベントの相次ぐ開催により、中国は世界にその存在感を示してきた。こうした急激な成長の一方で、農村住民の1人当たりGDPは都市住民の約3分の1という数字に見られるように、不均衡な開発の進展による地域間経済格差が深刻さを増し、沿海部対内陸部、都市対農村という格差を生んでいる。また、2008年に起こった四川大地震のような天災、黄河の断流（水不足）や国土の砂漠化、良質でない石炭の消費や産業廃棄物による空気や水の汚染など環境の悪化も見逃せない。「調和のとれた社会（原語は「和諧社会」）」の実現が目標に掲げられているものの、汚職・腐敗の深刻化、チベット族・ウイグル族などとの民族融和問題をはじめ、社会不安を招来しかねない問題も後を絶っていない。

　こうした諸分野における難題山積の状態は、教育に関しても見られる。「現代化」達成に向け、人材養成の面で教育への期待は大いに膨らんでいるが、そこに内在する問題もまた少なくない。中国がそうした山積する課題にどう対処してきたのか、また改革はどこまで進んでいるのかについて、以下、中

等教育を中心に述べることとする。

(1) 歴史的背景

1949年10月1日の建国以来の半世紀近くに中華人民共和国の教育が辿ったのは決して平坦な道筋ではない。建国の時点で、非識字者の比率は国民の8割以上の高きに達し、学齢児童の就学率が約20％にすぎなかった事実は、旧中国で教育の恩恵を受けることができたのは、ほんの一握りの、往々にして富裕な階層に限られており、教育が大いに立ち遅れていたことを示している。

そうした旧社会での状況を打破するため、中華人民共和国の建国直後に新政権は、「教育は国家建設に奉仕し、学校は労働者・農民に対して門戸を開かなければならない」という目標を掲げた。また、中国共産党に指導され、社会主義国を目指した新中国では、マルクス・レーニン主義および毛沢東思想に基づく国づくりや教育建設が進められた。

建国後の半世紀近くにおける教育の展開は、それぞれの時期に政治・経済の変動につれて、ちょうど時計の振り子のように、右に左に大きく揺れ動いてきた。

まず50年代の第1次5か年計画期(1953〜57)には、ソ連に倣い所有制の社会主義的改造と計画経済体制の基礎を固め、強い中央集権制による人材の計画的養成が図られた。教育は比較的安定した発展を遂げた。この時期には、1,200人余りのソ連人専門家が教育改革実施のために中国を訪れる一方、多いときには年間2,000人を越える留学生がソ連および東欧に派遣された。

しかし、やがて中ソ関係の冷却化の中で、中国独自の社会主義建設路線が模索され、工業・農業生産の飛躍的向上が目指された大躍進政策のとられた時期(1958〜59)には、教育界でも飛躍的な量的拡張が起こった。それはとくに「半労半学学校」、つまり働きながら学ぶ学校や、「業余学校」という仕事の余暇に学ぶ学校などにおいて顕著であったが、急激な数の増大に質の維持が伴うことは無理であった。

60年代初頭、失敗に終わった「大躍進政策」の見直しが行われ、経済調整

策がとられた時期(1961～63)には、教育界でも量的拡張に代わって質的充実が第一義的目標になった。重点学校と呼ばれ、集中的に質の向上を図るエリート校が出現した。

1966年、共産党内部でくすぶり続けてきた権力闘争に毛沢東の手で火がつけられ、文化大革命の火蓋が切って落とされた。教育分野の革命はその中心をなし、まさに出発点であった。文革は結局、正式の終結宣言まで延々10年余の長きに及んだ。文革初期の一時期、中国は国際社会からまったく孤立し、世界の多くの国がかなり急速な経済発展を遂げた60年代から70年代にかけて、階級闘争最優先の風潮の中で発展から取り残された。情勢が比較的沈静化した後に着手された教育改革では、①教育の素人支配、②教育のプロレタリア政治への奉仕、③教育と労働の結合、④被教育者の全面発達、⑤修業年限の短縮、⑥科目・教材・教育内容の精選、などが構想され実施された。きわめて斬新な「実験」であった諸改革も、現実には多くの混乱と無秩序を教育界にもたらした。授業時間数の絶対的減少と思想教育・政治教育への過度の比重によって、青少年の基礎学力は低下した。

文革による混乱や停滞を払拭するため、70年代末からは「改革・開放」政策の下、社会のさまざまな面で改革が急速に進んだ。農業、工業、国防、科学技術の「四つの現代化」実現に必要な人材の養成任務を担う教育は、改革の焦点の1つとなった。改革の基本方向を指し示すものとして、1985年5月には中国共産党中央の「教育体制改革に関する決定」が出され、続いて93年2月には党中央と政府国務院によって「中国教育改革・発展要綱」が出された。こうした「決定」や「要綱」が目指す方向は、一言で言えば教育における市場原理の導入にあると言え、現在の改革は基本的にこの延長線上で進行している。

(2) 学校制度

紆余曲折の歴史を経て中国の教育は展開してきたが、2009年時点で各教育段階・各種の学校に学ぶ児童・生徒・学生数も約2億5,000万人にのぼる。これは13億2,802万人(2008年末)という膨大な人口を抱えるゆえだが、在

学者数という点から見ると、中国は「世界一の教育大国」と呼ぶことが可能である。この膨大な教育人口を支える学校制度の概要を、学校系統図（図2-1）を基に述べておこう。

中国では現在、1986年に施行された「義務教育法」により、初等教育（小

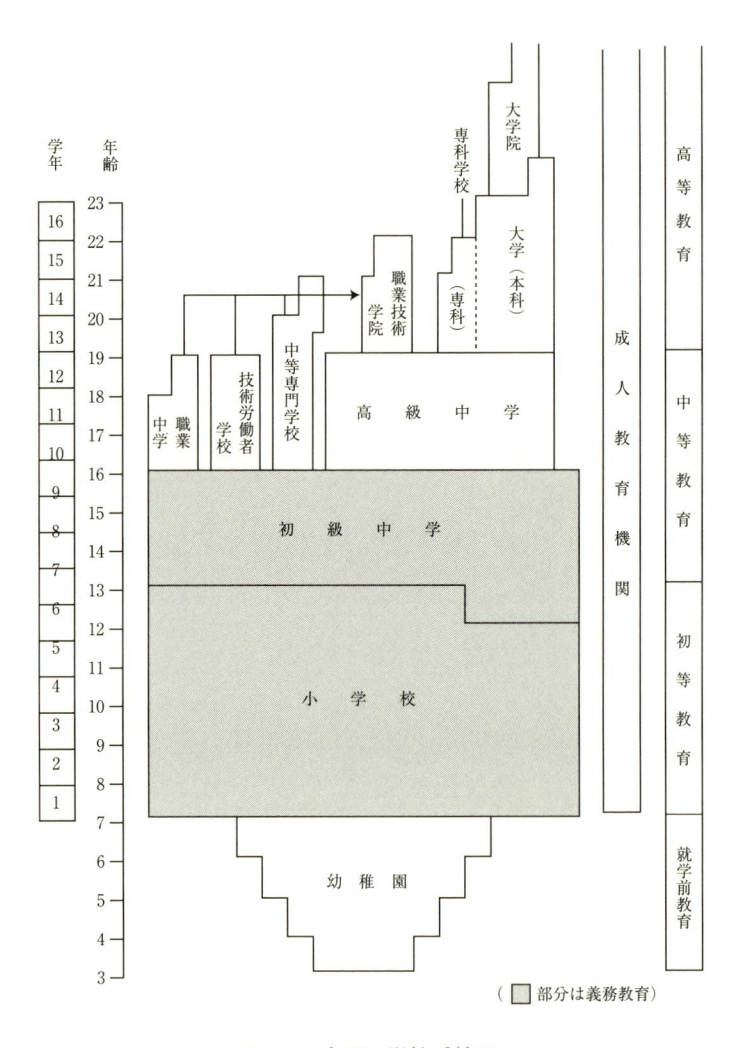

図2-1　中国の学校系統図

出典：文部科学省『諸外国の教育動向』2009年度版。

学校）と前期中等教育（初級中学）の合計9年間は義務教育段階になっている。小学校は5年制と6年制が並存してきたが、5年制は減少の一途を辿っており、2009年の時点で小学生全体のわずか2.2％に当たる223万4,016人が5年制の学校で学んでいるにすぎない。5年制がとられる背景には、もう1年間の教育を支えるのに必要な経費・設備・教員などを欠くからという消極的理由と並んで、小学校の教育課程は5年間で十分履修しうることを実践的に検証するためという積極的理由もある。

　中等教育機関は前期段階の初級中学と後期段階の高級中学に分かれ、それぞれ普通教育課程と職業教育課程がある。一般には3年ずつの修業年限であるが、初級中学の中には、5年制小学校との関係で、2009年現在、在籍者数で全体のわずか3.9％と少数ながら、4年制初級中学も見られる。後期中等教育機関には普通教育を行う高級中学の他、職業技術教育を目的とした中等専門学校（原語は中等専業学校）、技術労働者学校（原語は技工学校）、農業・職業中学がある。中等専門学校には小学校・幼稚園の教員を養成する中等師範学校ならびに工業、農業、林業、医・薬など各種の中等技術学校がある。修業年限は一般に4年で（3年、5年の学校もある）、初級中学卒業生を受け入れるが、実際には高級中学卒業生も入学しており、この場合は修業年限が2年となる。また技術労働者学校は中級の技術労働者を養成する学校であり、修業年限は3年であるが、高級中学卒業生を受け入れる場合は2年となる。さらに農業および各種の職業中学でも職業教育が実施されるが、修業年限は2～3年であり、中等専門学校や技術労働者学校ほど専門性は高くない。

　高等教育機関としての総合大学および単科大学には、本科と呼ばれる4～5年制（医学系など、ごく一部は6～7年制）の課程が主として設置されるが、専科と呼ばれる2～3年制の課程を併置するところもある。高等教育機関には、こうした大学の他、専科課程だけを置く独立した専科学校が含まれ、90年代末以降、主として中等専門学校の改組・昇格で生まれた職業技術学院と呼ばれるものが急増した。博士および碩士（修士）の2つの課程からなる大学院教育は、大学のみならず中国科学院、中国社会科学院などの傘下の各研究所でも行われるが、大学と研究機関の大学院に学ぶ学生の比率は24対1と、

表2-1　教育機関数および在籍者数（2009年）

機関種別	全日制普通教育機関		成人教育機関	
	機関数	在籍者数	機関数	在籍者数
幼稚園	138,209	26,578,141	0	0
小学校	280,184	100,714,661	41,910	2,108,199
特別支援学校	1,672	428,125	0	0
普通初級中学	56,167	54,336,420	1,558	487,876
職業初級中学	153	72,995	―	―
普通高級中学	14,607	24,342,783	753	114,676
職業高級中学	5,652	7,784,240	―	―
中等専門学校	3,789	8,404,291	1,883	1,609,942
技術労働者学校	3,103	3,988,452	―	―
高等教育機関	2,305	21,446,570	384	5,413,513
大学院	796	1,404,942	0	0

出典：教育部発展規画司編『中国教育統計年鑑2009年版』人民教育出版社、2010年、2-3頁より作成。

圧倒的に大学で学ぶ者が多い。

こうした全日制教育機関以外に、初等から高等まで各教育段階とも「業余」、すなわち、仕事の余暇を利用して働きながら学ぶ教育機関が数多く存在するのも中国の特色である。全日制教育機関の不足を補完し、全日制学校への就学機会を失ったまま、青少年・成人期を過ごした人々を救済するためである。

以上の各教育機関の数および在籍者数は、**表2-1**に示すとおりである。

2. 中等教育段階の入学者選抜方法と進級・卒業認定

（1）入学者選抜方法

既述のとおり、1986年に施行された「義務教育法」により前期中等教育までは義務教育（9年間）になっているため、入学者選抜は基本的に後期中等教育段階への進学時に始まる。但し、近年急増している私立学校は別であり、それぞれ独自の入試を実施している。公立の後期中等教育段階への入学者選抜は、省レベルでの統一入試であり、各省・自治区・市（直轄市）ごとに入試問題が作成され、採点されて、合否判定が行われる。

入試科目や配点は、省や直轄市により多少の違いが見られる。国語(原語は「語文」)、数学、外国語、物理、化学、体育はほぼ共通しており、それに政治科目が加わる地域がある。例えば、北京市(直轄市)では、国語(120点)、数学(120点)、外国語(120点)、物理(100点)、化学(80点)、体育(30点)の6科目570点満点であるが、南京市では、国語(120点)、数学(120点)、外国語(120点)物理(100点)、化学(100点)、体育(30点)に政治(50点)が加わり7科目640点満点である。外国語は、大半の初級中学で履修されている英語を指しているが、日本語やロシア語も学ばれており、当然のこととしてそれらの受験科目も存在する。

入試は年1回実施されるのみであるが、受験生は出願時に、教育条件が整った重点校と、それ以外の非重点校(職業系高等中学を含む)別に各々3校、計6校を願書に記入することができる。上記の職業技術系学校もこの統一試験の成績に基づいて選抜が行われる。

入学者選抜の過程は2段階に分かれ、まず重点校の選抜が行われ、その後に非重点校の選抜が行われる。合否判定は素点を合計した総得点方式である。各高級中学の担当者が、受験生の得点の高い順に自校の入学定員まで埋めていくが、そのとき各受験生の調査書も同時に考慮され合否判定が行われている。

(2) 成績評価と進級方法

学校制度の箇所で述べた職業技術系の学校は、高等教育段階への接続という点で、従来は実質的に上級学校への門戸が閉ざされていた(但し、成人高等教育機関への進学は可能)。しかし、1999年に中国共産党中央と国務院から出された「教育改革を深化させ、素質教育を全面的に推進することに関する決定」では、異なる段階の学校間の接続に考慮し、より多くの教育上の選択機会や成功の機会を提供する必要性が示唆された。従って、今後は職業系の後期中等学校から上級の高等教育機関への進学者が増えていくと予想されるが、現状では高等教育機関への進学は、普通教育課程以外の高級中学の卒業生にはきわめて厳しいものであるので、以下では、普通高級中学に絞って述べることとする。

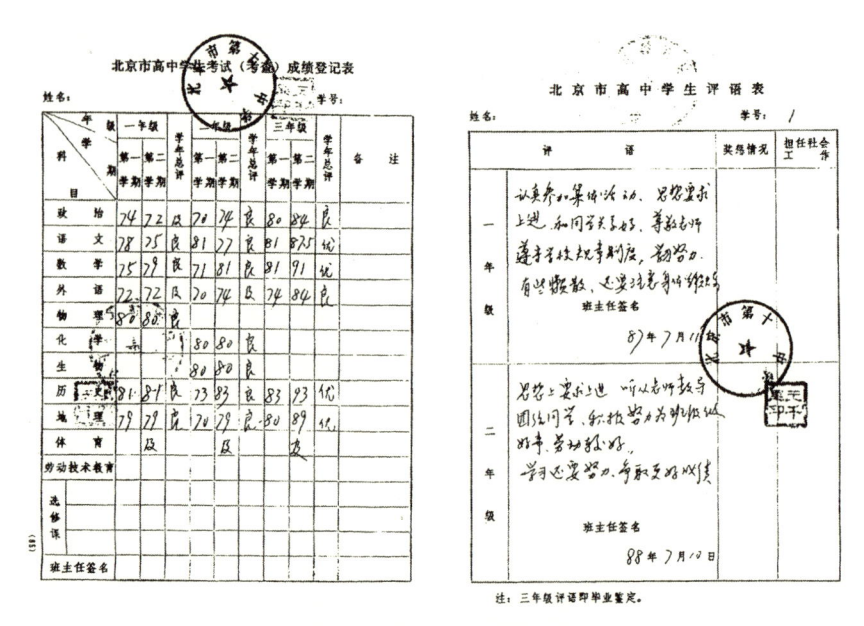

図2-2　高級中学成績証明書

　現在、高級中学での成績評価は、絶対評価を採用している学校が大半である。但し、絶対評価でも4段階評価を採用している学校、5段階評価の学校、さらにそのまま点数を記す100点満点法を採用している学校もある。また5段階評価の場合も「5・4・3・2・1」や「優・良・中・可・不可」等、学校によって異なっている。これらには全国統一の規定はなく、地域、学校、さらには科目により異なる。従って、ある生徒の成績表には、英語が「優」で、数学が「80」と記されることも起こりえないことではない。5段階評価の場合、定期試験の成績や平素の試験結果を加味した点数(100点満点)を読み替えるが、この場合90点以上が「優」、80～89点が「良」、70～79点が「中」、60～69点が「可」、59点以下が「不可」と評価されることが多い。

　進級・留年については、上記の例では、すべての科目が「可」以上であれば問題なく進級ができる。もし「不可」をとった場合、通常1科目だけの「不可」で留年することはまれで、数科目「不可」をとった場合、留年になる。但し、その前に補習や追試の措置が講ぜられ、それらに合格できれば進級となる。

この場合も統一の規定はなく、各地域、各学校の判断に任されている。以上の成績は、各学校で行われる試験等の結果に基づいた成績であるが、高級中学の成績表には、さらに「会考」と呼ばれる統一的な課程修了試験の成績も同時に記されることになる。次節ではそれについて述べることにしたい。

(3) 卒業認定方法

　高級中学を卒業するには、各学校で実施される定期試験で及第点をとるだけでは足りない。1991年以降、「会考」を呼ばれる卒業一斉試験にも合格しなければならなくなった。この試験は全国的に実施されることになったが、試験問題は省ごとに作成された。この統一試験に合格することにより、各高級中学にレベルの違いがあっても、卒業が可能となる水準の学力を修得したことを証明できるのである。その試験方法は、「考試」と呼ばれる筆記試験科目と、「考査」と呼ばれ平素の学習状況が評価されるものの2分野に分かれている。筆記試験科目は、「思想政治」、「国語」、「数学」、「外国語」、「物理」、「化学」、「生物」、「歴史」、「地理」の9科目である。実質的に「会考」とはこれら9科目のことを指している。合格・不合格が問題になるのもこれら9科目である。ただ、それ以外にも考査項目として「労働技術学科」、「物理の実験操作」、「化学の実験操作」、「生物の実験操作」がある。これらの考査項目は、書物だけの知識を補うために実施されるものである。また「体育」は各学校が「教学大綱」、つまりわが国の学習指導要領に相当するガイドラインの内容に照らして考査することになっている。

　「会考」は、基本的にその科目の「必修」内容がすべて履修された後に行われることになるので、具体的な実施時期は省レベルで決定できることになっている。一般的には、まず第1学年で履修する「地理」を第1学年末に受験する。第2学年で「物理」、「化学」、「生物」、「歴史」、「外国語」の5科目を、さらに第3学年で「国語」、「数学」、「政治」の3科目を受験することになる。これを科目数から「1－5－3」方式と呼ぶが、省によっては「2－4－3」、「0－6－3」方式のところもある。第1学年、第2学年では学年末に試験が行われるが、第3学年の場合は大学入試が7月に控えているので、後期はじめの

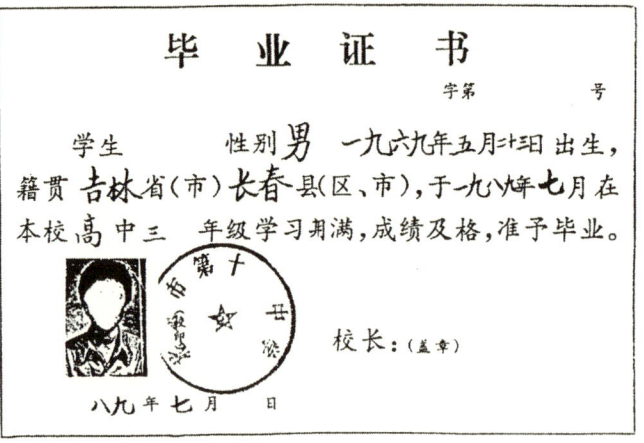

図2-3　高級中学の卒業証書

1月に行う学校と4月に行う学校とに分かれている。後述するように、近年の大学入試における試験科目の削減は、この「会考」制度の導入により、受験科目以外についても一定の学力が保証されているために可能になったことが背景にある。但し、今世紀に入って「会考」制度を見直す省も現れ、湖北、江蘇、広東の各省やチベット自治区のように取り止めたところもある。

この「会考」にすべて合格して初めて卒業ということになるのであるが、問題になってくるのは、「会考」9科目のうち、例えば1科目が不合格であった場合である。この生徒を「卒業」とするか「結業」（3年間在学したものの「卒業」せずに学校を離れる）とするかは各学校の判断に任されている。一般的には各学校で補習を行い、その後学校で試験を実施して合格すれば「卒業」とし、それでも不合格ならば「結業」証書を渡すことになる。

　さらに問題となるのは、「会考」が必然的に大学入試の受験資格とも関係していることである。受験資格は高級中学の「卒業」が前提条件である。従って基本的には「会考」のすべての科目に合格していなければ受験資格はない。但し、省によって例外措置が設けられている。例えば、北京市の場合、1科目不合格の学生は、重点大学を志望できず、2科目不合格の者は一般大学の本科（4年制以上）を志望できないという制限を設けており、「結業」証書の学生にも受験資格を与えている（3科目不合格の者には受験資格がない）。また省によってはもっとゆるやかに、「会考」にすべて合格していなくても、同等学力として受験資格を与えているところもある。必ずしも全国的に統一されているわけではない点は注意が必要である。

　「会考」の成績評価方法も学校での成績評価同様、統一の規定はない。省によっては素点を記入するところもあるが、多くは「優」（85点以上）、「良」（75〜84点）、「及第」（60〜74点）、「不合格」（59点以下）という4段階の評価方法をとっている。また一部では相対評価をとっているところもある。相対評価を採用しているのは、経済的・文化的に遅れた省であり、合格者の割合を先に設定しなければ、ごく少数の者しか合格しない事態を避けるためである。

　つまり、注意すべき点は、証明書には「卒業証明」と「結業証明」、さらに「肄業証明」（在籍証明）があることである。卒業するためには、各学期の定期試験に合格することはもちろん、上述した「会考」と呼ばれる科目すべてに合格しなければならない。その「会考」合格の条件を満たしていなくても、3年間在学していた学生には「結業証明」が与えられる。一方、「肄業証明」は3年間よりも短い期間学校に在学していたことを示すものである。従って、中国では「卒業証明」があれば文句なしに上級学校の受験資格が与えられるが、

「結業証明」では受験資格がある場合とない場合が出てくる。この点は統一されていない。一方、「肄業証明」では受験資格は与えられない。

3. 中等教育課程の特色

(1) 教育課程行政

　1986年に9年制義務教育制度が施行されたのに伴い、カリキュラム改革もこの義務教育段階から始まった。1988年には「義務教育全日制小学校・初級中学授業計画」(原語「義務教育全日制小学初級中学教学計画」)が制定され、実験と修正を経て、1992年に「9年制義務教育全日制小学校・初級中学課程計画」(原語は「九年義務教育全日制小学初級中学課程計画」)と改称された。こうして初等および前期中等教育カリキュラムの改革が一段落すると、1993年からは後期中等教育のカリキュラム改革に着手され、幾多の検討・調整を経て、1996年に国家教育委員会基礎教育司が「全日制普通高級中学課程計画」を公布した。

　これまで高級中学は卒業生が高等教育機関へ結果的に進学できたかどうかは別として、進学のための準備教育を行うところという位置付けがなされてきた。そのため、生徒の学力、教育条件等に明確な学校差があるにもかかわらず、また限られた学生しか高等教育機関へ進学できなかったにもかかわらず、すべての高級中学生に同じ教科書で同じ内容を学習させることが長い間行われてきた。但し、例外的に、かつて教科書を水準別に甲・乙2種類に分ける試みがなされた事実もある。

　1996年の「課程計画」は、初級中学までの9年間の義務教育との接続を考え、かつ高級中学の課程を高度な基礎教育と位置付け、進学にも就職にも適した教育内容にしようと大幅な選択科目制度を導入したことが最大の特徴である。この改革とともに、進学準備教育を行うという目的しかなかった高級中学課程を明確に4分類した。第一は、従来どおり進学準備教育を行う高級中学で、教育条件の整った生徒の質の高い重点中学がこれに相当する。第二は、大部分の高級中学が入る範疇であり、重点中学ほど良質ではなく、そこ

では進学準備と就職準備に分けて教育が行われる。第三は、進学準備を意図せず、就職準備を目的とした教育を提供する高級中学である。ここでは選択科目において職業準備的な内容を学習することになる。最後は、芸術や体育等の面での才能を伸ばすことを目指す高級中学である。こうした分類は、社会の発展に伴って、社会の求める人材も多岐にわたってきたことから、高級中学自身そうした流れに適応しようとしたものと言える。

この「課程計画」に基づいて各教科内容の大要を記した教学大綱が新たに制定され、さらに教学大綱に基づいて教科書等の教材が作られた。新教材は1997年9月から江西省、山西省、天津市で試験的に使用され、2000年からは全国的な使用が始まった。

次項の**表2-2**にある12科目の課程については、中央レベルの教育部(98年の国務院機構改革で従来の国家教育委員会から改称)基礎教育司高中処が課程計画を決定し、各科目の教学大綱を作成する。地方の教育行政部門は中央で計画された内容に基づきつつ、当該地の実情に照らして省レベルの課程計画を制定し、中央に報告する。学校レベルでは、各地方で制定された課程計画に基づいて、「必修」、「選択」科目の具体的な時間割を作成し、あわせて「任意選修課」と「活動類課程」の内容を確定し、地方の教育行政部門に報告し、指示を仰ぐ仕組みである。以上から分かるとおり、教育課程計画の修正、審査権は中央の教育部に属している。

(2) 履修科目の構造

次に高級中学段階の具体的な履修科目を見ると、大きく「学科類課程」と「活動類課程」から構成されている(表2-2参照)。「学科類課程」とは数学や物理等の教科を指し、「必修」と「選択」(原語は「限定選修」)、さらに「任意選択」(原語は「任意選修」)の3種類に分かれる。「必修」には思想政治、国語、数学、外国語(英語、ロシア語、日本語等)、物理、化学、生物、歴史、地理、体育、芸術、労働技術の12科目があり、進学か就職かに関わりなく学習しなければならない。「選択」は、進学や就職といった将来の進路にあわせて、「必修」科目のうち思想政治と芸術を除いた国語、数学、外国語、物理、化学、生物、歴

表2-2 高級中学の課程表

科目			高1	高2 就職コース	高2 文系進学	高2 理系進学	高3 就職コース	高3 文系進学	高3 理系進学	周時間数	総時間数
必修と選択	思想政治		2	2	2	2	2	2	2	6	192
	語文	必修	4	4	4	4				8	280
		選択					2	4	2	2~4	52~104
	数学	必修	4	4	4	4				8	280
		選択					2	2	4	2~4	52~104
	外国語	必修	4	3	3	3				7	245
		選択					2	4	4	2~4	52~104
	物理	必修	2	3又は2	3又は2	3又は2				4.5	52~104
		選択							3	5	148
	化学	必修	2	2	2	2				4	140
		選択				1			3	4	113
	生物	必修		3	3	3				3	105
		選択							3	3	78
	歴史	必修	3							3	105
		選択			2			3		5	148
	地理	必修								3	105
		選択			1			2		3	87
	体育		2	2	2	2	2	2	2	6	192
	芸術	音楽・美術	1	1	1	1				2	70
	労働技術	必修	1		1			2		4	122
		選択					9			9	234
任意選択科と活動類課程			5	8.5	5.5	5.5	12	12	8		
総時間			33				33				

注：「労働技術」必修課は隔週にして2時限連続することも可。
また社会実践活動は毎学年2週であり、3年間で6週となる。
出典：人民教育出版社・課程教材研究所主任弁『課程・教材・教法』1996年第6期。

史、地理、労働技術の中から選択して、さらに深く学習することになる。但し、理系進学コースならば数学や物理、化学が、文系コースならば国語や歴史、地理が半ば自動的に選択され、その意味で、原語に見られるとおり、「限定」的な選択であると言える。「任意選択」は、「限定選択」と異なり、教員の指導の下で、生徒が自発的に選択できる。但し、進学コースの場合、外国語や数学等の科目を追加学習する時間に当てられるのが実態である。

一方、「学科類課程」と並ぶ「活動類課程」は、校会(学校全体の集会)、班会(クラス会)、社会実践、体育鍛錬、科学技術、芸術等の活動を含んでいる。この中で、校会、班会、社会実践、体育鍛錬は全校生徒が参加する必修活動であり、科学技術活動や芸術活動は希望により参加する活動となっている。このうち中国の特徴の1つと思われる社会実践活動は、工業・農業の生産労働を行ったり、軍事訓練に参加したりする活動時間である。96年の改革では、

この「活動類課程」も強化されたと言われている。

　この教育課程はあくまで中央で作成されたモデルであり、各学校レベルで多少修正されることになる。なお1996年の改訂では独立した科目になっていないが、その重要性が指摘された教育内容には以下のものがある。まず「時事政策教育」は国内外の政治・経済の動向理解を目的とし、主に思想政治の中で教えられることになった。また近年とくに重要性が増した職業指導、人口教育、国防教育、環境教育等については、思想政治、労働技術、生物、地理、歴史、物理、化学等の個別科目の関連内容と結びつけて教えられることになった。また「任意選択」や「活動類課程」で特別にテーマ別授業を行うことも可能になった。

　その後、この1996年「課程計画」は2省1市での試験的実践を通じて明らかになった問題点を踏まえ、教育部が専門家を組織して必要な改訂を行い、2000年1月に「課程計画」の改訂版および各科目の教学大綱として公表した。秋の新学期以降、これらの改訂された計画や大綱に基づく新しい教科書が1年生から学年進行で順次使用されることになった。これらの教科書は試用本と位置づけられ、実験的な使用地域を従来の2省1市から10省に拡大して試用され、その結果を踏まえた改訂を加えて、2002年4月26日に教育部から公表された「全日制普通高級中学課程計画」が全国31の省・直轄市・自治区のすべてで使われることになった。その履修科目および配当時間数は**表2-3**のとおりである。同表の括弧内の数字で示した2000年時点のものと比べ、2年間の実験的実践を通じて、いくらか負担軽減が図られたことが分かる。

　この教育課程改革に見られる新しい変化として、第一に、96年版では労働技術という科目の中で考えられていた情報技術教育（原語は「信息技術教育」）が新たな科目として設けられたことである。この点は、情報化社会の中で中国がいかにコンピュータ教育を重視しているのかを示していると言える。第二に、96年での労働技術がさらに発展し、それも取り込んだかたちで総合実践活動という科目が登場したことである。この総合的実践活動の一環として新たに導入されることになった科目が研究的学習（原語は「研究性学習」）である。従来も研究的内容ないし生徒に課題を探求させる内容が教科書に盛り

表2-3　2002年改訂「課程計画」(括弧内の数字は2000年改訂時の時間数)

科目名		週当たり授業時数累計*	必修、選択授業時数	総授業時数
思想政治	必修	6	184 (192)	184 (192)
国語	必修	12	368 (384)	368 (384)
外国語	必修	12	368 (384)	368 (384)
数学	必修	8	280	324～368
	選択	2～4	44～88 (52～104)	(332～384)
情報技術	必修	2	70	70～140
	選択	2	70	
物理	必修	4.5	158	158～294
	選択	5	136 (148)	(158～306)
化学	必修	4	140	140～259
	選択	4.5	119 (131)	(140～271)
生物	必修	3	105	105～171
	選択	3	66 (78)	(105～183)
歴史	必修	3	105	105～228
	選択	4.5	123 (131)	(105～236)
地理	必修	3	105	105～193
	選択	4	88 (104)	(105～209)
体育・保健	必修	6	184 (192)	184 (192)
芸術(音楽、美術)	必修	3	92 (96)	92 (96)
総合実践活動	研究的学習	必修	9	276 (288)	276 (288)
	労働技術教育		学年ごとに1週間(集中ないし分散実施のいずれも可)		
	コミュニティー・サービス		一般に校外の時間を利用して実施		
	社会実践		学年ごとに1週間(集中ないし分散実施のいずれも可)		
地方・学校の選択科目		11～19	340～566	

注：週当たり授業時数の累計は学期ごとの週当たり授業時数を加えたものであり、2学期制のため1学期当たりはこの約半分になる。

込まれていなかったわけではないが、教科書の中に解答が書かれていて、それを探し出す程度にとどまっていた。新カリキュラムでは、課外の時間を利用し、1週間とか1学期間を使って特定テーマに関して生徒自らが調べ、解答を発見することがねらいとされているのである。

また、この問題解決能力の育成を目的とする研究的学習に関連して、**表2-3**には直接現れていないが、生活や生産の実際との連携をさらに強化することも目指されている。総じて、「書物中心」「教科中心」「知識中心」であった従来の教育のあり方を打破し、実践的学習、現実の生活、価値観・情緒・態度の育成などにより大きな力点を置くものに変化している。

(3) 教科書改革と履修内容の特色

　90年代半ば以降の一連の改革に連動して、教科書の内容も大きく様変わりをしてきている。教科書については、建国以来、教育部直属の人民教育出版社がこれまでずっと執筆・編集・出版する「一綱一本」、つまり1種類の教学大綱と1種類の教科書という状態が続いてきた。しかしながら、1985年に教科書検定委員会（原語は「全国中小学教材審定委員会」）が発足して検定制度も始まって以降、同委員会の認可を受けたものであれば、各地方、大学、研究所、個々の専門家や教員が教育部公認の教学大綱に則って作成した教科書も使用されうる「一綱多本」への道が開かれた。さらにその後、1988年5月には、当時の国家教育委員会が開催した義務教育教材計画会議で教材多様化の方針を明確に打ち出したことにより、多くの省、市、および関係機関が独自の教材編纂に携わり始めている。例えば、北京市では小学校の90％、初級中学の50～60％は北京市独自の教材を使っており、残りは人民教育出版社編纂の教科書あるいは他の省で編纂された教材を使っている。

　このように現在では教材の多様化に向けた改革が進められているが、この背景には、地域によっては、同一地域内でも学校により生徒の学力水準が異なっており、同一教材を使うことの非効率性が指摘されてきたことがある。この多様化路線は基本的に既定方針になっているが、その障害となるのは大学入試が「統一」試験であることである。高級中学の教育がなお大学受験を前提に行われている面は否定できず、「統一」教材を望む声もまた根強いのである。上述した北京市の例でも、義務教育段階では多様化に向かって改革が進んでいるが、高級中学についてはすべて人民教育出版社編纂のものが使われており、多様化が進んでいないのは、この矛盾を端的に示している。

　教科書の大きさは、四六判やB5判版が一般的であったが、近年ではA4判の大型本で、かつ多色刷りのものも増え、読み易さに対する配慮がなされてきている。分量は科目によってまちまちであり、300頁から500頁ぐらいの幅がある。中国は2学期制を採用しているので、各科目とも1学期で1冊を学び終えるのを目処に編集されている。例えば、「英語」の教科書は、高1で第1・2冊を学習し、高2で第3・4冊を、高3で第5・6冊を学習するよう

になっている。

　教科書は教学大綱に基づいて作成されるので、教学大綱から各科目のおおよその特徴を知ることができる。いくつかの科目の特徴について見てみよう。

　まず、高級中学の歴史についてであるが、この科目は日本のように日本史と世界史に分かれていない。歴史の時間に自国史と世界史を学ぶことになることになるが、その特徴は高1の「必修」時間に中国の近現代史を先に学ぶことである。つまり、文系・理系進学コースあるいは就職コースにかかわらず、この部分はすべての高校生が学ぶことになる。また高1の「任意選択」の時間に歴史を学ぶ場合は、中国文化史を学ぶ。続いて高2で歴史を学ぶのは文系進学コースの生徒に限られるが、そこでは「選択」として世界の近現代史を学ぶ。高2の「任意選択」の時間にさらに歴史を学ぶ場合、今度は世界の文化史を学ぶ。高3では文系進学コースに限られるが、「選択」科目として中国の古代史を学ぶ仕組みになっている。

　次に英語については、生徒が基礎的な英語能力を身に付けることを目的とする必修課程と、生徒の関心に応じた選択課程が設けられている。また、課程自体は11のモジュールに区分されており、そのうち1から5までが基礎課程、6から11までが選択課程に充てられている。なお、高校段階の英語課程はレベル別に6級から9級までの4段階に分かれており、モジュール1から5までが7級、6から8が8級、9から11が9級に該当している。ただし、各級に到達したことを示すため、生徒はそれぞれの試験を受ける必要がある。また、こうした系統的な英語の教育課程に加え、さらに任意選択課程も設けられている。これには、「言語知識と技能」、「言語応用」、「鑑賞」という3種類の内容が含まれており、学校はそれぞれ1,2のモジュールを設けている。こうした点から、バランスのとれた総合的な英語運用能力の向上を意図していることが見てとれる。

　さらに、日本にはない科目として、労働技術を挙げることができるが、その教学大綱を見ると、「労働に対する理解と生産労働の基礎知識・基本技能を修得すること」が目標になっていることから、日本の技術家庭相当の科目と考えられる。実際の内容には、植物栽培、機器の使用、電工、家庭生活な

どに分かれている。この科目は就職・進学コースに関係なく、3年間学習することになっているが、とくに就職コースで強調され、時間数が多く配分されている。反対に、日本にあって中国にない科目として地学が挙げられるが、この内容は中国では地理の時間に教えられている。

(4) 授業方法と成績評価

　中国の学校では、ほとんどが50～60人規模のクラスでの一斉授業方式であり、教員が教科書に沿って授業を行う形式をとっている。言い換えると、教員が黒板を使いながら説明し、発言を求められた時以外、学生は黙ってノートをとっていくのである。視聴覚機材など最新機器を使った授業や新しい授業実践の試みは、一般の公立学校では長い間ほとんど見られなかった。しかしながら、近年の改革、とくに1996年の「課程計画」に基づいて編纂された新しい教科書の出版に伴い、教員の日々の授業実践にも変化が現れてきている。例えば、新しい教科書は、自学・自習が容易なものになっているため、各授業の前に教科書に盛り込まれた問題を使って予備テストを行い、その成績に基づいて授業を展開できる。また、新しい教科書の特色として、実践的能力の育成に重点が置かれており、理科の実験も多くなっている。従来は教員が生徒の前で実験して見せる演示実験が多かったが、新しい教材では生徒がグループに分かれて実際に実験することが多く求められている。

　試験は主に学期・学年・卒業試験に分かれている。思想政治、国語、数学、外国語、物理、化学、生物、歴史、地理の9科目は筆記試験が行われ、体育、芸術、労働技術は実技試験も含む平素の学習状況の評価（原語は「考査」）が行われ、活動類課程は教師による講評のみが行われる。試験問題は教学大綱に基づいて出題され、学期・学年試験は各学校で出題されるが、卒業試験である「会考」は既述のとおり、省レベルで出題される。

　成績評価は、日常の学習の状況（授業での発言や宿題など）と定期試験を総合して行われるが、前者より後者の比重が高くなっている。学期試験は、各学期とも中間と期末に2回行われるのが一般的であるが、期末試験の方が成績評価において比重が高くなっていることも一般的に言える。評価方法は上述

したとおり、絶対評価であるケースが多い。

4. 中等学校教員の養成と研修体制

(1) 資格要件

　中国の教員は師範系の教育機関で養成されるが、教育段階に応じて養成機関も異なっている。例えば、幼稚園の教員は幼児師範学校（中等教育機関）、小学校教員は中等師範学校で養成され、中等学校の教員は高等教育機関である師範専科学校、師範学院、師範大学で養成されるという具合である。こうした師範系学校は建国当時から存在していたにもかかわらず、中国では教員不足の状態がずっと続いていたため、「民弁教師」と呼ばれ、国が定める教員定員数の枠外で採用され、往々にして正規の訓練を受けていない教員が教壇に立つことが珍しくなかった。質の高い教員の確保は長期的に見れば国家将来を左右する重要事項であることから、1980年代以降、教員の資格要件の整備が国家的課題となってきた。

　教員の学歴要件が初めて示されたのは1983年の「小学校および中学教師陣の調整・整頓と管理強化に関する意見」においてである。そこでは、高級中学教員は高等教育機関の本科（4年制以上）卒業、初級中学のそれは専科（2,3年制）卒業要件であることが示された。これらの学歴要件に達していない現職教員は「教材教授法試験合格証書」（担当教科の教学大綱の内容と教授法を学習していることを証明する）や「専門合格書」（担当教科を行うための一般教養、専門知識を持ち、実際に授業を担当できることを証明する）を取得することによって学歴要件を満たすことができることになった。

　さらに1986年に出された「中等教師職位試行条例」によって、教員を高級、1級、2級、3級の4等級に分けて、それぞれ明確な職責と資格要件を設けることになった。3級は高等教育機関の専科卒業で、1年間の見習い期間を経て、審査に合格した教員に与えられる。2級は、本科卒業で1年間の見習い期間を経て、または「3級教師」として2年以上勤め、審査に合格した教員に与えられる。1級は、「2級教師」として4年以上勤め、あるいは修士学位を取得

した者で、審査に合格した者に与えられる。高級は、「1級教師」として5年以上勤め、あるいは博士学位を取得した者で、審査に合格した者に与えられる。審査には、担当教科についての専門知識、教育技術、生徒の理解・対応、等が項目として含まれている。

　その後、1993年10月31日には「中華人民共和国教師法」が公布され、1995年12月12日には「教師資格条例」が公布された。前者では、教員の学歴要件として、①幼稚園教員は幼児師範卒以上、②小学校教員は中等師範学校卒以上、③初級中学教員は高等師範専科学校卒ないし、その他の専科卒以上、④高級中学教員および中等専門学校・技術労働者学校・職業高級中学の基礎（原語は文化課）・専門科目担当教員は高等師範学校本科卒ないし、その他の高等教育機関の本科卒以上、⑤高等教育機関の教員は大学院あるいは大学本科卒以上、⑥成人教育機関の教員はそのレベルに応じて、高等、中等学校卒以上、という下限が設定された。「教師資格条例」では、教員が①幼稚園教師、②小学校教員、③初級中学教員、④高級中学教員、⑤中等専門学校・技術労働者学校・職業高級中学の実習指導教員、⑦高等教育機関の教員、という7種類に分けられている。このうち中等学校教員に関して、高級中学教員の資格は中等職業学校の教員資格と互換性があり、一般的に、中学の教員が小学校教員になるというように、本来の教員資格以下の学校であれば教員として勤めることができるが、中等職業学校の実習教員資格しか持たない者は、中等専門学校・技術労働者学校・職業高級中学の実習指導教員にしかなれないことが規定されている。

(2) 教員に関する当面の問題点

　資格要件さえ満たせば、質の高い教員を確保できるということには必ずしもならないのは言うまでもない。教員は生涯を通して不断に学び、自らの知識・技術を高めていくことが要求されている。近年の改革では、とくにその点が重視されるようになった。

　既述のとおり、近年の改革は、教学大綱ならびに教科書を貫く教科の体系性を重視した従来のカリキュラムと異なり、生徒の興味・関心・ニーズを優

先させ、生徒の側に立って考えるカリキュラムに変化してきている。言い換えれば、教科書の内容を一方的に伝達すればよかった授業から、生徒中心の授業実践が求められてきている。これは、180度の方向転換とも言え、こうした急激な変化は、現場の教員にとって大きな負担となっていることも否めない。

　新カリキュラムおよび新しい教科書の内容に対する理解や教え方を習得するのは、多くの教員にとって難しい事柄であり、そのため、定期的な研修の機会が不可欠になってきている。例えば、天津市では、まず市および区が学期初めに、各中学の教員の代表を集めて研修会を開催し、その後に各学校で教科ごとに研修に参加しなかった教員も含めて研究会を開き、授業準備を行っている。中国の学校には従来から教研組（あるいは教研室）と呼ばれる授業実践に比重を置いて研究する校内の研究組織が置かれていたが、近年では新たに教育科学研究室という組織を設けて、新カリキュラムに関する理論研究を行うことになっている。また各教員は月末および学期末に当該時期のまとめを行って報告書を作り、その発表会を開催したり、研究授業を頻繁に行い、良い授業を行った者については氏名を公表するとともに表彰したりするといった方法がとられている。

　これらは従来の形式的な研修から比べれば、かなり実効性のある研修になってきていると言えるが、こうした研修によって期待される教員とは、「授業目標の設計、授業活動の組織化、教材の選択、現代教育技術の運用などすべての面に関して、一人一人の生徒の発達のために尽力する教育課程実践の組織者・促進者、さらには教育課程の開発者・研究者」なのである。このように教員に対する要求水準はかなり高く、徹底した研修を通じて高い成果をあげることが期待されているのである。

　また、近年の改革の中で顕著になった問題ではないが、教員の社会的地位が他の職業に比べて低いという恒常的な問題を中国は抱えている。教職が魅力ある職業として、多くの優れた若者を惹き付けうるように、給与・待遇面の改善を図ることも長期的な課題である。

5．中等教育と高等教育との連関

(1) 中等教育修了者の進路

　上述したとおり、後期中等教育機関には普通教育課程の高級中学の他、職業系の各教育機関があり、後者の在籍者が2009年には2,017万6,983人を数え、後期中等教育段階の在籍者総数の45.3％を占めた。こうした職業系学校出身者は大学入学の難関を突破することは不可能ではないが容易ではない。彼らのうちの優秀な者は、中等段階で学んだ専門分野と同一の専攻に限って、高等職業教育の実施を目的とする職業技術学院へ例外的に進学することが認められるようになっているが、多くの場合、各業種へ就職していくことになる。2009年における高等教育機関の入学者数639万4,932人を、主たる高等教育進学者と考えられる普通高級中学卒業生数823万7,220人で単純に除した比率は約77.6％となる。この数字だけ見れば、高等教育への進学はかなり容易に思えるものの、実際には、大学入試受験の時点までに進学希望者はすでに相当淘汰されているのである。小学校から初級中学への進学率は99％とかなり高いが、初級中学卒業生の進学率は79.2％にすぎない。この初級中学からの進学者の半分弱は職業系の学校で学ぶのである。

　但し、図2-4に見られるように、とくに90年代後半に大学入学者定員の

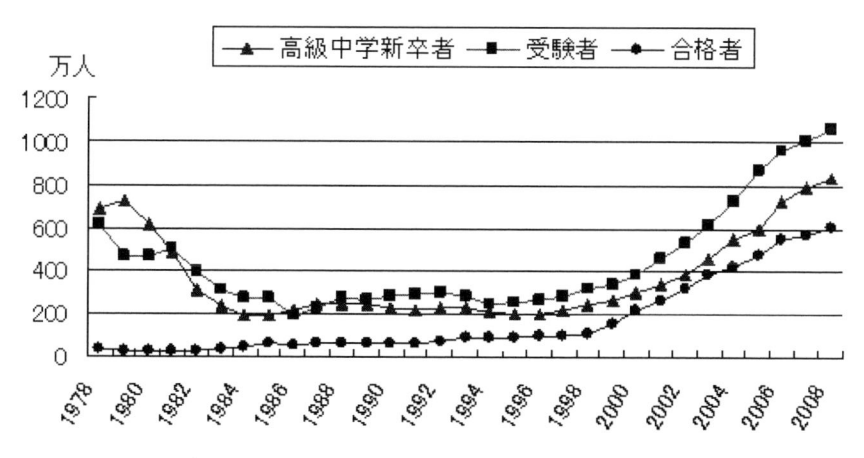

図2-4　文革後の高級中学卒業生および大学受験者・合格者数の変遷

急激な拡張策がとられたことにより、大学の門戸が相当に広がったことは否めない。上記2009年の入学者数は1995年の入学者数92万5,700人の6.9倍に相当する。また、2008年の平均競争倍率1.6倍は、かつて文革後に統一入試が復活して間もない70年代末から80年代初頭の15〜18倍に比べて、実に10分の1にまで下がっている。この結果、急激な拡張策で膨らんだ普通高等教育機関の在籍者に、テレビ大学をはじめとする各種の成人高等教育機関で学ぶ者まで加えると、2011年現在の広義の高等教育進学者は同一年齢層の26.5%と、すでに大衆化段階に達したと見ることが可能なのである。

(2) 高等教育進学者の最近の傾向

上述したとおり、文革直後と比べれば、受験競争は格段に緩和されてきた。90年代における高等教育拡張策と、80年代に職業系中等教育の拡充などにより高等教育進学予備軍が絞られてきたことの相乗効果である。しかし、膨大な数の当該年齢人口から見れば、高等教育への進学需要はまだ大きく、とくに一流大学への進学をめぐる競争は依然として熾烈である。進学を目指す高校生もその親も、さらに中等以下の諸学校も大学入試合格という点だけに関心を払い、「一面的に進学率の高さのみを追求する」として批判された状況は根強く存在する。

そうした状況の中で、大学入試は中等以下のあらゆる教育のあり方を左右する「指揮棒」であると形容され、受験に関係のない科目や進学を目指さない生徒がおざなりにされる悪弊も生じた。これを是正するために導入されたのが、すでに述べた中国語で「会考」と呼ばれる高校卒業ないし課程修了のための一斉試験制度である。そして、近年はこの卒業試験の完全実施に伴い、入試科目の削減が行われてきた。

中国では建国以来、長年にわたって大学進学後はすべての経費を国が負担するとともに、卒業時には就職も世話してきた。こうした経費と就職の2つの面で国が面倒を見る(「両包」と称する)やり方に代わって、学生が自ら授業料を支払うとともに、卒業後の就職も学生が自ら探すというように、2つの事柄を自ら行うこと(「両自」と称する)が次第に広まってきていた。とくに学

生募集ないし入学者の選抜に関しては、受益者負担原則の導入により、計画に基づく国家の任務として入学許可される学生と同時に、市場による調節機能を発揮させ、企業や事業体が大学に人材の養成を委託し、その経費を負担する「委託養成学生」や学生自身が学費を自弁する「自費学生」を80年代半ばから入学させてきていた。後二者が新入生全体に占める比率は上昇を続け、95年には32.1％になっていた。彼らの入学に際しては、国家計画に基づく入学生よりも合格最低点が低く設定して2種類に分けていたが、両者の点数の差は広がる一方であった。こうした現象は「点数が足らなくても、金でつじつまを合わせる」ものだと皮肉られ、現実問題として、入学後の教育にも悪影響が生じるようになったと言う。こうした弊害を除去するため、国家任務と市場による調節という2つの考え方を止めると同時に、異なる合格最低点を設定することも止める改革が実施された。「並軌改革」と呼ばれる方法は、2種類の学生や2種類の合格最低点といった「複線型」からすべてを一本化した「単線型」へと変えることを意味するものであった。こうした「並軌改革」を実施する大学が1996年には660校余りに増える一方、委託養成学生や自費生は減少していき、ついに99年以降、まったく姿を消したのである。

　卒業後の統一的な職場配置が行われなくなると、卒業後の経済的見返りを考える受験生が、市場主義経済の進展の中で脚光を浴びてきた業種、例えば、国際、金融、法律、貿易、商業、不動産といった分野に殺到する情況が見られるようになった。その結果、上海市、北京市、浙江省、広東省といった大都市や沿海の開けた地域はもちろん、雲南省、海南省など辺境の省まで、経済、貿易関係の高等教育機関の合格最低点が当該省の合格最低点より数十点も高くなるといった現象が生じている。

　例えば、1994年に上海市では専科学校の合格最低点を越えていた全体の31％に当たる1,871人が上海金融高等専科学校、立信会計高等専科学校、上海財経大学、対外貿易学院の4校を志望し、その数はこれら4校の募集数の2.5倍に相当するものであった。彼らのうちの300人近い者が重点大学および本科課程の大学への合格最低点を越えていた。また、上海金融高等専科学校の合格最低点を越え、同校を第1志望とした者の数は同校の募集定員の4倍に

ものぼった。

　この他、一人っ子政策の徹底により、大学進学適例人口もほとんど一人っ子として育った者によって占められるようになってきたことも新たな傾向を生んでいる。すなわち、一人っ子に共通な特徴として甘やかされて育ったために身の回りのことも自分でできない者が多くなっており、家族の所在地以外の大学に進学することを嫌う傾向が顕著に現れてきているのである。例えば、1994年に上海市で新入生募集を行った他地域の大学は60校であり、その募集定員は合計1,017人であったが、所定の定員を満たすことができなかった大学が38校(63%)にものぼり、結局、募集数を276人減らす結果になった。

(3) 高等教育機関の入学資格と入試時期・入試方法

　入試の受験資格は「高級中学(高校)卒業ないしこれと同等」の学力が求められる他、「健康で、未婚、年齢が満25歳以下」、「マルクス・レーニン主義、毛沢東思想の堅持」といった年齢、婚姻情況、人柄や思想に関わる条件が付けられるのが長年の特色であった。しかし、2003年の募集規定では「年齢」、「未婚」といった制限が取り払われ、「高級中学卒業ないし同等の学力」「健康」「憲法と法律を遵守する」ことのみが求められている。

　高等教育機関への入学者の選抜は全国統一入試を通じて行われるが、1985年からは上海市のみは例外的に統一入試実施と同一期日に独自の入試を実施してきた。全国統一入試だけの画一性を是正する目的である。その後、上海に加えて、2002年からは北京市も独自問題の出題を行うことになった。また、統一入試は7月7～9日の3日間実施されるというのが長年の慣行であったが、2003年以降、猛暑の時期を避けるために1か月繰り上げて、6月上旬の実施となった他、入試の日数も後述する入試科目の多様化により、2日間、3日間、4日間と地域差が見られるようになった。

　その年の入試の難易度に関する検討は、毎年(7月入試については10月頃)、大学教師や高校教師を集めて行われ、この評価が翌年の出題の重要な参考となる。全国統一入試の出題は、わが国の大学入試センターに相当し、北京市にある中国教育部考試中心の責任で行われ、試験実施の具体的仕事は各省・

自治区・直轄市の学生募集委員会の責任において行われる。この入試センターには、全国範囲で選ばれた十数人の各教科を代表する専門家からなる科目別委員会(原語は「学科委員会」)が置かれ、同委員会の下に教科ごとの出題グループ(原語は「命題組」)が置かれる。なお、1999年に教育部は入試問題を広く社会から公募し、問題データベースを構築して、出題時の参考とする方法を導入した。

　入試科目は、上述した高校の一斉卒業試験の導入後、文科系、理工科系に共通な数学、国語、外国語(英、露、日、独、仏、スペイン語から1か国語を選択)の基本3科目に、文科系であれば政治や歴史、理科系であれば物理や化学というように、志望の専攻に応じて予め指定される高校で履修される6科目中の2科目を加えた(「3プラス2」の方法と呼ばれる)各科目になった。各教科とも150点満点で、5教科の合計点は750点である。ただ上海では「3プラス1」の4科目の入試がしばらく行われていた。さらに、入試科目に関しては、上記の基本3科目に大学側が指定する1ないし数科目を加える「3プラスX」と呼ばれる方法が99年に広東省で導入され、2000年には山西、吉林、江蘇、浙江の4省にも広がり、2001年からは全国で実施されることになった。この結果、入試科目の構成から見れば、基本3科目以外の科目により、2003年の時点で全国を3類型に分けることができる。第一は、圧倒的多数の省・直轄市・自治区で採用されている「文科総合」ないし「理科総合」という、歴史や物理のような単一科目ではなく、文科あるいは理科関連の複数科目の内容からなる総合問題を出題する方式である。第二は、江蘇省で行われる既存の特定2科目を課す方式である。そして、第三は、上海、広東、広西、河南、遼寧の各省・直轄市・自治区で実施される「文理大総合プラス1」の方式である。これは文科と理科に跨がった総合問題と大学が指定する既存の特定1科目を課す方式である。この他、入試成績の表し方についても、海南、広東、陝西、河南の4省では、得点の素点ではなく標準偏差値に換算する方式がとられることになった。さらに、省レベルで独自の問題を出題することも許され、2005年に単独出題を行うところは全国の14省・市に広がった。

　入試の出題内容に関して、上述した中等教育段階の「教学大綱」に基づい

て入試の出題範囲が決定されていたが、1991年以来、これとは別に「大学入試説明」(原語は「考試説明」)が作られるようになった。同説明は教科別委員会の下で作成され、入試で測定しようとする各教科の知識・能力の程度や試験の様式、試験問題の例などが述べられている。

　作成された入試問題は、北京の入試センターから統一問題を利用する各省に版下の形で送られ、出願の状況に基づいて各省で予め調査された受験生の人数に応じた分量だけ、機密文書印刷の条件を満たしうる刑務所内の印刷所など所定の印刷所で印刷されることになる。入試問題、模範解答、採点基準など入試関係の文書は教育関係では唯一と言われる国家の「絶対機密」文書の扱いを受けており、扱いには最大の注意が払われる。そのため、印刷前に字句の誤りを含めて問題のミスが見つかった場合など、すべて暗号を用いた特別のファックスで修正のための連絡がとられるといった具合である。統一入試の際には各地に試験場が設けられるが、その設置基準は受験生30人に対して1つの試験場を設けるというものである。

　入試終了後、模範解答に照らして省ごとに採点が行われ、すべての受験生の成績に関するデータが省の学生募集委員会に集められるとともに、入試センターにも送られ、入試分析の資料となる。合否の判定もそれぞれの省で実施される。その方法は、予め決定されている当該省での募集定員に基づき、成績上位者から順に定員分だけ、彼らの志望と入試得点などを勘案して合格者を決定するのであるが、決定権限は基本的に各大学が持っている。その際、軍および公安関係の教育機関が一般の高等教育機関に先駆けて合格者決定を行い、次いで重点大学、非重点大学、専科学校というように、高等教育機関の種類ごとに順に合格者が決まっていくのである。

　なお、過熱化した受験競争への冷却措置の意味を込めて、推薦による入学も一部で実施されている。1995年の時点で、全国の高等教育機関の入学者定員の約1%、人数にして約1万人が推薦により入学している。推薦入学を実施しているのは、全国範囲で学生募集を行う大学のうちの60校であり、各省を範囲として学生募集を行う高等教育機関については各省で1〜2校であって、1校当たりの入学定員の3〜5%分が推薦を通じて選抜されている。

また、1990年に国家教育委員会は農林系高等教育機関では実践経験のある者を入学させる措置を講じている。卒業後は農村に戻って農林業に従事するのであり、同年には、この方法で1,700人が入学している。その後、2003年には「自主学生募集」(原語は「自主招生」)という制度も導入され、北京大学、清華大学など22校が試行したのを皮切りに、近年では約70校で試みられている。

(4) 大学入試の特色

中国の大学入試の最も際立った特色は、近年の全国大学入試の受験者数が1,000万人を越えるという大規模性にある。上海および北京では例外的に単独入試が行われるが、圧倒的多数の者は全国統一入試を受験している。しかも、私学を含めれば複数の受験機会のある日本などと違って、長い間、文字どおりの「一発勝負」が続いていた。競争が熾烈をきわめたのも無理からぬことである。こうした状況を少しでも改善するため、2000年1月に北京市および安徽省のみで春季の学生募集が行われた。年2回入試の始まりであった。

大規模性に加えて、広大な国土という地理的条件が入試の実施に及ぼす影響も計り知れない。個々の高等教育機関が単独で入試を行えば、個々の受験生はそれぞれ志望校の所在地およびせいぜい数地点に設けられる入試会場まで出かけて受験しなければならない。これは広大な中国では大変な経済的負担を受験生に強いることになる。どこに居ても、各地の志望校の入学試験を受けることができ、また個々の大学の選抜における恣意性を排除しうる方法として、全国統一入試の持つ意義は大きいのである。

さらに、多民族国家の中国では、入試においても特別の配慮がなされる。独自の民族言語を教授言語とする大学や学科の入試問題は、関係省・自治区が別途出題する他、少数民族用語を教授言語とする中等学校卒業生が漢語を教授言語とする高等教育機関へ進学を希望する場合、全国統一入試の問題を当該言語に翻訳し、受験生はその言語で答案を書くといった措置がとられてきた。

入試問題の形式・内容上の特色としては、○×式や選択肢問題が少なく、従来ほとんどすべて記述式問題であった。しかし、広東省での実験を経て、

1990年からは客観化テストが英語、化学、政治などの科目で採用されることになり、採点にもコンピュータの導入が図られるなど、記述式以外の出題方法が重要性を増している。

　以上述べてきたように、入試科目、試験の内容と形式、合否判定の方式のいずれに関しても、多様化を目指す改革が着実に進んでいるのである。

(5) 学校間・大学間格差の問題

　中国では、すべての教育機関の質を一度に向上させるのは不可能であることから、一部の機関に人材、財源などを集中し、重点的充実を図るという現実的政策がとられ、重点大学、重点中学などを意図的に創ってきた。従って、学校間・大学間格差は自明のこととして存在する。一流校への進学を目指して青少年がしのぎを削るばかりでなく、初等・中等学校では、質の高い学校への転学や越境入学が相当の代価を払って行われる。近年教育界で深刻な問題となっている法外で不当な経費徴収の最たるものが一流校への越境入学を認める見返りとして徴収される経費である。95年2月に発表された国家教育委員会の柳斌副主任による「小・中学校の不当経費徴収を制止する活動に関する意見」では、越境入学のための経費は、安い学校で1件当たり数千元、高いところになると数万元にも達することが明らかにされている。

　しかし、教育における格差の問題でより深刻なものは、地域間の格差である。一般的に言えば、東部の沿海地域と内陸部、都市部の農村部との間での教育の質には大きな差異が存在する。また、中等教育と高等教育との接続に限って言えば、全国統一入試と言っても実際の場面では、問題や解答用紙の印刷、試験の実施はもちろんのこと、採点、合否の判定までも、省・自治区・直轄市が実質的な基本単位となる。そのため、受験生が多く募集定員の少ない省・自治区・直轄市では競争率が高くなり、逆に受験生の少ないところでは競争率が低く、合格最低点も低くなるというように、省間の格差が明確に表れる。

　合格難易度に省による格差があることに目を付けた入試をめぐる不正も生じている。湖南省では合格の可能性のない受験生が貴州省での受験資格を取

得できるようにするために、96、97の2年間にわたり戸籍、学籍、糧食関係書類など各種公文書や公印を偽造し、受験生に売りつけて大金を稼いでいた貴州省の中学教員が逮捕されている。この方法により合格したことが判明した学生18名は即刻除籍処分となっている。

(6) 課外学習（進学準備）の実態

　上述したように、上級学校、とりわけ一流校と目される学校への進学をめぐる競争の激しさは、わが国に勝るとも劣らない。予備校や学習塾といった進学のための教育機関はまだほとんど発達していないが、家庭教師や父母による指導など、厳しい受験競争を反映した受験指導が過熱化している。とくにインテリ家庭では、親が子どもの学習指導に真剣に当たる情景がかなり普遍的に見られる。また各学校では、進学率の高さが当該校の教育の質を評価する重要な基準と見なされるため、教員による個別的指導や組織的進学準備教育が実施される。教育行政当局は、各学校が進学率の高さのみを一面的に追求したり、進学を目指している者や成績優秀で一流校への進学可能性の高い一部の児童・生徒だけを特別扱いせず、すべての児童・生徒に目を向けた公平な教育指導をするように再三にわたって要求してきた。このことは裏返せば、偏った進学準備が行われていることを示すものである。

　なお、中国では、国務院の決定により、95年9月以降、初等・中等学校では週休二日制がとられることになった。この改革の背景には、小・中学生の学習過重負担の問題があり、国家教育委員会は学習負担の軽減を求める通達を一度ならず出してきたが、決定策を欠いていた。そこで週休二日制の導入により子どもの生活に「ゆとり」を持たせようとしたのであるが、この決定に伴うカリキュラムの調整などが遅れ、土曜日が本来の趣旨には活かされず、受験準備学習や習い事のための時間に変わったという見方もある。

　さらに、数学、物理、化学、コンピュータなどの分野で各国の高校生が学力を競う国際オリンピックにおいて、中国の代表選手は毎回好成績を上げており、選手の養成のために、中国では特別な学校が設けられ、訓練が実施されてきたが、そうした学校ないし訓練が間接的に進学準備教育の場になって

いたことも見逃せない。例えば、北京市の数学オリンピック学校を例にとれば、同校は1985年の創設当初は初級中学の生徒が対象であったが、次第に高級中学ならびに小学校の生徒・児童まで拡大していった。学習は通常、日曜日の午前ないし午後の2〜3時間行われるが、夏休み、冬休みといった長期休業中は集中的に訓練を行うため、夏季キャンプ、冬季キャンプの形式がとられる。児童・生徒30〜40人で1クラスが編成され、各クラスに1人ずつの指導に当たる教員がつく。教員はすべて兼任であり、大学教員、初級・高級中学の教員が主に指導に当たっている他、教育行政機関で各教科の教育指導研究に従事している者も部分的に兼任している。

　こうした各地のオリンピック学校で学んでいるような優秀な生徒約6万人が、毎年実施される全国の高級中学数学連合コンクールに参加し、ここでの成績優秀者約80人が選ばれて、毎年1月に実施される全国(高級)中学生冬季キャンプに参加し、さらに特訓や試験を受けて最終的に国の代表選手が選ばれるのである。こうして国際オリンピックに出場するのは、1分野ごとにわずか6名にすぎないが、多くの者にとってオリンピック学校に学ぶ目的は、オリンピック出場と言うよりも、むしろ一般的な学力の向上に役立てようとするものである。加えて、その予備選抜段階である省あるいは全国レベルの学力コンクールで好成績を上げれば、大学への無試験入学や優先入学が約束されるという特典も生徒を引き付ける理由なのであった。

　但し、1994年以来「応試教育」、つまり受験準備教育から「素質教育」、つまり子どもの徳・知・体のすべての面での資質を伸ばす教育への転換を図ることが重要な目標とされる中で、オリンピック学校のあまりの過熱ぶりを憂慮した国家教育委員会と中国科学協会は、95年2月には「各級各種科目のオリンピック学校（クラス）の運営停止に関する緊急通達」を出すに至った。

　以上、近年の中等教育を中心とした改革の動向、主な特徴ならびに問題点を述べてきた。改革はきわめて大胆、かつ相当に広範囲に及んでいる。こうした大胆な教育改革推進の背景には、グローバル化した世界経済の中で中国がその競争力をいっそう強化しなければならないという国家的課題がある。

強い競争力を生む源泉である人材の開発のためには、それに資する改革がすべての教育段階で実施されねばならないとの基本認識がある。中等教育改革もその一環である。「現在、わが国の社会主義現代化建設は今まさに更なる発展を遂げるための重大な時期にある。国内外の建設は勢いよく発展しており、改革は日増しに深化している。国際的な往来は日に日に頻繁になり、経済、科学技術を中心とする総合的国力の競争はさらに熾烈さを加え、各方面の人材に対する需要はいっそう差し迫ったものになっている。こうしたことの全てが普通高級中学の教育に対してさらに高度でさらに新しい要求を提出してきたのである」(1995年6月8日公布の「普通高級中学を大いに立派に運営することに関する若干の意見」)という文言は、そうした状況や認識を明確に表現していると言えるであろう。

参考文献
石井光夫『中国』文部省、1987年。
大塚豊「教育評価④―中国」『内外教育』1980年、14-15頁。
大塚豊『中国大学入試研究―変貌する国家の人材選抜―』東信堂、2007年。
大塚豊『中華人民共和国の教科書制度―歴史・現状・改革動向―』(教科書の質的向上に関する総合的研究) 教科書研究センター、1988年。
大塚豊「教育」『中国総覧』1992年版、霞山会、1992年、377-386頁。
大塚豊「教育」『中国総覧』1994年版、霞山会、1994年、415-424頁。
大塚豊「教育」『中国総覧』1996年版、霞山会、1996年、387-397頁。
大塚豊「中国における教師の評価」佐藤全・坂本孝徳編『教師に求められる力量と評価《日本と諸外国》』東洋館出版社、1996年、227-243頁。
国家教育委員会基礎教育司・課程教材研究所編『普通高中課程改革研究與実験』人民教育出版社、1997年。
国家教育委員会基礎教育司編『全日制普通高級中学教学大綱』人民教育出版社、1996年(『語文』、『数学』、『英語』等各種)。
上海市中小学課程教材改革委員会弁公室・上海市教育委員会教学研究室編『面向21世紀中小学新課程方案和各学科教育改革行動綱領(研究報告)』上海教育出版社、1999年、256頁。
人民教育出版社・課程教材研究所主弁『課程・教材・教法』1996年第6期。
「上海市高中2000学年度課程計画説明」、『上海市教育委員会文件』(滬教委基(2000)第47号)、11頁。
白月橋『課程変革概論』、河北教育出版社、1996年、158頁。

第3章 台湾
―― 6-3-3-4制上の独自モデルの追求

所澤 潤

1. 教育制度の歴史的背景と現状

現行の基幹学制は日本と同様に6-3-3-4制で、義務教育年限も9年間であり、制度の概要は図3-1のとおりである。但し、教育課程の編制においては義務教育の部分が2001学年度から一貫の形に移行した。義務教育は「国民教育」と呼ばれ、単線型であるが、後期中等教育は普通教育と職業教育に、大学教育は非技職系と技職系に分かれる複線型である。大学教育への進学は近年まで原則として前者からとなっていたが、現在は、後者からの大学教育への進学のルートも拡充されている。

台湾の現在の学校教育制度は、1895年から1945年の日本統治時代に導入された近代教育の資産を受け継ぎ、中国大陸で発展していた中華民国の近代教育制度を1945年から適用し、その後、台湾社会の発展に伴い、米国の強い影響下で日本の展開を参考にしながら改革を重ね、発展してきたものである。

日本統治時代の50年間は、幼稚園から大学に至るまでの近代学校体系が当時の国語であった日本語の使用を前提として構築された時期で、制度的には台湾を出ずに博士号まで取得することが可能となった。但し日本内地は同じ国内であること、そして教育行政を直接掌っていた統治機構の台湾総督府が、台湾人に対して中等教育以上の教育機会を著しく抑制していたため、多くの台湾人は開放的な日本内地に高等教育の場を求めるという構造になっていた。50年間に台湾人の日本内地留学者は20万人に達し、そのうち、高

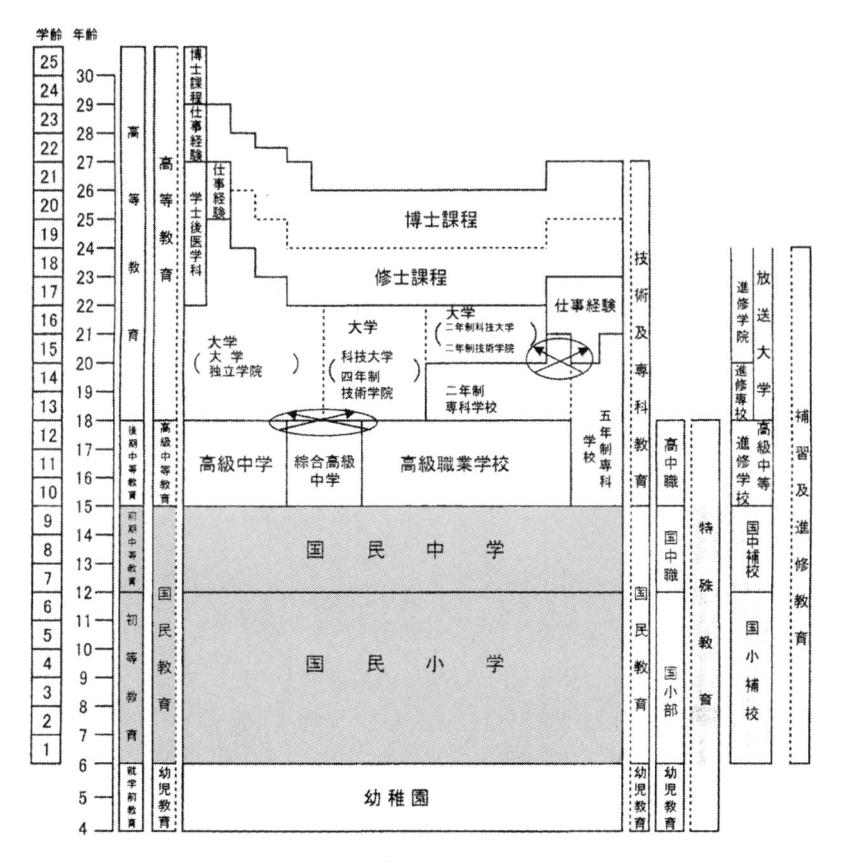

図3-1 台湾の学校系統図

注：補習及進修教育の部分は学齢に対応し、年齢に対応していない。
出典：教育統計処編『中華民国統計　民国九十四年版』(2005年、教育部)を参考に作成。

等教育レベルの大学または専門学校を卒業した者も6万人余にのぼった。日本の敗戦直後、日本内地から8,000人にのぼる台湾人学生生徒が台湾に帰還したと言われている。

　1945年に中華民国施政下に移行すると、学校教育は日本語を国語とするものから中国語(北京語)を国語とするものに改められ、教育行政は教育部［文部科学省］(以下［　］内は日本で対応するものを指す)の管轄下に置かれ、日本統

治時代の6-5-3-3制（後半の3-3が高等教育。また台湾では女子は中等教育4年）から中華民国の6-3-3-4制（中の3-3が中等教育）に、4月開始学年制から8月開始学年制（9月入学、6月卒業。9月1日満6歳で入学）に切り換えられた。義務教育制度は日本統治時代の1943年に正式に6年制で導入され、台湾人学齢児童の初等教育入学率は1945年には80％に達していた。中華民国施政下でも当初から義務教育は初等教育の「国民学校」の6年間とされていたが、実効性のある義務教育となったのは、1956年からであった。1968年9月新学年から義務教育は9年間に延長された。現在、長い間懸案であった義務教育12年制導入が2014学年度から移行段階に入ることに決まり、その準備が進められている。

　中等普通教育は、日本統治時代の中学校（男子のみ）、高等女学校を引き継いで出発した。中等教育は6年に延長され、前期中等普通教育3年の学校は「初級中学」、後期中等普通教育3年の学校は「高級中学」と呼ぶように改められたが、日本統治時代の中学校、高等女学校は接収後6年制の「中学」（現在は制度上完全中学と呼ばれる）となり、その一方で前期中等教育3年のみの初級中学を増設する政策が進められた。

　中等職業教育は、日本統治時代の実業補習学校と実業学校を引き継いで前期中等教育3年制の「初級職業学校」と後期中等教育3年制の「高級職業学校」（以下、高職）［職業高等学校］の2種類で出発し、1956年には5年制の高級職業学校という校種も導入された。

　1968年の義務教育9年制導入とともに、国民学校は「国民小学」（以下、国小）［小学校］に、初級中学は3年制の「国民中学」（以下、国中）［中学校］に、6年制の中学の多くは後期中等教育3年制の「高級中学」（以下、高中）［高等学校］となり、また職業教育も、3年制の高職に一本化されて今日に至っている。なお、後期中等教育において普通教育と職業教育を完全に分離することが必ずしも適切でないということから、中途まで両者を混合したような学校も設けられ、それは「綜合中学」と呼ばれている。2001学年度から義務教育カリキュラムの9年一貫制が導入されている。

　職業教育については、高等教育への進学意欲の高まる中で、高等教育に位

置づけられる3種類の専科学校が導入された。1つは5年制専科学校［高等専門学校］(以下、五専)で、前期中等レベル修了者を入学対象とし、中華民国施政下への過渡期を過ぎてから、一部の中等レベルの職業学校を基盤に次々に設けられた。日本の高等専門学校に相当し、最初の3年間に普通教育、残りの2年間に職業教育を行うが、日本と違って理工系に限らず、商業、農業、その他、さまざまな実務的な領域を対象にする。その後、1960年代からは、高級職業学校卒業を入学資格とする2年制専科学校(以下、二専)、高級中学卒業を入学資格とする3年制専科学校(以下、三専)も導入された。いずれも日本の短期大学に相当する。1980年代に入って三専は4年制技術学院(以下、四技)へと改組が進められた。

中等教育の2010学年度在籍者数は、国中が91万9,802人、高中が40万0,642人、高職が36万2,514人、五専の最初の3年間が5万3,427人である。

学齢人口在学率は、各レベルの学校在籍の相当学齢人数を同学齢人口で割った統計によれば、2010学年度には国小(6-11歳)が97.95%、国中(12-14歳)が97.45%、後期中等教育(15-17歳)が92.73%、高等教育(18-21歳)が67.27%である。

高中と高職の入学比率は1971年から高職の方が高くなり、1981年には3対7となった。五専の入学者もあるので、当時は高中生は同年齢生徒全体の4分の1以下であった。その後、高中の比率を引き上げる方向に転じ、数年後にほぼ5対5となった。2010学年度は1年級在籍数は、高中、高職、五専はそれぞれ13万6,303人、13万0,424人、1万8,980人となっている。

大学レベルの学校は、原則として普通教育系統の学校(高級中学)から入学する類型と、原則として職業教育系統の学校(高級職業学校、専科学校)から入学する類型(以下、技職系と呼ぶ)とに分かれる。両者は教育部における所管が違い、前者は高等教育司、後者は技職教育司の所管である。いずれも卒業すると「学士」となる。台湾では、大学は組織の規模によって「大学」と「学院」とに分けられている。「学院」は日本でいう学部を指すとともに、2学部以下程度の小規模の大学(日本での意味)を指す。後者を明示するときは「独立学院」と言う。逆に「大学」は3部局(学部、大学院等)以上程度の総合大学を指して

いる。技職系の大学では、とくに大学は「科技大学」、独立学院は「技術学院」と呼ばれている。医学系のみ、大学卒業後に入学する「学士後医学系」という特別のコースが設けられている。なお、専科学校卒業者は「副学士」という学位が与えられるが、さらに大学教育を受けようとするときには、大学の3，4年次に相当する部分のみを担当する2年制の技術学院ないし科技大学が用意されている。それらのコースは一般に「二技」と呼ばれており、それに対して4年間全体を担当する技術学院、科技大学は一般に「四技」と呼ばれている。

　大学・独立学院は、戦後新設されたばかりでなく、日本統治時代の台北帝国大学が国立台湾大学として存続している他、台南高等工業学校等の旧官立専門学校も存続して独立学院へ、大学へと昇格している。中等教員養成については、1942年に台北高等学校に附置された臨時教員養成所を基盤に、接収後間もなく大学レベルの教員養成学校が新設されたが、初等教員養成については日本時代に高等教育レベルに昇格していた師範学校が中等教育レベルに戻されて存続し、後に5年制専科学校を経て、ようやく1987年に学院レベルの師範学院へ昇格し（幼児教育は当初2年制専科学校レベル）、さらに2005年に教育大学となった。歴史的事情から初等教員養成の方は高等教育機関（専科学校、学院）への昇格後もずっと中等教育司が管轄していたため、教育大学への改組は高等教育司の所管替えの意味もあった。なお、そのような大学ばかりでなく、大陸にあった中華民国の大学を引き継いで戦後台湾で再出発した国立・私立の大学がある。

　科技大学・技術学院は技職系で学ぶ生徒の高等教育への進学先として、産業の高度化に対応して導入された高等教育機関で、技術学院は1974年から、科技大学は1997年から設けられ始めた。なお、日本時代の実業学校（中等教育）の多くは発展して、現在、科技大学・技術学院になっている。

　大学院は、その名称に歴史的経緯があって「研究所」、大学院学生はやはり歴史的経緯で「研究生」と呼ばれている。また非技職系統と技職系統が分離されていない。

　今日の台湾は完全な民主的国家体制が整えられているが、それは1987年

表3-1 台湾の学校種別ごとの在学者数(2010学年)

(附設を含む、とある項は人数のみ含むの意味)

	2010学年				2009学年	進学率
	校数			幼児・児童・生徒・学生の数	卒業者数	2009学年卒業 2010学年入学
	合計	国公立	私立			
	校	校	校	人	人	%
幼稚園	3,283	1,560	1,723	183,901		
国民小学	2,661	2,622	39	1,519,456	288,349	99.91
国民中学(高中附設を含む)	740	724	16	919,802	315,798	98.15
高級中学	335	190	145			
綜合高級中学(高中が開設)	124	76	48	400,642	131,269	95.24
職業学校普通科				(89,088)	(33,319)	
高級職業学校(高中附設を含む)	156	92	64	362,514	104,928	79.64
専科学校(大学・独立学院附設を含む)	15	3	12	102,789	24,668	
・5年制の3年次以下(内数)				53,427		
軍警専科	2	2	—	6,661	2,837	
大学本科(大学、独立学院)	148	51	97	1,021,636	227,174	
軍警校院(大学本科レベル)	7	7	—	6,952	1,572	
空中大学(大学本科レベル)	2	2	0	16726	2426	
宗教研修学院(大学本科レベル)	2	—	2	120		
大学碩士班				185,000	59,492	
大学博士班				34,178	3,705	
軍警校院碩士班			—	1769	800	
軍警学校博士班		—	758	90		
宗教研修学院碩士班		—		74	5	
特殊学校(幼、小、中、高全体)	24	23	1	7,006	2,016	
国小補校	294	294	0	13,341	2,957	
国中補校	219	216	3	8,253	2,375	
高中進修学校	223	106	117	4,235	1,287	
高職進修学校				83,259	27,559	
実用技能学程				51,904	13,681	
進修学校(専科・学院レベル)	94	12	62	50,659	22,520	

出典:教育部統計処編『中華民国教育統計 民国100年版』教育部、2011年。
　　　教育部高等教育司『九十九学年度大学校院一覧表』教育部、2010年。

の戒厳令解除を機に拡大し、1990年代にほぼ達成されたものである。その過程と並行して、抜本的な教育改革が始まった。1994年4月10日に教育改造を主張する大デモ行進が行われ、政府がそれに呼応して、行政院内部に教育改革審議委員会(略称、教改会)を設けたことで、その教育改革が大がかりに推進されることになった。改革は幼児教育から大学院教育に至る各段階にわたり、1999年に教育基本法が制定された他、学校の管理体制、教員人事、教職員年金、学校と地域との連携、幼保一元化、教育課程、義務教育期間延長、成績評価と進学、学校評価、教員養成、国立大学法人化、研究型大学創設、

技術職業教育進学ルート整備などあらゆる領域に及んでいる。しかし、急激な少子化、外国人との間に生れた子どもの急増（「新台湾之子」と言われる）など、新しい深刻な問題も浮上しており、改革は現在も進行中である。

　台湾の教育制度を日本と比較すると、制度の骨格がかなりよく似ているとともに、今日の日本では、高等専門学校は理工系ばかりであるが、台湾ではそれに対応する五専に、商業系などが設けられているように、独自の部分もかなりある。そのように、今後の日本の教育制度改革の見通しを得るために非常に参考となるものがあるように思われる。2014学年度に義務教育12年制への移行が始まれば、注視する価値はきわめて大きいであろう。

　2010学年度の学校数と在籍者数、前学年度の卒業者数、および進学率は**表3-1**のとおりである。なお、台湾省の法人格の廃止という地方制度の改革により、2000年2月に従来台湾省立であった高中、高職、専科学校がすべて国立に改められ、国立学校が非常に多い状況になっている。また、表3-1中の軍と警察の学校は、教育部から学位授与権を与えられているが、教育部管轄外である。

2．中等教育の入学および卒業認定制度

(1) 後期中等教育への進学

　中等教育は、前期が単線型の義務教育で、後期は普通教育か職業教育かを選ぶ複線型制度となっている。「国民中学」卒業後の進学ルートは、普通教育ルートが3年制の「高級中学」（夜間部は4年）、職業教育が3年制の「高級職業学校」（夜間部は4年）あるいは5年制の「専科学校」となっている。但し五専の最初の3年間は普通教育が行われている。1996年からは、「学術課程」［普通教育コース］と「職業課程」［職業教育コース］を併設した「綜合高級中学」が設けられ始め、そのような学校は、進学後1年以上してからいずれかに分かれることになる。なお、五専の前半3年は制度上は後期中等教育ではなく、高等教育で、かつ職業教育に位置づけられているが、実質的に高級中学に近い内容が教えられている。国民教育十二年制が導入されると、それらの部分

が義務教育化される。

　以上とは別に、正規に学校を卒業していない人たちのためのルートとして、国中レベルに対応して「国民中学補習学校」があり、後期中等教育レベルに対応して高中および高職の「進修学校」がある。また日本の放送大学に相当する「空中大学」があるが、それもそのルートに位置づけられている。

　義務教育である国中は、国立大学附属の国中を含め、原則として小学区制の無試験入学制度であり、そのほかに入学者選抜を行う私立学校の国中部がある。国中卒業後の進学先として、高中、高職、および五専があり、いずれも入学者選抜を経て入学する。但し、近年国中と高中の合体した6年一貫制の「完全中学」が新北市（旧台北県）などで設けられており、そのような学校では高中部へ無試験進学になっている例がある。また、国立台南芸術大学では、1997学年度から高中3年間と大学4年間を一貫とした7年制の「一貫制音楽学系」が開設されているが、それも新しい改革の動きの1つであったと言える。

　国中卒業後の進学のための入学者選抜方法については、1980年代末から抜本的な改革が模索されてきたが、最大の改革が2000学年度の入学者から実施された「国民中学学生基本学力測験」（以下、基本学力テスト）と、それに並行して実行された「聯合考試」（以下、聯考）の廃止である。基本学力テストは国中の第3学年在籍者に対して行われる全国的な学力テストであり、現在は3年次を対象にして2回行われている。かつての聯考は統一入試で、1952年に台北で導入されて以来、台湾の各地域に広がっていったものであったが、高職と五専で2000年入学者から、高中は2001年入学者から完全廃止となった。但し、2011学年度は台北市、新北市、基隆市が1回目の基本学力テストから離脱し、独自の「台北市、台北県及基隆市高中聯合入学測験」（新北市は2010年12月に台北県から昇格して誕生したため名称に台北県が表れる。「北北基一考区高中職聯合入学測験」「北北基地區區域性基本學力測驗」の呼称も見られる。以下、北北基聯合入学テスト）を実施した。

　台湾の入学者選抜方法は、透明性の追求と恣意性の排除を徹底的に追求しているという点に特徴がある。この進行中の改革は、「考招分離」および「多元入学」を基本原理としている。前者は、考試［試験］を、招生［学生募集］

から独立させる、という意味であり、前者の具体化が基本学力テストで、後者の具体化が入学者選抜基準の複数化である。前述の基本学力テスト、北北基聯合入学テストの成績はその基準の1つでしかなく、それらの得点のみに基づく、進学先の機械的な振り分け（「分発」と言う）があるほかに、受験者の側が提供した情報を学校側が吟味して選考する（「甄選」という）方法や、まったくの無試験や抽選で選抜したりする方法も用いられている。2011学年入学者のためにの北北基聯合入学テストについては、教育部は多元入学の趣旨に沿った制度修正であるとして許容したが、北北基の地域の行政当局は、新制度を、北北基の教科書採択制度が他地域と異なっているためだと説明していた。すなわち、現行の台湾の教育制度では、「一綱多本」（1つの課程綱要に対して各学校が多数の検定済教科書の中から1種類を選定して採択する）を原則としているが、北北基の地域では、台北市長選挙公約の関係などから、2008学年から「一綱多本選一本」（1つの課程綱要に対応した多数の検定済教科書の中から1種類だけを選んで共通に使用する）の制度を採用していたためである。そのため、その現実に対応すべきであるということから独自のテストの導入になったというのである。

　改革が始まるまで、基本的仕組みは、聯考の得点のみによる合否判定であった。進学志望先複数を順位付きで登録させ（「登記」と言う）、全土で同じ日に試験を実施し、点数によって志望先に機械的に振り分けた（「分発」と言う）。但し、全土をいくつかの招生区に分けており、受験者は招生区の中のどれかの学校にだけ入学できる仕組みであった。試験問題は考区単位で作成し、内容は高中、高職、五専の校種で異なるものであった。考区は1招生区で構成される場合と2招生区以上で構成される場合がある。受験者は自分の在籍する国中がある考区以外で受験することもできた。その仕組みは、不正を排除して公正性を確保するために非常によく機能したが、その反面、一発勝負であったため受験準備が過熱し、しかも希望者が考区を選べたために台北市の名門校に進学希望が集中するという状況が発生した。そこで受験圧力を低減し、国中教育を正常化しようとして打ち出された基本原理が、「考招分離」と「多元入学」であった。なお、その改革と並行して、課程標準から課

程綱要への転換も進められ、現在は両者の改革の動きが相乗して、高中、高職、五専の各校の個性化が促がされている。

　2011年8月に上級学校に進学する国中の生徒たちに対して、入学選抜は概ね以下のように行われた。入学選抜の方法として「免試入学」「申請入学」「申請抽籤入学」「甄選入学」「登記分発入学」の5つの方法が設けられていた。そしてそれらは、「免試入学」を除いて、国中在学中に行われる学力テストを利用した。例年この学力テストは全土を統一して行う基本学力テストのみであったが、2010学年卒業者に対しては台北市・新北市・基隆県（北北基）がその基本学力テストの第1次に加わらず、別個に北北基聯合入学テストを行った。第1次基本学力テストと北北基聯合入学テストは同じ5月21日、22日の2日間行われた。6月21日、6月22日には北北基の地域の生徒も受験できる第2次基本学力テストが行われた。美術の術科テストは3月27日に、音楽の術科テストは4月16日、17日、18日に、また、舞踏の術科テストは4月16日に行われた。

　「免試入学」は、最初の方の学力テストの前の3月15日、16日に出願を受け付け、4月8日以前に結果が発表された。高中・高職は、北北基の地域も加え、台湾全土を15招生区に分けて行われた。免試入学にはいくつかの仕組みがあった。1つは、高中・高職のある近傍の地域の国中卒業者を高中・高職へ無試験入学させるもので、「保送」とも呼ばれているが、それは新北市の市立学校など一部の地域の一部の学校で採用されているものである。それ以外に、学校が入学の推薦を行う方式と、学校の推薦を得ずに学生自身が入学を申請する方式があり、招生区によってその方式は必ずしも同じではなかった。上級学校の側も入学枠を設けており、国中在籍中の成績で合否判定を行う学校が多かった。五専は全土を北、中、南の3招生区に分けて行った。

　最初の学力テストの後、「申請入学」「甄選入学」「申請抽籤入学」の願書受付があった。前2者は6月7日と8日であり、後者は郵便とインターネット上で5月30日から6月5日まで、学校現場で6月7日と8日とであった。合否発表は前2者が6月15日、後者が6月16日であった。第2次学力テストの後に実施される「登記分発入学」は、願書受付が7月22日から25日にかけ

てであり、合否発表は8月9日であった。

「申請入学」は、高中高職進学志望者を対象にしたもので、全土を15招生区に分けて行われた。受験者は基本学力テストまたは北北基聯合入学テストに基づいて、自分の判断で志望校を選んで出願した。2つの招生区の学校に出願することはできず、1つの招生区の中で高中、高職を1校ずつ選んで受けることができた。基本学力テストを受けたものは北北基（3招生区）で出願することができず、北北基聯合入学テストを受けたものは北北基以外で出願することができなかった。北北基ではその方式は「北北基測高中職聯合申請入学」と呼ばれていた。どの学校も基本学力テストの点数で合否を判定した。

「申請抽籤入学」は五専進学志望者を対象にしたもので、全土を、北、中、南の3招生区に分けて行われた。受験者は各区にそれぞれ1校ずつ（学校によっては複数コース可）出願することができた。国中在校生、および卒業生が、進学したい五専のコースの要求水準（国中在籍中の成績と基本学力テストまたは北北基入学テストの得点）を満たしていた場合に、その学校に出願し（複数校志望不可）、生徒は指定時間に各校に行き、各校が行う抽選の方式に従って合否を決めた。基本学力テストか北北基入学テストのどちらかを受けていれば出願することができた。

「甄選入学」は高中・高職進学希望者を対象にしたもので、芸術や実技などの特殊な才能を持つもののために実施される。他の選抜のような招生区は設けられず、甄選の区域分けは、コースによって異なり、学校単独、複数の学校の聯合などで行われた。選抜に当たっては基本学力テストまたは北北基入学テストの結果が利用された他、6月11日に学科以外の試験が行われた。北北基の地域ではこの方式は「北北基高中職聯合甄選入学」と呼ばれていた。生徒募集できる学校は、芸術・体育系の特殊才能クラス、または理数などの英才児クラスを持つ高中か、あるいは海事類、水産類、芸術類、農業類などの特定の類を持つ高職に限られた。

「登記分発入学」は北北基聯合入学テストと第2次基本学力テストの点数を唯一の資料として、志望校へと機械的に振り分ける選抜方法である。分発とは、基本学力テストの結果を唯一の資料として合格者を1つの分発区内の志

望校へ振り分けることを指す。進学先の学校は校種ごとに地域に基づく「分発区」（登記分発区とも呼ばれる。高中・高職では招生区とも呼ばれる）と呼ばれる学校グループに分けられており、志望者は全土の高中と高職と五専の中から1つの分発区を選び、その中の複数の学校を志望することができた。

登記とは、どの分発区（招生区と事実上同じ意味）を受験するかを自己の志望に従って登録することを指し、登録は、2回の基本学力テストの際にそれぞれ行われた。但し、北北基では、申請入学、甄選入学の結果が出た後に、不本意なものに対してだけ登記させ、北北基聯合入学テストの点数を唯一の資料とした選抜を行い、機械的に志望校に入学者を振り分けた。最後に第2次基本学力テストの後に、全土にわたる登記分発入学が行われた。全土を高中高職は15の分発区に分け、五専は1つの分発区とした。登記分発入学は、北北基では2回の機会があり、その他の地域では1回のみの機会であった。基本学力テストの点数については2回のうちの点数の高い方を使うことができる方式だったが、北北基の地域の受験者は2回目のみしか受験できないため2回目の点数を使って行われた。

北北基聯合入学テスト導入に当たって、教育部はそのような方式は多元化の方向とも合うものなので、15招生区のどこも同様の方式を採用することができることを明言している。しかし、2010学年（2011年入学）の北北基の方式は住民に不評で、2011学年に対しては行わないことが決定された。

(2) 進級方法と飛び級

国中（国小も）、高中においては、成績のいかんにかかわらず進級することができるが、高職の場合は半分以上の科目が不合格の場合、再度履修するか、他の学校に転学することになっていて、5年間（夜間部は6年間）まで在校することができる。

各学期、各学年での、学習領域別、あるいは科目ごとの合否判定は、国中では行われない。高中、高職では100点満点として60点以上を合格としている。評価、判定の方については、3.(3)卒業認定の方法の部分で取り上げる。

標準的な進級とは別に、特定の科目にとくに優れた能力を持つ生徒に対し

て、①特設学級授業と、②就学年限短縮（つまり飛び級）、③入学年齢、進学年齢の早期化（つまり飛び入学）が行われている。但し、いずれもすべての科目で各学年の規定の水準を超えていなければならない。それらの対象となった生徒を「資賦優異学生」と呼んでいる。なお、1年早く上級学校への入学資格が認められた場合、「同等学力證明書」が発給されるが、求められなかった場合は元の学校で就学を続けるものとされている。

(3) 卒業の認定方法

　台湾では卒業のことを「畢業」と言い、卒業の際に「畢業證書」が与えられる。また卒業条件を満たせなかった場合には、「修業證明書」が発給される。それは、義務教育である国中でも同様である。同証明書はかつて「肄業證明書」と呼ばれたもので、現在でも口頭では「肄業證明書」と言われることが多い。

　国中については、「学習領域」と「日常生活表現」に分けて行われた成績評価が、それぞれの基準を通過した者に「畢業證書」を与えることとなっている。また台北市では、それに及ばなかった者には「修業證明書」を与えることとなっている。評価方法の詳細は3(4)の評価の部分で述べる。なお、準則に基づいて台北市が定めた基準によれば、3学習領域の総平均が基準を満たさない者に対しては、家長かその法定代理人が申請して、学校の同意を得れば修業年限を1年延長することができることになっている。

　高中では、各学年の学業総平均成績が合格であるだけでなく、修業期間中に累計で160単位以上を取得し、かつ「徳行」で重大過失［大過］が3度未満でなければならない。畢業證書が得られず、しかし在校期限内に120単位以上を取得したものには「修業證明書」が発給される。高職では、日間部［昼間部］で3年以上5年まで、夜間部で4年以上6年までの間に必要な単位を取得し、かつ「徳行」について高中と同様の条件を満たさなければならない。また、修業證明書についても高中と同様である。

　「資賦優異」の理由で飛び入学の入試を受ける場合には、「同等学力證明書」が発給されるが、それもまた「畢業證書」と同等の効力を持つ。

　なお、補習学校と進修学校の場合も、現在は全課程を終了したときの成績

が一定基準以上であれば畢業證書が授与される。かつては「結業」となって「結業證明書」が発給され、「畢業」の扱いとなるためには、「結業」した者が「結業生資格考験」を受け、合格して「資格證明書」の発給を受けなければならなかった。

「畢業證書」は再発行されないため、紛失した場合などに必要が生じると「畢業證明書」が発給され、それは「畢業證書」と同等の効力を持つ。図3-2は、高中の畢業證書の例である。

畢業證書　CERTIFICATE

臺北市立　校長　吳正東
内湖高級中學

Neihu High School

Wu Jane Dong
Principal

name
在本校修業期滿成績及格准予畢業
依高級中學法之規定給予畢業證書

picture

«班級»-«座號»
未蓋鋼印無效
Illegal without Steel Mark

中華民國壹佰零壹年陸月
«畢業證書字號»

This is to
certify that
«printname» has successfully
completed the required courses of
study and graduated from Neihu
High School in June, 2012.

図3-2　内湖高級中学の畢業證書の作成例

上のデザインの証書用紙に、下の中文と英文の文言が記入され、顔写真も貼付される。二つ折りにする形式で、背面は表表紙と裏表紙がデザインされている。

3. 中等教育課程の特色

(1) 教育課程の構造

中等教育の教科等の種類と編成、配当時間など内容に関わる部分は、「国民教育法」「高級中学法」「職業学校法」および「専科学校法」に基づいて、教育部が「課程綱要」およびそれに関わる規定を定めている。以前の規定は、「課程標準」という名称であり、台湾全土の教育を一律にする傾向がきわめて強かった。それに対して現行の「課程綱要」は、学校に課程編制の主体性を持たせる「学校本位課程」と呼ばれる理念を反映したもので、学校における意思決定の仕組みも定められており、教育内容についての拘束性がある程度低められている。

国中については「国民中小学九年一貫課程綱要」、高中については「普通高級中学課程綱要」、高職については、「職業学校群科課程綱要」、綜合高中［総合高校］については「綜合高級中学課程綱要」が定められている。五専は教育課程の決定権が高中・高職より大きいが、前3年課程については、後期中等教育と同様のものにすることが専科学校法で定められている。また、2006学年度から3種別の学校の普通教育課程を共通化するために「後期中等教育共同核心課程指引」（以下、共同課程ガイド）が設けられ、高職と五専前3年課程はそれに従っている。但し、高中、綜合高中の課程綱要には配当時数などの定めがなく、「高級中学学生成績考査辦法」で定められている。

国中の教育の目的は、九年一貫綱要に小中学校一貫のものとして示されている。まず、教育の目的は、教育基本法に書かれた内容に沿って「人民に健全な人格、民主の素養、法治の観念、人文の涵養、強健な心身、および思考判断創造の能力を育成し、それによって人民を国家意識と国際的な視野を具えた現代の国民となす」と記されている。次に、そもそも教育とは「児童生徒の潜在能力を引き出し、児童生徒が生活環境に適応し、またそれを改善する能力を育成する学習の過程」のことだとしている。その2つから、この課程は、人間性、統合的能力、民主の素養、および郷土意識と国際意識をあわせ持ち、生涯にわたって学習を続けられる健全な国民を育成するものだとする。

高中の教育目的は、課程綱要の教育目標の部分に「普通高級中学教育は、国民教育段階の目的を継続するほか、あわせて普通教育の素質を向上すること、心身の健康を増進すること、そして文武道徳［術徳］をあわせ持つ、五育をともに重んじる現代の公民を養成することを目的とする」と記されている。ここで言う五育とは中華民国の教育の基本的な考え方で、徳育、智育、体育、群育、美育を指す。

高職の教育目的は、課程綱要の教育目標の部分に、「職業についての知識と能力を教授し、職業道徳を涵養し、実用技術人材を育成し、あわせて生涯にわたる発展の基礎を打ち立てることを目的とする」と記されている。そうした形で継続的な研修、生涯にわたる学習を視野に入れられたのは、2000学年度入学者から適用された前回の課程標準であり、それ以前の課程標準では、主として職業に関する知識、能力の修得が目的とされていた。

学年は、学年度が8月1日から始まって7月31日で終わり、1月31日までが1学期、2月1日以降が2学期という2学期制である。

国中の場合、授業の1単位時間は45分で（国小は40分）、授業時数は週当たり中1と中2が32時間以上34時間以下、中3が33時間以上35時間以下で、年間授業日数は休日を除き200日である。各学期は20週、毎週5日を原則とする。毎週の授業日数については行政院人事行政局政府行政機関出勤日数に関する規定により処理する。生徒の校内での休息時間および非学習時数は地方政府の定める「国民中小学学生在校時数」の規定により、学校自身で決定する。後期中等教育の場合、1単位時間は高中と総合高中が1時間、高職が50分であり、いずれも、授業時数は、毎学期18週の授業時間が組まれることを想定している。また、高中、高職、綜合高中、五専とも国中と違って単位制で、通常の科目の1単位は1学期毎週1単位時間の時間があるか、または18単位時間で1単位とする。

国中の教育内容は「国民中小学九年一貫課程綱要」（以下、九年一貫綱要）によって規定されている。同綱要は、2000年9月に9学年全体の「暫行綱要」が発表され、2003年1月に正式のものが発布された。2001学年度（前期は9月開始）にまず1年次から実施が始まり、移行措置を経て、2004学年度には

全学年で実施された。同綱要は、現在も小修正を加えながら施行されている。

　高中の教育内容は、2004年8月に「普通高級中学課程暫行綱要」（以下、高中暫行綱要）が発布され、2度の修正を経て2006学年度に旧課程からの移行が始まった。その後、2009学年度の新1年生から「普通高級中学課程綱要」（以下、高中綱要）として全科目で実施されることが予定されたが、国文科と歴史科の内容が定まらず、全面実施は開始時期が1年遅れて2010学年度の新1年生からとなった。

　高職の教育内容については、2005年2月に「職業学校群科課程　暫行綱要」（以下、高職暫行綱要）が発布されて2006学年度から移行が始まり、その後、2008年3月に「職業学校群科課程綱要」（以下、高職綱要）が発布され、同年12月の修正を経て、2010学年度に実施となった。高職は、農業類、工業類、商業類、家事類、海事水産類、芸術類の6類に分かれており、各類の下に計15群が置かれている。農業類の下には「食品群」など2群、工業類の下には「機械群」など6群、商業類の下には「商業と管理群」など2群、家事類の下には「餐旅群」など2群、海事水産類の下には「水産群」など2群、芸術類の下には「芸術群」の1群である。さらに各群にそれぞれいくつかの科が設けられており、法律によって新しい科を新設することも可能となっている。生徒はその科のどれかに入学する。課程綱要は、「職業学校群科課程綱要暨設備基準」として群ごとに1冊にまとめて頒布されており、また別に「一般科目」については各類に共通するものとして1冊にまとめられている。

　綜合高級中学については、2001年10月に「綜合高級中学実施要点」が定められ、2002年5月に修正を経て有効となって、設置が始まった。2005年8月に「綜合高級中学暫行課程綱要」が定められ、2008年5月に「綜合高級中学課程綱要」が定められ、修正を経て2010学年度の高中1年から逐年実施が始まった。

　五専の前3年課程については、前述のとおり、後期中等教育と同様の内容とすることになっている。

(2) 各教科の種類と水準

　国中の教科は、初等教育と前期中等教育を統合した1年次から9年次までの一貫課程の一部となっている。課程綱要導入以前と違って科目は設定されず、7つの「学習領域」が設定されている。それらは「語文」「健康と体育」「数学」「社会」「芸術と人文」「自然と生活科技」「綜合活動」である。そのほかに1、2年次（小学校）に「生活課程」が設けられている。また、別に「重大議題」として、「性別平等教育」「環境教育」「情報教育［資訊教育］」「家政教育」「人権教育」「キャリア教育」「海洋教育」の7項目が定められており、それらは各学習領域の内容に織り込むこととなっている。各領域の時数は、語文学習領域（「本国語文」と「英語」）が全学習時数の20～30％、その他は10～15％を配当することになっている。日本で言う道徳の内容は、各領域にちりばめられているが、敢えて挙げるとすれば、「社会」「綜合活動」の学習領域である。特別活動については、その一部が「綜合活動」の学習領域に示されている。教育課程の構成の上では学年は用いられず、1年次から9年次までに3段階ないし4段階が設けられており、前期中等教育に相当する7～9年次は、各領域とも最終の段階が割り当てられている。なお、「語文」は「本国語文」と「英語」に分けられている。本国語文は、国語文が必修となっているほか、郷土言語が国小では選択必修となっており、国中では生徒の希望により加設できる科目となっている。各学年の授業総時数は**表3-2**のとおりであり、学校の裁量で調整できる弾力的な学習時間も設けられている。

　高中では、必修科目21科目、選択科目37科目が設定されていて、課程の概略は**表3-3**のとおりである。必修科目は「綜合活動」「語文領域」（国文、英文）「数学」「社会領域」（歴史、地理、公民と社会）「自然領域」（基礎物理、基礎化学、基礎生物、基礎地球科学）「芸術領域」（音楽、美術、芸術生活）「生活領域」（家

表3-2　国中の1週分の時間配当（2010学年）

年級＼時数	学習総時数	領域学習時数	弾力的な学習時数
7	32－34	28	4－6
8	32－34	28	4－6
9	33－35	30	3－5

政、生活科技、情報科学技術概論）「健康と体育」（健康と看護、体育）「全民国防教育」に区分されている。37の選択科目は「語文類」「数学類」「社会学科類」「自然科学類」「第二外国語文類」「芸術と人文類」「生活、科学技術及び情報類」「健康とレクリエーション類」「全民国防教育類」「いのちの教育類」「キャリアデ

表3-3　高中の開設科目一覧（2010学年度新1年生から全面実施）

類別	学級／学期領域／単位／科目		1年次		2年次		3年次		備註
			第1学期	第2学期	第1学期	第2学期	第1学期	第2学期	
必修	綜合活動		2	2	2	2	2	2	
	語文領域	国文	4	4	4	4	4	4	
		英文	4	4	4	4	4	4	
	数学		4	4	4	4			
	社会領域	歴史	2	2	2	2			
		地理	2	2	2	2			
		公民と社会	2	2	2	2			
	自然領域	基礎物理	4	4	4	4			
		基礎科学							
		基礎生物							
		基礎地球科学							
	芸術領域	音楽	2	2	2	2	2	(2)	
		美術							
		芸術生活							
	生活領域	家政	2	2	2	2	(2)	2	
		生活科学技術							
		情報科学技術概論							
	健康と体育	健康と看護	2	2	2	2	2	2	
		体育							
	全民国防教育			1	1				
	必修単位数小計／毎週時数小計		29/31	29/31	28/30	28/30	12/14	12/14	138/150
選択	語文類		0-2	0-2	0-3	0-3	0-19	0-19	
	数学類								
	社会科類								
	自然科学類								
	第二外国語類		2-4	2-4	2-5	2-5	2-21	2-21	
	芸術と人文類								
	生活、科学技術及び情報類								
	健康とレクリエーション類								
	全民国防教育類								
	いのちの教育類								
	キャリアデザイン類								
	その他類								
	選択単位上限小計		4	4	5	5	21	21	60
必修単位数上限総計／毎週時数上限総計			33/35	33/35	33/35	33/35	33/35	33/35	

ザイン類」「其他類」に分けられている。日本の道徳に相当する内容は必修科目「公民と教育」の中で、日本の特別活動に相当する内容は必修科目「綜合活動」の中で扱われている。

　高職では、科目が教育部の定める必修科目と学校が定める科目に大別される。前者は「一般科目」と「専業及実習科目」と「活動科目」の3つに分けられ、後者は必修と選択に分けられる。各群課程標準の共通の課程編制の概略は**表3-4**のようになっている。「一般科目」には、「語文」「数学」「社会」「自然」「芸術」「生活」「健康と体育」の領域が設けられているとともに「全民国防教育」が置かれている。道徳に相当する内容は各科目と活動の中に織り込まれるとともに、「一般科目」中の「社会」領域の選択科目「公民と社会A」「公民と社会B（I

表3-4　高職の課程編制の概略（2010学年度新1年生より実施）

類別			教育部指定必修		学校指定必修又は選択	
	科目		単位	百分率	単位	百分率
一般科目	語文領域	国文、英文	66	34.4%	86 ― 111	44.8% ― 57.8%
	数学領域	数学				
	社会領域	歴史、地理、公民と社会				
	自然領域	基礎物理、基礎化学、基礎生物				
	芸術領域	音楽、美術、芸術生活				
	生活領域	生活科学技術、家政、計算機概論、キャリアデザイン、法律と生活、環境科学概論	―	―		
	健康と体育領域	体育、健康と看護	78	39.6%		
	全民国防教育					
専門及実習の科目	各群の専門の必修科目		15 ― 30	7.8% ― 15.6%		
小　　計			81 ― 106	42.2% ― 55.2%	86 ― 111	44.8% ― 57.8%

弾力的な時間	0－8
修得可能な単位数	184－192単位
活動科目	18 （HR及綜合活動を含む。単位に算入しない）
全授業時数	202－210時
卒業単位数	160単位

A)」の中で扱われている。特別活動に相当する時間は「活動科目」で、「ホームルーム」［班会］と「綜合活動」が置かれており、必修だが、卒業単位に参入されない。

綜合高中は、入学後1年かけて普通教育コースへ進むか職業教育コースへ進むかを判断する後期中等教育の学校である。課程の基本的枠組みは**表3-5**のように両者を折衷している。2年次以降にそれぞれのコースの科目が置かれる。

教育課程の編制については、次の3点で日本の学習指導要領と著しく異なっている。第一に、国中は（国小も）科目ではなく学習領域が設けられている。高中の必修科目と高職の一般科目では「領域」が設けられているが、その「語文領域」に国文と英文が含まれていることは、国中で「語文学習領域」に本国語文と英語を含めていることに対応している。第二に、国中（国小も）では「能力指標」が示され、教授内容は事項ではなく身につけるべき能力で示される形となっている。高中の各科目の課程綱要の多くには、「中核的能力［核心能力］」が明示されている。高職の一般科目では「課程目標」中に、具体的能力を掲げているものがあり、「実施要点」中に能力指標を掲げている科目もある。第三に、国中では（国小も）、教育内容の決定権限の一部が教育部から各学校に移され、各校に「課程発展委員会」を設けることが規定されている。課程発展委員会には、職員代表の他、学年代表教員、学習領域代表

表3-5　綜合高中の課程編制の概略（2010学年度新1年生から実施）

科目類別	教育部指定必修	学校指定	
		必修	選択
一般科目単位数	54 (27.3%)	0-16 (0%—8.1%)	110-144 (55.5%—72.7%)
コース分離後の単位数	—	—	（分離後60単位以上）
小計	54 (27.3%)	126-144 (63.6%—72.7%)	
修得可能総単位数	180-198単位		
活動科目	12-18時（ホームルームと綜合活動は単位外）		
全授業時数	192-210時間		
卒業単位数	160単位		

注：百分率の分母は198単位。

教員、保護者、地域代表などが含まれることとされている。教科書については採択権がその委員会に与えられており、学年ごとに異なる教科書を採択することも可能になっている他、自ら編纂した教材を承認する権限も同委員会に与えられている。高中も同様に課程発展委員会を設けることとなっているが、高職にはその規定がない。

　教科書は、とくに義務教育段階で教育内容が能力指標で示されていることと、採択に学校の裁量範囲が大きいことから、その内容は各出版社で著しい差異が生まれている。高中、高職の「全民国防教育」は、従前の課程の「軍訓」（軍事訓練）に代えて導入されたものである。「軍訓」には日本の旧制度下の教練に相当する内容があったが、それもある程度引き継がれている。女子のみに含まれていた「看護」［護理］はなくなり、男女差は除かれている。高中には、必修としている科目の他にそれを発展させる選択科目があり、そちらでは、「台湾戦史」が内容に含まれている。また国中、高中に共通する「第二外国語」も日本との大きな違いである。高中の場合、従来の課程標準では2年次以上で、「第二外国語」は日本語、ドイツ語、フランス語、スペイン語のいずれかを週2〜4時間置くことができるようになり、その課程標準施行後、多くの高中で第二外国語の開講が進んだ。当初はその半数程度の学校が日本語を開講することになったと見られる。そのため、現在では若年層でも日本語がある程度通じる社会が生まれている。現行の課程綱要では1年次から週1〜2時間となっており、とくにどの言語かは指定されていない。高職（五専も同様）では共通科目に第二外国語はないが、外語群という専門コースがあり、応用外語科が設けられ、英文組の他に日本語組がある。職業内容との関係から最初に日本語組が設けられたのは1986年であった。2009学年度前半の調査では、日本語教育は、台湾全土の国中計926機関中76機関で、高中415機関中220機関、高職288機関中84機関で開講され、または課外活動で行われている。なお、国小でも第一外国語である英語のほかに第二外国語を設けることは可能で、わずかだが日本語が教えられている学校もある。

　教育課程も改革が進行中だが、とくに教育内容の面で進行している大きなものは、本土化（台湾の内容強化）、民主的法治理念、国際感覚の3点であり、

国中、高中、高職、五専に(国小も)共通している。ここではとくに、最近の台湾の民主化の結果として注目されている社会科学の内容に関する本土化について触れておくことにしよう。

中等教育の教授内容の本土化は、前期中等教育が先行した。前回の教育課程標準改訂では、1998学年度に中学1年に「認識台湾」という科目が週3時間必修として導入され、以来、歴史、地理、社会の3分野で1年間週各1時間ずつ台湾の内容が教えられ、統一編集(事実上の国定教科書)の教科書が使用された(1997学年度に試用)。歴史篇教科書は原住民族を取り上げた旧石器時代から始まっており、漢民族中心史観とは異なる台湾の歴史像を提示し、社会篇教科書は冒頭で「われわれはみんな台湾人だ」という考えを明確に提示した。いずれも、台湾という場(本土)を自分たちの存在の立脚点として世界を見るという世界観を育成するものであった。その時点では国小の台湾史の内容が未だ漢民族中心史観であったため、その違いは際立っていた。2000学年度の九年一貫綱要の導入に際しては、1学年まるごと台湾の内容というような独立性はうすれ、社会学習領域の中に広く台湾に関する内容を配置する形となった。ただ、公布当初、台湾に関する内容が主に国小5、6年で教えることとされ、国中から削除されていたため、大問題となり、2004学年度から大幅に改訂されて国中1年次に台湾関係の内容が大幅に増加された。教科書は、民間編纂に改められたが、事実上の国定であった旧「認識台湾」の歴史観がほぼ継承されている。

高中では、1998学年度から実施の始まった前回の課程標準では、「歴史」と「世界文化(歴史篇)」が設けられていたが、内容は前者が中国史で、後者が世界史であり、台湾は前者の中で中国史の一部として扱われていたにすぎなかった。2005学年度から移行の始まった高中暫行綱要、およびその後の高中綱要でも認識台湾のような独立した科目は導入されなかったが、歴史、地理等に台湾関係の内容が占める比率が国中並みに上昇した。高中暫行綱要とその後の高中綱要では、2005学年度の入学者から、「歴史」は1年次、2年次の計4学期に2単位ずつ充てられ、そのうちの1年次1学期がもっぱら台湾史であり、「歴史」の内容の3分の1程度が台湾に関する記述である。歴史

観は国中で提示されてきたものと同様である。

　高職では、2001学年から実施の始まった前回の課程標準で、高中に先行して本土化が進行した。「台湾史」「台湾地理」あるいは両者をあわせた「台湾史地」が選択必修科目の1つとして導入され、教科書が民間出版社から何種類も発行されている。2006学年からの高職暫行綱要では、必修の社会領域に「歴史」3科目、「地理」3科目、「公民と社会」2科目の計8科目が設定され、歴史は2単位の歴史A、2単位の歴史B（Ⅰ）、および2単位の歴史B（Ⅱ）であった。Aは中国史、B（Ⅰ）とB（Ⅱ）は近代中国史であり、台湾の内容は、A，Bそれぞれの一部として含まれていたが、事実上台湾史を学ぶ機会はなくなった形であった。2010学年からの高職綱要ではその点が改められ、2単位の歴史Aは中国近代史、2単位の歴史Bは台湾史、2単位の歴史Cは世界文化史であり、歴史Bは台湾史を全貌する内容である。

　なお、2006学年から施行の共同課程ガイドでは、第1学年に開設すべき2単位の「歴史」の内容について、「台湾を主とし、近五百年の台湾、中国大陸、東アジアおよび世界の政治経済関係を認識し、それらと関わる社会と文化の現象を討論する」とされている。

　科目の水準は、最近まで要求水準がかなり高く、また人文社会科学的内容では、知識偏重であるように感じられる。例えば、物理、化学に要求されている学力の程度は、理系の場合、日本で1975年頃から施行され、最も高いレベルであった物理Ⅱ、化学Ⅱとほぼ同じ程度であった、と思われる。歴史および地理に関しては中国大陸に関する内容がかなりあるが、中国は国土が広く、また歴史も長いため、日本の中等教育の歴史、地理の授業に比べて暗記すべき知識の量がはるかに多くなっていた。但し、現在、進行中の改革で、習得すべき知識量の削減が進められている。

（3）教科書

　国小と国中の教科書は、1968年の義務教育9年制導入に際して、民間出版社による出版が禁じられて政府統一編集に改められ、政府機関によって統一編集されたものが使用されてきた。後期中等教育に関しては従来どおり民

間出版社出版が許容され、1984学年度から実施の課程標準でも「国文」「三民主義」「公民」「歴史」「地理」が国立編訳館編集、「軍訓」が教育部軍訓処編集とされ、他は民間に開放されていた。

しかし現在では、ほとんどの教科書で民間等の編集が認められ、それらは国立編訳館による「審定」に合格すると教科書として使用することが可能になる。日本の検定制度とほぼ同様である。教科書編纂の開放は、社会の多元化と自由化の趨勢の中で、1989学年度から漸次進められてきたものである。

国中の場合は、1989学年度から「芸能」と「活動科目」が、1990学年度から選修科目が開放され、1997学年度の新課程標準実施に際して、高中高職等の入試出題科目以外が開放された。国中1年次の課程綱要が実施される2002学年度から全面的に開放された。高中は、1999学年度に新課程標準を実施するに当たって、上記6科を含め、民間出版社にも全面的に開放された。高職および五専では全面的に開放されているが、使用者が少なくて採算のとれない教科もあるため、一部の教科書は、教育部から国立師範大学、国立海洋大学等に編纂が委託されている他、奨励金交付等の編纂奨励も行われている。

教科書の採択の決定権は、地域により、県単位、地区単位、学校単位、校内の学年単位などばらつきがあるが、次第に学校単位や校内の学年単位の採択と県・市単位の採択との二極分化する傾向にある。

(4) 授業方法と学習の評価

教室の状況は日本とよく似ているが、学校規模は日本よりはるかに大きいところが多い。2010学年度（2010年9月30日現在）の国中では、総数740校に対して、85学級以上96学級以下が14校、97学級以上が10校（いずれも私立0）、生徒数も3,601人以上4,200人以下8校、4,201人以上4,800人以下が1校、4,801人以上が0校（いずれも私立は0）ある。学級数は国小で24学級以上48学級以下、国中で36学級以上60学級以下の中規模校が中心である。新設校は60学級以下を原則としている。学級規模は、教育部が2007学年度までの達成を目標に、各学級の児童生徒数を35人へ引き下げる施策を進めてきたが、それが達成され、現在は2015学年度までに国小、国中の1学級

をそれぞれ29人、30人を原則とする計画が進行中である。2009学年度(同日現在)の1学級平均は、国小は26.78人、国中は33.48人であった。また高中は、39.87人であったが、高中の1学級の生徒数は現行規定では45人以下である。

　学級の受持ちの仕方は、初等教育は学級担任制(3年生以上では音楽、美術、体育、英語等は専科教員が受け持つ場合もある)で、中等教育は教科担任制である。学級担任のことを「導師」と言う。また、生活指導、生徒指導を担当する組織として訓導処があり、専任の教員が担当している。初等教育では、日本より専科教員になることを目標にしている教員が多いように思われる。

　授業方法は、整然と机の並べられた教室に着席した児童生徒の前で、教員が一方的と言ってもよい形で話をする講義型が、日本よりも一般的であるように思われる。その理由の1つに、入学選抜の主要な資料が、「智育」でもとくに知識の量と解法の発見に偏ったテストであるため、授業の力点が知識詰め込みと解法の訓練にならざるをえないということがあるようである。ノーベル賞受賞者である元中央研究院院長の李遠哲氏は院長在任中にそのような状況を批判し、「教師が話しすぎで、学生は思考できず、好奇心から学習、研究に駆り立てられることがない」と述べている(『自由時報』1998年3月22日)。

　学習の評価については、近年、急速に改革が進められている。2001学年に国小1年から始まった課程綱要への転換は、2009年に高中1年へ、2010学年に高職1年と綜合高中へと及び、それに伴って、評価も大きく変更された。国中については(国小も同様)、評価方法の作成権限が、教育部から直轄市および県市の主管教育行政機関に移り、教育部は「国民小学及国民中学学生成績評量準則」という準則(以下、準則)を定めるだけとなった。

　台湾の成績評価の基本は五育均衡発展原則にあり、評価は「認知」「情意」「技能」の3側面から行う。五育とは、前述のように「徳育」「智育」「体育」「群育」「美育」である。成績評価を行うに当たっては、定期的評価と平常的評価を併用し、学業成績については、それらを原則として百点満点で点数化した上で、学期末に優等、甲等、乙等、丙等、丁等の5段階に転換する。それらのことは、課程標準から課程綱要への移行があっても変化していないが、次の点で

従来と異なっている。

　評価に当たっては適性化と多元化の原則に従うことになっており、形成的評価も総括的評価も行い、必要に応じて診断的評価と信頼性評価を併用する。評価法の変更の方向性は、競争型の、序列を付ける評価を極力減らすということにある。現在、学習の評価は、点数による評価と点数によらない評価に分かれている。国中の場合、前者は「学習領域評量」、後者は「日常生活表現評量」であり、後期中等教育の場合、前者は「学業成績」、後者は「徳行評量」である。かつては道徳的内容も含めて1つの尺度で明瞭に点数化して順位を定めるものであったが、現在では多くの部分でアセスメント型の評価が採用されている。

　成績評価についてより具体的な部分を挙げれば次のとおりである。前期中等教育も後期中等教育も、定期的評量と平常評量を併用することになっている。学習領域評量については、課程綱要に定められている能力指標だけによるのではなく、努力の程度、進歩の様子によって評価し、「認知」「情意」「技能」の3側面をも考慮し、また学習結果の分析も重視することになっている。学習評価の方法は、筆記テスト、口述テスト、表現、実演、作業、レポート、資料蒐集整理、鑑賞、教員との対話、日々の行動を評定の資料とすることとされている。それらを点数化した上で、学期末に優等、甲等、乙等、丙等、丁等の5段階に転換して記録する。台北市の場合は、例えば、学習領域評価は、毎学期2回の定期評量と平常的評量を半々にして成績を定めており、各地域により若干の相違がある。

　高中と高職は、2008学年に改定された規定では次のようになっている。成績判定は「学業成績」と「徳行評量」に分けて行う。前者については、「認知」「情意」「技能」の3側面の学習結果を考査するもので、「学業」の成績は満点を100点として各科目について算出し、60点以上を合格としている。但し、各人の心身の発達と個人差を考慮しなければならない。各校は、日常考査と定期考査を併用した方式で考査しなければならず、学習評価は学習目標、教材の性質、学生の個性に照らして適切な多面的な方法を選ぶ。また学校独自の方法も併用してよい。「徳行評量」は、旧課程標準で採用されていた100

点満点による点数の算出や5段階評価を行わず、日常生活の綜合的表現、学習態度、賞罰、出欠などを記録するだけになっている。

4．中等教員の養成と研修体制

(1) 養成制度の現状と問題点

　国中、高中および高職の教員養成は、1994年に制定された「師資培育法」に基づいて行われている。教員は、以下の大学で養成されることになっている。①師範校院(教育大学、師範大学)の大学部卒業者、②「教育院、系、所」(教育系の学院、学科、大学院)卒業者で、規定の教育単位を取得した者、③大学、学院で、「教育学程」[教員養成課程]の単位を満たして卒業した者、④大学、学院、あるいは教育部の認可した外国の大学・学院を卒業し、かつ教育部が規定した教育単位を満たしている者である。師資培育法は従来の法令である「師範教育法」と比べ、国小、国中の教員養成を従来の閉鎖型から、開放制に切り換えたことが重要な点である。教員の資格は免許型で、資格を持っていない者は教職に就くことができない。

　教員資格の取得は、1995年に制定された「教師法」で定められており、原則として大卒以上とされている。高中・高職以下の教員の「検定制」と、専科学校以上の教員の「審定制」の2種類に分かれている。

　高中・高職以下の検定制は2段階で行われ、最初の段階に合格すると「実習教師証書」を得て半年間の教育実習を行うことができ、その後2度目の段階で合格すると「教師証書」を得ることができる。検定は主管行政機関が行う。

　五専の教員は、最初の資格審査を採用する学校が行い、そのあと教育部で2度目の審査を行って、合格すれば教員の資格が与えられる。なお、検定と審定の違いは、前者の場合何らかの試験が行われるが、後者の場合は行われないということである。

　第二外国語として数多く開設されている日本語については、これまで十分な教員養成がなされてこなかったので、台湾内の大学の日文系を卒業していれば、通常の教員資格を持っていなくても教壇に立つ資格が与えられている。

中等教員の養成を行っている師範系の学校は、国立台湾師範大学、国立高雄師範大学、国立彰化師範大学の3大学である。また、国立政治大学教育系も師範系の扱いとなっている。彰化師範大学には商業教育学系、工業教育学系も設けられており、高職の教員の養成も行われている。開放制に移行したことで、師範大学卒業者の就職は約束されたものではなくなり、一方、多くの大学に、日本の教職課程に相当する「教育学程」が置かれるようになり、現在も増加し続けている。

なお、教員資格には海外の大学での単位取得も認めており、日本については、かなり多くの国公私立大学が教育部によって認定されており、台湾人留学者は、取得単位に関して台湾側の条件を満たしていれば、台湾における各種の教員資格が与えられることになっている。

(2) 研修体制と課題

現職教員の研修は、①研修、実習、参観に参加すること、②単位、学位を習得、取得すること、③その他、主管行政機関の認可する研修に参加すること、に分けられる。在職研修を行える場所は次のように定められている。①小中学校、幼稚園、および特殊教育学校。②師範大学、教育大学、および大学・学院のうち教育系の学院・学科・大学院あるいは教育課程を持つ所。③中央政府および地方政府の設立または許可（核准）した在職研修機構。④それぞれの主管教育行政機関が委託、認可、または許可（核准）した学校・機構。

教員の研修機構には、教員研習センターと大学の2種類がある。前者は「台北市教師研習中心」「高雄市教師研究中心」「台湾省国民学校教師研習会」(板橋市)、「台湾省中学教師研習会」(豊原市)、「台湾師範大学中学教師研習中心」であり、後者は師範大学・教育大学、あるいは教員養成を行っている一般大学である。

教師研習センターで行われるのは1日から数週間程度の比較的短期のもので、学校長、主任、各県市教育局の督学などが職務に就く前、または就いてから行う職務の訓練、あるいは卒業資格や学位取得に結びつかない訓練である。

大学で行われる中等教員の研修には資格取得、学位取得と関わるものもあり、①在職者を対象にした大学院修士課程あるいは博士課程のクラス、②在職前の者（主に一般大学卒業者）を対象にした教育単位クラス、③現職者を対象にした教育単位クラスなどである。①もかなり行われており、近年は博士号を取得する校長、教員が続出している。いずれも実施形態は、夏期休業期間開講、昼間開講、夜間開講、週末開講、巡回開講などに分かれている。

　上記のような研修システムとは別に、教員の指導技術と指導内容の向上のために、「輔導団」と「種子教師」の制度がある。輔導団は国民小学、国民中学のためのもので、各直轄市、および各県市に設けられている。教育部の定めた「直轄市及県（市）国民教育輔導団組織及運作参考原則」に従っており、教育局長が団長となり、優れた教員を専任の輔導員にし、各学校を訪問させて教員の指導を行っている。種子教師は、種子をまいて学校で発芽させて学校全体に新しい教育を広げていくという仕組みである。国民学校教師研習会などで実施される種子教師ための研習会に、教育局推薦、輔導団推薦、学校推薦、あるいは自らの推薦などで参加することで、種子教師になることができる。経験年数にほとんど制限がなく1,2年の経験を持つものからベテラン教員までさまざまである。原則として毎年度研修を受けてその年度の種子教師となる。

　なお、1995年制定の「教師法」によれば、教員には学校を超えた組織として、中央に全国教師会、直轄市・県市に地方教師会、そして学校に学校教師会を設けられることも定められており、校内半数の教員が加入して学校教師会が、域内半数以上の学校教師会が加入して地方教師会、半数以上の地方教師会が加入して全国教師会を設けることができる。但し、それらは専門職の集団であり、研究機能も持てることになっているが、法文上では研修機能は持っていない。

5. 中等教育と高等教育との連関

(1) 卒業者の進路状況（1990年代から2000年代への展開）

　台湾の大学教育機関への入学は、普通教育ルートからの進学と技職系教育

表3-6 大学数の増加（1992学年度、2003学年度、2010学年度）

（空中大学、警察・軍関係の大学・技術学院を除く）

単位は校数

		大学		（科技大学）	独立学院		（技術学院）	総数
1992学年度	国立		13	（－）		14	（3）	
	市立	21	0	（－）	29	1	（0）	50
	私立		8	（－）		14	（0）	
2003学年度	国立		30	（6）		9	（10）	
	市立	67	0	（0）	76	2	（0）	143
	私立		37	（11）		55	（45）	
2010学年度	国立		46	（10）		5	（4）	
	市立	112	1	（2）	36	1	（0）	148
	私立		67	（34）		30	（27）	

注：（ ）内は、それぞれ大学、独立学院に対する内数。
　空中大学（外数）は1992学年度1校（国立1）、2003学年度2校（国立1、市立1）、2010学年度2校（国立1、市立1）。
出典：教育部統計処編『中華民国教育統計　民国100年版』教育部、2011年、同民国82年版、1993年、同民国93年版、2004年。
　教育部高等教育司『九十九学年度大学校院一覧表』教育部、2010年。
　教育部技術及職業教育司『九十二学年度公私立技専校院一覧表』教育部、2003年。

ルートからの進学に大別されている。

　前者のルートは、高中が該当し、卒業者は原則として大学または独立学院へ進学する。それに対して、後者のルートは、高職と五専に分かれる。高職の卒業者は、原則として二専、四技、または4年制の科技大学（四技に含められることもある）に進学する。五専の卒業者の場合は、卒業時点が大学2年次終了に相当するため、原則として2年制技術学院（以下、二技）か2年制科技大学（二技に含められることもある）に進学し、あるいは4年制大学の2年次か3年次に編入する。なお、二専の卒業者も五専の卒業者と同じルートで進学できる。また、空中大学は、高中、高職等の卒業者の進学先の一つであるが、政策上では大学レベルの補修教育を充実させるものと期待されている。

　近年の高等教育進学者の大きな変化は大学・学院、中でも職業教育ルートから進学する大学・学院の増加である。1992学年度、2003学年度と2010学年度の大学数（括弧内は学院数、内数）を台湾内設置（香港などに設置されたものを含まない）の教育部所轄の範囲（空中大学、警察、軍等の関係を含まない）で比較すると、大学・学院の校数は50（29）から143（76）へ、そして148（36）へと増加した。その詳細は**表3-6**のとおりである。

1997学年度の統計では、大学段階への進学については、高中卒業者7万9,358人中、現役で大学・三専等へ進学した者は61.95％、高職卒業者16万2,641人中、現役で大学・二専・三専等（科技大学を含む）に進学した者は23.32％という数字が出ていた。しかし前出の元中央研究院院長・李遠哲氏の院長在任中の1998年3月の発言によれば、なお4年制大学の在学者数はようやく20％に達したにすぎず、米国の50％超、日本、韓国の30％超との差が問題視されており、同氏は「もはや大学教育はエリート教育にとどまるべきではない」と主張していた（『自由時報』1998年3月22日）。当時と現在とを比べてみると、4年制大学本科在籍学生数と学校数は、1997学年度が37万3,702人、78校、2003学年度が83万7,602人、143校、2010学年が102万1,636人、148校であり、在籍学生数が著しく伸びており、同氏の希望は、今日ではほぼ達成されているものと思われる。

(2) 高等教育機関の入学資格

大学レベルの教育機関の入学資格は、主として高中卒業、または高職卒業である。但し、高中卒業者が四技二専に、高職卒業者が学院・大学に入学するのは、入試科目が著しく異なるためにきわめて困難である。技術学院・科技大学の拡充は、高職からの進学意欲を満たすためになされてきており、最近まで高中からの進学には現場での実務経験などを求める形で、事実上の入学制限をしていたが、現在ではそのような制限はあまり設けられていない。

高中、高職を卒業せずに「修業證明書」を得た生徒（「肄業学生」と言う）の進学については、高中・高職の日間部［昼間部］3年後期、夜間部4年後期まで在学した「修業證明書」であれば、畢業と同等に大学を受験することができる。日間部3年前期在学まで、あるいは夜間部4年前期在学までで得た「修業證明書」については、在校時に同学年だった「畢業」者より1年遅く、大学受験資格が与えられる。

なお、日本で言う社会人入試に相当するものとして、受験資格が22歳以上の在職者に限定された「大学進修教育学士班」というコースが近年普及している。

(3) 大学入学者選抜方法の現状と課題

　大学の入学試験には、複数の大学・独立学院で構成される「聯合招生」(略称：聯招)と言ういくつものグループがあり、グループごとに聯合招生委員会が設けられ、統一的な運営がなされ、いくつかの選抜方法を併用した選抜がなされている。現在、大学の入学試験は、中等教育の入試改革と同様に「考招分離」および「多元入学」を基本原理として改革が進められている。近年まで、大学レベルの学校の聯招の大多数はほとんどすべての大学が連合して行う「大学聯合招生考試」(俗称「聯考」、以下「聯考」)の得点を唯一の選抜原理として利用しており、得られた得点のみに従って、合格者がそのまま志望先に振り分けられるというものであった。改革により、聯考が廃止されてそれに代わる「大学学科能力測験」(以下、大学学科能力テスト)が導入された他、後期中等教育への入学と同様、推薦方式などいくつかの方法が導入された。しかし、1回の能力試験の結果を唯一の選抜資料とする入学枠もまた選択肢の1つとして残されている。いずれにしても、後期中等教育への入学と同様、入学者選抜に徹底した透明性を追求していると言える。

　主要なグループは大学聯招と四技二専聯招(日間部)の2つである。2つの聯招はそれぞれ独立した入試センターによって運営されている。他に、四技二専聯招(夜間部)、軍校聯招、二技聯招、等々がある。

大学聯招

　大学聯招は、1954年に国立省立の4大学で始められたもので、次第に参加校が増加して、台湾全土の大学・学院をおおう制度に発展した。筆記試験を中心にした一発勝負の聯考がほとんど唯一の選抜の方法として採用されてきた(進学先によっては実技試験も併用)。しかし、改革によって推薦など、別な基準による選抜方法も導入されるようになってきた。聯考が廃止され、大学学科能力テストが始まったのは1994年だった。大学聯招では、現在、筆記試験の出題、採点等を担当しているのは「財団法人大学入学考試中心」(以下、大学入試センター)である。また実技試験の必要な音楽・美術・体育の領域では大学術科考試委員会聯合会が行う「術科考試」と呼ばれる実技試験が別

途に行われる。

　2011学年度入学者のための大学聯招は、合格者11万3,187人で大きく分けて「甄選入学」と「考試入学」の2種類に分かれていた。

　「甄選入学」は、1月の大学学科能力テスト、2月の実技試験の結果を踏まえて行われるもので、出身校の推薦を得て志願する「繁星推薦」のルートと、自分自身が希望して志願する「個人申請」のルートとが設けられている。前者のルートは、高中1、2年の成績に基づいて大学の指定する成績条件に合う卒業予定者を、各大学に2名以下推薦し、各大学は大学学科能力テスト全5科の結果も用いて、まず各校1名、それで余裕があれば、さらに各高中から推薦された第2位の者から同じ方式で選び、最終合格者が決定される。後者のルートは在籍または出身の高中から、大学の指定する成績条件と大学学科能力テストの結果を自身で判断して申請し、大学が独自の基準で入学者を選考するものである。前者の方式は、高中の学校間格差が広がらないようにすることを目的としている。各大学は概ね5月頃までに入学者を確定している。

　なお、「繁星推薦」は、「高中均質、区域均衡」［高中の均質、地域の均衡］を目標にして、2011学年大学入学者に対して導入された制度だが、起源は、2006学年に国立清華大学が独自に始めた「繁星計画」にある。2010学年以前の入学者に対する聯招の「学校推薦」による甄選入学を置き換えたものである。

　「考試入学」は、7月の指定科目試験の結果に基づいて、機械的に各大学に合格者を振り分けていく（分発）もので、合格者の6割弱を占めており、かつての大学聯招に最も近い方式である。試験の内容は、高中で3年間学んだ教科内容であった。大多数の大学は指定科目試験の結果のみを選抜の資料としている。どの大学のどの学科に合格したかは8月前半に発表された。

　なお、大学入試センターは、考招分離の「考」の部分を担う組織で、教育部が1976年に大学日間部［昼間部］の聯招を管理するために設けた「大学入学考試委員会」を母体に、1989年に設けられ、1993年3月には財団法人化された。「大学聯招」以外の聯招には関与していない。

四技二専聯招

　四技二専の聯招は、四技(4年制科技大学を含む)と二専が1つのグループを作って行っているものである。それらを含む技職系への入学もまた、後期中等教育への入学、大学への入学と同様、「考招分離」および「多元入学」を基本原理とした改革が進行中である。四技二専(日間部)の聯招は、「財団法人技専校院入学測験中心基金会—技専校院入学測験中心」(技専校院入学テストセンター)が運営しているものだが、そのセンターは2000年12月に設けられ、2001年4月に初めて同センターによる「技術校院四年制与専科学校二年制統一入学測験」(以下、統一入学テスト)が実施された。技職系の高等教育機関に、旧来からの大学に並ぶ位置づけを与えようという方向で導入されたもので、大学聯招と同様の考招分離の体制が成立した。さまざまな改革の中の1つに2007学年度から実施されている「科技校院繁星計画」がある。各高職から2010学年は3〜4人を推薦し、優先的に志望先に振り分けていくものである。2006学年は4校定員250人であったが、2010学年では、23校定員1,050人である。

　2011学年度の四技二専聯招は、合格者は14万2,205人で、入学志願者が選抜を受ける受験ルートには、①「甄選入学」、②「技優入学」、③「日間部聯合登記分発」、④「進修(夜間)部聯合登記分発或申請入学」、⑤「四技日間部高中生申請入学」⑥「繁星計画」の6つが設けられていた。またそのほかに一部の学校で単独招生が行われた。2011年4月に実施された統一入学テストの結果は、③が排他的に使用し、①と④は同テストの結果を一部使用し、②と⑤と⑥は、まったく使用しないものであった。やや詳しく述べれば、①は出身校(高職、高中)の推薦と統一入学テストの結果と四技二専側が行う試験結果との三者によって選抜され、③は統一入学テストの結果を唯一の資料とするもので、分発(振り分け)によって選抜された。②は、音楽、体育などの国際大会で実績をあげた者や、乙級以上の技術士など、とくに優れた能力を持つ者を優先的に入学させる制度で、無試験の場合と四技二専の側から選考する［甄審］場合があった。⑤は高中および綜合高中からの入学志願者のためのもので、統一入学テストの結果は使用せず、学科能力テストの結果を利用して選抜された。

大学先修班の試行

　さまざまな提案がなされている大学入試の改善策の例として、1998学年度入学者から導入された大学先修班制度の試行を挙げておく。聯考で特定の点数以上の不合格者を対象にして、不合格のまま志望先の大学で授業を受け、翌年入学試験に合格した場合には2年生に入学できるという制度である。1998学年度入学では、台湾大学等国私立15大学で学生約4,000人を募集し、翌年の合格が保証されていないにもかかわらず、志望者が募集の4倍程度になり、選抜が行われたが、2001学年度入学のために私立5大学が1,760名を募集したのを最後に廃止された。

(4) 中等学校における入試準備と課外学習の実態

　高中進学は、受験できる地域ごとに、入学選抜の学力によるかなり明瞭な

写真3-1　補習班（予備校）が立ち並ぶ街

ピラミッドができていて、その頂点に各地の「明星学校」があり、進学競争は激しい。その中でも台北市立建国高級中学と台北市立第一女子高級中学はその第一であり、台北近辺ばかりでなく、台湾全土から受験者が集まる。前者は、旧・台北州立第一中学校の後身(敗戦後、同第四中学校も吸収)で、後者は旧・台北州立第一高等女学校の後身である。但し、進学競争は、それらの「明星学校」への進学のみが対象となっているわけではなく、多くの国中は卒業生を1人でも多く志望校に合格させるために、学校をあげて受験対策を行っている。

大学進学は、台湾全土に及ぶ一極集中型の学力ピラミッドができており、多くの分野で国立台湾大学がその頂点にある。しかし、一部に例外があり、例えば、建築学系は、台湾で最初に設けられたのが、日本統治時代の台南高等工業学校であったことから、現在もその後身の国立成功大学の建築学系がその頂点となっているようである。やはり進学競争は激しく、かなりの高中の校内で、受験対策の授業などが行われている。

写真3-1は、台北駅の南側の一角の夜景(2011年)である。大学、二専、二技、研究所[大学院]の入学、あるいは大学の途中編入のための「補習班」[予備校]が集中している。補習班の授業の中にはケーブルテレビで中継されているものもある。兵役義務の年齢との関係で、男子の大学浪人の多くは1年を限度と意識している。

参考文献
汪知亭『台湾教育史料新編』台湾商務印書館、台北市、1978年。
許佩賢(大坪力基/訳)「教育改革」若林正丈(編)『もっと知りたい台湾(第2版)』弘文堂、1998年、101-114頁。
教育部編印『第六次　中華民国教育年鑑』上、下、1996年。
教育部高等教育司編印『大学校院一覧表』(各学年度)。
教育部統計処編『中華民国教育統計』(各年)教育部。
『台湾における日本語教育事情調査報告書 2009年度』2010年(佐藤貴仁執筆)、財団法人交流協会。
所澤潤「教育課程の基準の概要」、「教育課程比較表」(「台湾」に関する部分の一部)『諸外国の教育課程(2)―教育課程の基準及び各教科等の目標・内容構成等―』〔「教

科等の構成と開発に関する調査研究」研究成果報告書(25)〕、国立教育政策研究所、2007年、374-382, 340-350頁。
所澤潤「台湾」『道徳・特別活動カリキュラムの改善に関する研究―諸外国の動向(2)』〔「教科等の構成と開発に関する調査研究」研究成果報告書(20)〕、国立教育政策研究所、2004年、77-116頁。
谷口龍子『台湾における日本語教育事情調査報告書　平成11年度』(第2版)財団法人交流協会、2001年。
林初梅『郷土としての台湾』東信堂、2009年。
林初梅・所澤潤「多言語社会台湾の言語教育―小学校郷土言語教育の現況―」『英語教育および第二外国語教育の早期開始に関する日韓比較研究』平成17～18年度科学研究費補助金基盤研究(C)〔課題番号17530608〕研究成果報告書(研究代表者　志賀幹郎) 2007年、159-194頁。

〈主要検索エンジン〉
法規の多くは、次の2つの検索エンジンを利用して検索した。
蕃薯藤 (http://www.yam.com/)
Yahoo! 奇摩 (http://tw.yahoo.com/)

第4章　フィリピン
――中等教育拡大に伴う質的課題

中井俊樹・北村友人

1. 教育制度の歴史的背景と現状

　初等教育の普及がほぼ達成しつつあるアジア諸国では、中等教育の充実が国家的課題と位置づけられている。本章では、積極的な中等教育改革を進めているフィリピンの事例から、中等教育拡大に伴う質的側面の現状と課題を分析する。

　フィリピンは1946年に独立して半世紀以上経っているが、それ以前の制度が現在のフィリピンの教育のさまざまな面に影響を及ぼしている。例えばキリスト教系の私立学校が多いのは、スペイン統治時代にフィリピンのキリスト教化を目的に学校整備が進められたことに由来している。また無償の初等教育や教授言語としての英語の使用は、アメリカ統治時代の教育制度を原型としている。

　フィリピンの中等教育は、前期・後期の区別のない4年間の教育年限のシステムである。基礎教育段階の就学期間としては、初等教育の6年を加えて合計10年となる。この教育制度はアメリカ統治時代の7-4-4制を継承したことに由来し、1940年の教育法による初等教育年限の1年短縮を経て、現行の制度が成立している。中等教育は、1957年から「2-2プラン」と呼ばれる制度の下で、2年の共通コースとそれに続く2年の進学コースと就職コースに分かれていたが、1974年以降現行の4年一貫の教育制度に戻った。初等・中等教育は無償であるが、義務教育は初等段階のみである。また、通常の中等教育就学年齢は、13歳から16歳であるが、実際の学校にはそれ以上の年齢の生徒も在籍している。

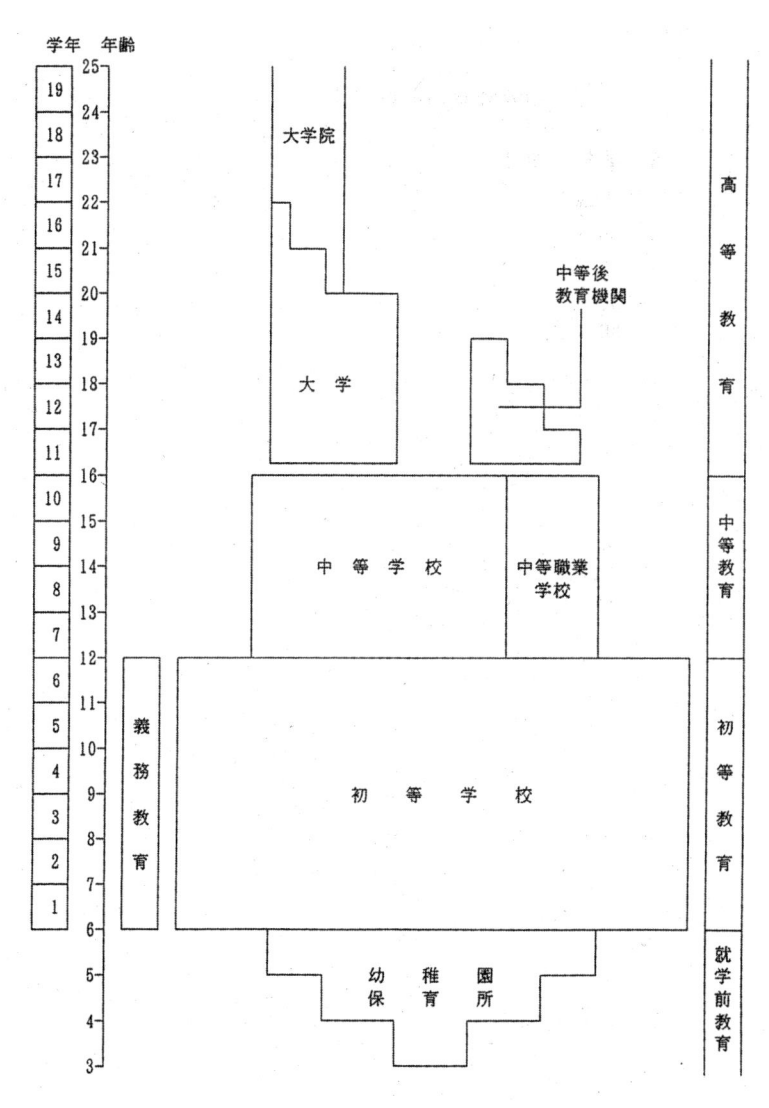

図4-1　フィリピンの学校系統図

出典：文部省大臣官房統計調査企画課『諸外国の学校教育（アジア・オセアニア・アフリカ編）』1996年、43頁。

　フィリピンの中等教育を管轄しているのは、教育省（Department of Education: DepEd）である。教育省は、「すべての者に平等にアクセス可能な質の高い基

礎教育を提供し生涯学習と公共善のために奉仕する基盤を形成する」というミッションの下で、学校教育および学校外教育システム全体の監督、運営、計画立案、プロジェクト実施および調整等を業務としている。

　初等教育の普及がほぼ完成したフィリピンでは、中等教育の拡大が1980年代後半からの課題とされた。そのためフィリピン政府は、積極的な中等教育拡充政策を展開してきた。1987年に制定された憲法の第14条第1項には、「国家はすべての国民にあらゆるレベルの教育を保障し、それを可能にするために適切な措置をとる」と明記され、さらに、第2項(2)では、「国家は初等・中等段階における無償教育制度を確立し維持する」と記された。この憲法の下で、1988年6月に「公立中等教育無償法（共和国法第6655号）」(Free Public Secondary Education Act of 1988)が施行され、公立中等教育における授業料の無償化が始まった。授業料の無償化によって就学に対する経済的負担を軽減し、とくに貧困家庭の子どもに対する中等教育への就学の促進を目指したのである。

　また「公立中等教育無償法」の第7項で、すべての公立学校の国立化が進められた。国立化に伴い、公立学校の学校建設・維持、教員給与、授業料は、中央政府が財政負担をすることになった。フィリピンには、バランガイ学校と呼ばれる地域住民の相互扶助の下に運営された学校があった。1985年にはバランガイ学校数は2,210校（全公立中等学校の66％）、就学者数は約61万人（全公立中等学校の31％）まで達していた。しかし、不安定な学校財政によって、低い教員給与、生徒の低い学業成績、学校校舎・施設の不備等が問題となっていた。これらの問題に対処するために、バランガイ学校を国立中等学校へと移管し、学校運営・財政面での安定化を図り、教育機会の普及と教育の質の向上を図ろうとしたのである。1991年の「地方自治法」によって、バランガイ学校施設の建設と維持に関する財政的責任が、地方政府に再び委譲されているが、教育経費の大半を占める経常経費は、中央政府によって負担されている。

　さらに、中等教育の量的ならびに質的な向上を図るため、教育省は私立学校に対する財政支援も充実させてきた。その端緒を開いたのが、私立学校の

生徒ならびに教員に対する財政支援を打ち出した共和国法第6728号 (1989年6月施行) であった。同法により、私立学校の生徒たちに対する授業料補助や、「私立学校の生徒に対する財政支援プログラム」(Private Education Student Financial Assistance Program: PESFA) と呼ばれる教育ヴァウチャー制度 (私立学校の授業料の代わりとして公的な支払証書を適用できる制度) などが導入された。また、公的な財政支援のみでは財源にも限度があるため、1998年には民間部門による公立学校支援を促す「民間支援学校法 (共和国法第8525号)」(Adopt-a-School Act) が施行された。これは、公立学校への財政支援を計画している民間部門 (企業や協同組合など) と、支援を必要としている公立学校との間を、教育省が仲介するという制度である。

こうした積極的な拡充政策は、中等教育の急速な量的拡大をもたらしている。2010年現在、フィリピンの中等教育学校は、公立学校7,268校および私立学校5,682校で合計12,950校である。就学者数は公立学校5,580,236人および私立学校1,374,710人で合計6,954,946人に至っている。設置形態別の就学者数を見ると、私立学校の就学者数は1980年以降増加していない。つまり、公立学校の拡充によって中等教育の拡大は達成されたのである。2010年度の中等教育段階の粗就学率は81.8%、純就学率は60.9%である。

表4-1 中等教育の機関数と就学者数の推移

	機関数			就学者数		
	公立	私立	全体	公立	私立	全体
1970	1,885	1,998	3,883	762,984	956,402	1,719,386
1975	2,883	2,061	4,944	1,061,731	1,229,976	2,291,707
1980	3,161	1,995	5,156	1,614,554	1,404,014	3,018,568
1985	3,357	2,018	5,375	1,949,542	1,319,892	3,269,434
1990	3,394	2,156	5,550	2,564,045	1,469,552	4,033,597
1995	3,799	2,418	6,217	3,376,273	1,507,234	4,883,507
2000	4,335	3,168	7,503	4,156,185	1,245,682	5,401,867
2005	4,908	3,670	8,578	5,013,577	1,285,035	6,298,612
2010	7,268	5,682	12,950	5,580,236	1,374,710	6,954,946

出典:National Statistical Coordination Board, *Philippine Statistical Yearbook* の各年度版およびフィリピン教育省ホームページ (http://www.deped.gov.ph/) から作成。

2. 入学者選抜方法と進級・卒業認定

(1) 入学者選抜方法

「公立中等教育無償法」の第2項で、「資格を満たしたすべての国民に対して無償公立中等教育を提供し、あらゆる教育段階において質の高い教育を促進することが、国家の政策である」と謳われたように、フィリピンの公立中等学校は原則としてすべての進学希望者を地元で受け入れている。それに対して私立中等学校では、小学校の教育内容に関する理解度を測るために、独自の入学試験を実施している。

初等教育における学習達成度を測るため、私立も含めたすべての小学校の6年生を対象とする全国初等教育能力試験（National Elementary Achievement Test: NEAT）が毎年実施されている。また、すべての中等学校入学予定者に対して、2004年より中等学校準備試験（High School Readiness Test: HSRT）を受けることが義務づけられている。英語、数学、理科の3教科から出題される中等学校準備試験において、30％以下の得点であった生徒たちは1年間のブリッジ・プログラム（High School Bridge Program）と呼ばれる準備学級での受講を強く勧められ、31〜50％の得点であった生徒たちもブリッジ・プログラムでの受講を奨励されている。これらの生徒たちはブリッジ・プログラムでの1年間の学習を経て、通常の4年間の中等教育課程へと進学することになる。ブリッジ・プログラムが導入された初年度の2004年度には、約70万人の生徒たちが対象となった。

(2) 進級・卒業認定方法

小学校では毎年自動的に進級するが、中等学校では成績に応じて原級留置（留年）となることがある。それぞれの教科には一定の単位数が割り当てられており、取得単位数に応じて進級が決定される。単位の配分は、基本的に1日40分の授業で1単位、1日1時間の授業で1.5単位として算定されている。学年成績が合格基準（75％以上）に達していない教科が3単位以上あり、夏季休暇中に補習を受けても必要単位数を確保できなかった場合に留年となる。

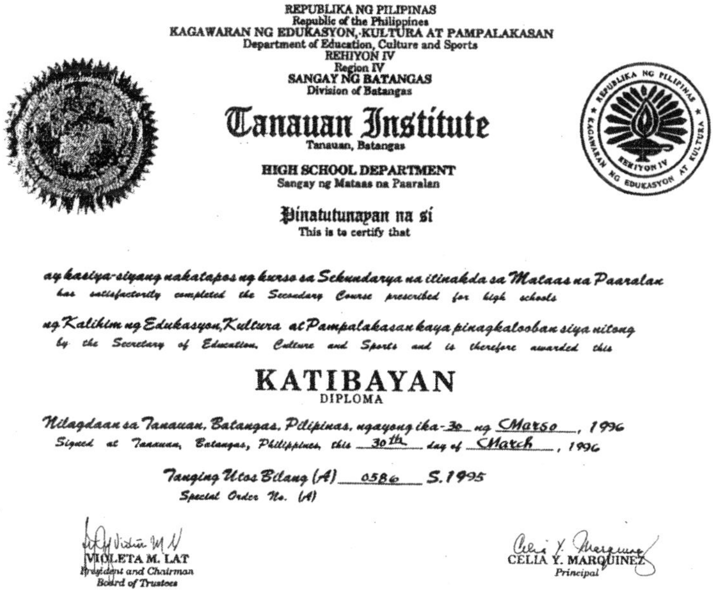

図4-2　中等学校の卒業証書

　ただし、留年した生徒は、前年度に単位を取得できなかった教科のみを再履修し、それ以外の時間は次の学年の授業を履修することができる。
　中等教育の卒業時には、私立も含めたすべての中等学校の第4学年の生徒が、全国中等教育能力試験（National Secondary Achievement Test: NSAT）を受験しなければならない。NSATは、国立教育試験・研究センター（National Education Testing and Research Center: NETRC）によって開発され、同センターと教育省中等教育局の協力の下に実施される。この試験は、フィリピノ語、英語、数学、職業技術適性の4教科から構成されており、フィリピノ語以外の教科は英語で行われる。試験の成績は中等教育の卒業を直接的に認定するものではないが、その結果が第4学年の最終成績の20％に算入される。また、NSATの成績は、中等学校卒業者が就職活動をする際に、採用の参考資料として活用されることがある。

3. 中等教育課程の特色

(1) 教育課程の構造

　近年のフィリピンにおける中等教育改革の最も重要な成果が、1998年の教育省令46条を受けて2002年に導入された新しい「2002年基礎教育カリキュラム」(The 2002 Basic Education Curriculum) である。この新カリキュラムは、フィリピン共和国憲法 (1987年制定)、基礎教育管理法 (The 2001 Governance of Basic Education Act)、教育基本法 (The 1982 Education Act) においてそれぞれ示された理念や法律に基づき作成された。従って、このカリキュラムは、それまで実施されてきた初等教育カリキュラム (1983年導入) (The New Elementary School Curriculum: NESC) や中等教育カリキュラム (1989年導入) (The New Secondary Education Curriculum: NSEC) に取って替わるものと言うよりも、それらの既存のカリキュラムを統合し、再構築したものであるとして理解できる。すなわち、教育省が実施したさまざまな調査研究を通じて、以前のカリキュラム (NESC と NSEC) にはあまりにも多くの教科が詰め込まれており、教科内容も学習者の日常生活の文脈から掛け離れていることが指摘されてきたため、新カリキュラムでは適切な形式・内容へと修正を図ったのであった。

　この基礎教育カリキュラムの基本理念として、質の高い基礎教育をすべての子どもたちへ提供し、生涯学習の土台と公共善 (common good) の推進を図ることが、以前のカリキュラムから継続して謳われている。こうした基本理念を実現するために、新カリキュラムでは教科の大幅な再編成が行われた。その最も大きな特徴は、以前のカリキュラムの8科目 (フィリピノ語、英語、数学、理科、社会、技術・家庭、保健体育・音楽、価値教育) が、英語で教授される3つの学習領域 (英語、理科、数学) と基本的にフィリピノ語で教授される2つの学習領域 (フィリピノ語、マカバヤン [Makabayan: 愛国心の意]) とに整理統合されたことである。

(2) 各教科の種類と水準

　それぞれの学習領域 (Learning Area) における科目編成は**表4-2**のとおりであ

表4-2 中等教育の学習領域

学年	学習領域1	学習領域2	学習領域3		学習領域4		学習領域5
I	フィリピノ語	英語	理科（統合科目）		代数（初級）		マカバヤン
II	フィリピノ語	英語	生物		代数（中級）		マカバヤン
III	フィリピノ語	英語	化学		幾何		マカバヤン
IV	フィリピノ語	英語	Ⓐ 生物（上級）	Ⓑ 物理	Ⓐ 商業数学・統計	Ⓑ 三角法／数（上級）	マカバヤン

出典：Department of Education, *The 2002 Basic Education Curriculum,* 2002, p.18 から作成。

るが、とくに学習領域3（理科）と学習領域4（数学）では第4学年時にトラックAあるいはトラックBのいずれかを選択することができる。また、こうしたカリキュラムに加え、コンピュータなどの情報コミュニケーション技術の設備が整っている学校では、すべての教科において情報コミュニケーション技術を活用することが奨励されている。

新カリキュラムにおいて授業時数が大幅に増えたのが、英語と数学である。それぞれ旧カリキュラム（NSEC）と比べて1.5倍の配当時数となっている（**表4-3**）。「英語」は、この増加分の時間数を利用して、自然科学分野の教

表4-3 新旧中等教育カリキュラムの週間授業時数（分）

科目	2002年基礎教育カリキュラム		1989年中等教育カリキュラム	
学年	I - III（単位）	IV（単位）		I - IV（単位）
フィリピノ語	240 (1.2)	240 (1.2)	フィリピノ語	200 (1)
英語	300 (1.5)	300 (1.5)	英語	200 (1)
理科	360* (1.8)	360* (1.8)	理科	400 (2)
数学	300 (1.5)	300 (1.5)	数学	200 (1)
マカバヤン				
社会（AP）	240 (1.2)	240 (1.2)	社会	200 (1)
技術・家庭（TLE）	240** (1.2)	240** (1.2)	技術・家庭	400 (2)
音楽・美術・体育・保健（MAPEH）	240 (1.2)	300*** (1.5)	保健体育・音楽	200 (1)
価値教育（EP）	60 (0.4)	120 (0.6)	価値教育	200 (1)
計	1,980 (10)	2,100 (10.5)	計	2,000 (10)

注：* この配当時数に加えて、屋外での実験プロジェクトを実施することが奨励されている。
　　** この配当時数に加えて、実践的な職業技能訓練（土木・工芸技術の実習としての学校施設の簡単な修復等）を実施することが求められている。
　　*** 市民性促進訓練（Citizenship Advancement Training: CAT）を含む。
出典：Department of Education, *The 2002 Basic Education Curriculum,* 2002、教育省令37条（2003年）、教育省令34条（2004年）から作成。

材の読解力を強化することが期待されている。これは、英語を教授用語として用いる2教科（数学と理科）の習熟度を高める上でも欠かせない能力でもある。また「数学」では、旧カリキュラムと同様の教育内容を習得した上で、実践的な調査や「問題解決学習」に取り組むことが求められている。そのため、例えば第4学年においては選択必修科目の1つとして「商業数学・統計」を履修することができる。こうした実践的な教育を重視する考え方は、屋外での実験プロジェクトを授業時間外に実施することを推奨している「理科」においても共通している。

　こうした新しい教科編成の中でも、とりわけフィリピノ語、英語、数学、理科を除く残りの教科をマカバヤンという1つの科目に統合したことは注目に値する。マカバヤンという統合科目が導入された背景には、多民族国家であるフィリピンにとって、国家統合のために「学校教育を通して愛国心を植えつける」(1987年憲法第14条第3項)ことが重視されてきたことを指摘できる。そのため、すべての教科において価値・倫理などに関する事柄を取り扱うとともに、とくに日常生活の多様な領域に関わる事象を扱うマカバヤンにおいてはコミュニティや国家に対する義務と責任の意識を高め、愛国心を養うことが目指されている。

　中等教育におけるマカバヤンは、以下の4分野から構成されている。
①社会 (Araling Panipunan: AP)
　　　　第1学年：フィリピンの歴史・政治
　　　　第2学年：アジア研究
　　　　第3学年：世界史
　　　　第4学年：経済
②技術・家庭 (TLE)
③音楽・美術・体育・保健 (MAPEH)
④価値教育 (Edukasyon sa Pagpapahalaga: EP)
　このマカバヤンという学習領域は新カリキュラムの中で「日常生活の実習室」(Laboratory of Life)であると表現され、他の4領域が「道具的な教科」(Tool Subjects)と位置づけられているのに対して「経験的な領域」(Experimental Area)と

して定義されている。つまり、基本的に他の4領域が個人的なニーズを満たすための教科としての特色を持つのに対し、マカバヤンは個人のニーズと社会のニーズとの間のバランスをとるための能力を身につける学習領域として捉えられている。

　ちなみに、こうした学習領域という概念を導入することにより複数の教科を整理統合した背景には、1990年代に実施されたさまざまな学力調査の結果を通して生徒たちの基礎学力の低迷が明らかになったことも要因として指摘されている。例えば、1998年度から2000年度の全国中等教育能力試験の結果によれば、フィリピノ語や社会といった科目では6割前後の達成度を示しているのに対して、英語、理科、数学はそれぞれ4割から5割程度の達成度にすぎない。そこで、とくに主要3教科（英語、理科、数学）の強化策として考えられたのが、マカバヤンという統合科目を導入することによって授業時数の効率化を図り、そこで浮いた授業時数を主要教科へと振り分けるという案であった（但し、新しいカリキュラムが導入された当初は旧カリキュラムと同等の毎週400分を配当されていた理科であったが、2004年6月の教育省令34条により360分へと減らされ、その再配分として「社会」の授業時数が40分増やされた）。

　また、教育省令35条（2003年）により、すべての中等学校（公立・私立にかかわらず）の第4学年の生徒たちは、独立した科目として市民性促進訓練（Citizenship Advancement Training: CAT）を年に35時間受講することが義務づけられた。英語で教授されるCATには、軍事オリエンテーション、社会奉仕、公共治安、法令順守の4つの項目が含まれており、各学校はその中の3つを選択して訓練内容を決めることができる。但し、軍事教練や軍隊儀式などを行なうことは禁止されている。CATの成績は合否で判断され、合格の場合は0.30単位を認定される（教育省令57条、2004年）。

(3) 教　材

　初等・中等学校で使用される教科書は、教育省の授業教材審議会事務局（Instructional Materials Council Secretariat）が定めた基準に合格したものでなければならない。教育省は5年に1度行う公開入札によって、この基準を満たした

教科書の中から各教科の教科書を選定する。

　2004年7月の教育省メモランダム289号「教科書に関する方針」(Textbook Policy)の冒頭で「初等・中等学校の各生徒に1冊ずつの教科書を配布するよう努力しなければならない」と強調したように、教育省は各学校への教科書の配布を強化してきたが、未だに多くの学校では教科書が足りない状況にある。例えば、2003年度における主要教科(フィリピノ語、英語、数学、理科、社会)の教科書の普及に関するデータによると、第1学年と第2学年におけるフィリピノ語を除く教科において教科書1冊に対して生徒が5人であった。また、第3学年と第4学年においては全ての教科において教科書1冊に対して生徒が5人であった。同データから、とくに数学や英語の教科書がいずれの学年においても不足している状況が窺える。また、教科書の配布に関する地方間格差も大きいため、マニラ首都圏などと比べて地方では教科書不足がさらに深刻な状況にある。

　また、2002年に実施された教科書の調達・配布に関する調査の結果、教科によっては複数の教科書を教育省が購入して各学校に配布している実態が明らかになった。そして、すべての生徒に1冊ずつ行き渡るだけの数の教科書を教育省が配布していたにもかかわらず、学校現場では教員がいずれか1種類の教科書のみを生徒たちに配布し、残りの異なる種類の教科書を参考文献として図書室などに保管しているケースがしばしば見受けられた(教育省メモランダム289号、2004年)。こうした状況も、教科書不足を悪化させる一因となっている。そのため、教育省は教科書や補助教材の評価作業を行い、教材の内容や配布状況などの改善に取り組んでいる。

(4) 授業方法

　フィリピンの教育の特色が、フィリピノ語と英語によるバイリンガル教育であることは広く知られている。初等教育段階と同様に中等教育段階の教授言語も、英語、理科、数学は英語であり、フィリピノ語とマカバヤンは基本的にフィリピノ語である。但し、マカバヤンを構成する4分野の中でも、技術・家庭の教授言語は英語であり、音楽・美術・体育・保健についてはそれぞ

れの学校で使用される教科書の言語に準じるとされている。但し、これらの教科の中でも英語を教授言語とする科目では、教員あるいは生徒の英語能力が低い場合には、生徒たちの教科内容に対する理解も低くなってしまうという問題が見られる。

　授業方法としては、主に教員が生徒に対して知識を注入するスタイルがとられているが、それと同時にグループ別の議論や問題解決型アプローチなども織り交ぜられている。とくに、生徒たちが授業へ自主的に参加するように促す場面が、マカバヤンの授業ではしばしば見られる。また、理科の授業では、十分な設備が整っていないために、実験などを授業に取り入れることが困難である学校も多い。

　複数の分野をカバーするマカバヤンでは、次の3通りの教授法を併用して教えることが想定されている。すなわち、①マカバヤンの4分野をそれぞれ個別に教授、②特定のテーマに基づき4分野の内容を統合して教授、③4分野を折衷したアプローチによる教授であり、これらの教授法は各学期の中で段階的に適用される。例えば、各学期の1週目から8週目までは各分野を個別に教え、そこで扱った学習内容を反映させながら最後の2週間は統合的あるいは折衷的なアプローチで教えることが期待されている。しかしながら、教育省の担当官たちは、こうしたマカバヤンの教授法を現場の教員たちの多くが未だ十分に理解していないと感じている。そのため、行政区域(region)・地区(division)・市区(district)・学校のそれぞれのレベルで、夏季休暇などを利用した教員研修が定期的に実施されている。こうした研修の場では、学習指導案の作成方法や新しい教授法、視覚教材の準備の仕方などについて習得することが求められる。中でも学習指導案の作成が重視されており、毎時間の指導案を準備せずに授業を行うと処分を受けることがある。

　また、上述のとおり、マカバヤンの導入と密接に関連して、すべての教科において価値・倫理を教えなければならないという原則が新カリキュラムでは示された。そのため、とくに語学や自然科学(理科・数学)の教員たちは、従来の授業内容に価値・倫理教育を取り入れるために多大な労力を費やすこととなり、学校現場では不満の声もしばしば聞かれる。

こうした授業方法や学校施設のレベルに関して、サイエンス・ハイスクールや一部の私立学校と公立学校との間では大きな格差が見られる。例えば、一部の私立学校では民間団体による外部評価などを通して、教育水準の維持・向上に努めている。

(5) 学習の評価

公立中等学校における成績の評価方法は「成果重視型評点法」(Performance-Based Grading System)と呼ばれ、教育省令33条(2004年)によって定められている。この評価方法では、定期試験にしてもそれ以外の学習活動に関しても、授業の中で取り上げられた内容のみを評価対象とすべきであることが強調されている。なお、私立学校では、それぞれ独自の方法で評価を行っている。

公立学校における成績評価は得点制となっており、75％以上の得点が合格と見なされ、不合格の場合でも最低得点は65％と定められている。同様の基準が、ブリッジ・プログラムの生徒たちに対する成績評価でも適用される。

定期試験は、基礎問題が60％、応用問題が30％、発展問題が10％で構成されるよう、省令で指示されている。定期試験の得点は年4回(前期2回、後期2回)集計され、「(生徒が獲得した総得点÷各試験の満点の合計)×100」の公式に基づき、割合として算出される。この割合と定期試験以外の評価項目の成績とを**表4-4**に示した配点で計算して学期ごとの成績が示され、それらの平均が学年成績として算定される。

ちなみに評価項目の中で「授業参加／実演」には、演劇、音楽、舞踊、朗読、スピーチ、理科実験など、個人的あるいは集団的な学習活動が含まれている。「成果物／プロジェクト」としては、研究レポート、読書感想文、観察日誌などが含まれている。また、生徒の感情・思考・姿勢などを評価する「態度(behavior)」の項目に関しては、すべての教科担当教員が評価プロセスに貢献することが期待されており、そこでの評価は「価値教育」の成績に反映される。

図4-3は、中等学校で実際に用いられている成績表である。成績表を見ると分かるように、上述の基準で採点された学業成績に加えて、「健全な性質・習慣・価値・良い倫理観の発達に関する評価」という題目の下に、「学校で養

表4-4　成績評価項目の配点

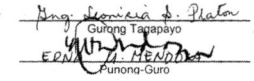

評価項目＼科目	フィリピノ語	英語	理科	数学	AP	TLE	MAPEH	EP
定期試験	25%	25%	25%	15%	20%	25%	25%	25%
小テスト	—	10%	10%	15%	20%	10%	10%	—
単元テスト	—	—	—	15%	—	—	—	—
授業参加／実演	50%	40%	35%	30%	30%	20%	15%	40%
成果物／プロジェクト	25%	25%	20%	25%	20%	20%	25%	25%
宿題	—	—	10%	—	10%	—	—	—
態度	—	—	—	—	—	—	—	10%

出典：教育省令33条（2004年）から作成。

図4-3　中等学校の成績表

われる性質・習慣・倫理観」についても評価が行われ、合否判定をしている。そして、①学業成績、②性質・習慣・倫理観、③出席状況の3つの観点から

総合的に評価が行われ、次学年への進級の可否が判断される。

4. 中等学校教員の養成と研修体制

(1) 中等学校教員の資格

フィリピンの中等学校で教えるには専門職規制委員会(Professional Regulation Commission)による資格が必要である。専門職規制委員会は、現在42の分野の専門職について国家試験を実施し、国家資格を管理している。教員資格はその1つである。

1994年に「フィリピン教員専門職化法」(共和国法第7836号)が制定され、フィリピンの教員資格制度の改革が行われた。国家試験の受験資格は以下の条件を満たす者である。①フィリピンの国民もしくはフィリピンと教員職において協定などのある国籍の外国人であり、②18歳以上であり、③健康であり信頼される人物であり、④高い倫理観を持ち、⑤犯罪歴がなく、⑥教員養成およびそれに順ずる学士号を持っていることである。学士号については、教員養成以外の学部を卒業した場合でも、その学士号の種類によって10単位もしくは18単位の教職課程を履修すれば受験資格が与えられる。

中等教育教員のための国家試験は一般教養、教職教養、科目教養からなり、それぞれの配点比率は、それぞれ20％、40％、40％である。一般教養は、英語25％、フィリピノ語15％、数学20％、自然科学20％、社会科学20％の5領域から構成される。教職教養は、教育原理25％、教育方法25％、評価方法25％、社会哲学25％から構成される。科目教養は、科目別に試験範囲とその配点比率が定められている。例えば社会科の場合、フィリピンの政府と憲法15％、フィリピンの地理13％、フィリピン史15％、ホセ・リサールなどの英雄7％、フィリピン経済10％、社会と文化10％、世界の地理5％、世界史5％、マクロ経済学とミクロ経済学5％、人類学5％、哲学5％、アジア研究5％である。一般教養、教職教養、科目教養の全体の合計で75％以上の得点を取得した者が合格となる。

2009年の統計では、69,976人が教職資格(中等教育段階)の国家試験を受

験し、23.9％に当たる16,738人が合格している。この試験は、例年、受験者の3割程度しか合格しておらず、合格率の低い国家試験の1つである。試験に合格した者は、専門職規制委員会のホームページ上で名前が公開される。また大学別の合格者数も公開される。高等教育委員会では労働市場における需要と供給のギャップについて将来予測分析をしているが、教員養成分野は供給が需要に追いつかなくなると予測されている。

(2) 中等学校教員の養成と研修の動向

1994年5月に制定された「高等教育法」（共和国法第7722号）によって、高等教育局が教育文化スポーツ省（現在の教育省）から分離され、大統領府の下に高等教育委員会（Commission on Higher Education）として設置された。こうして中等教育を管轄する組織と高等教育を管轄する組織が、政府の組織図の上で分離された。この組織改革は、中等教育教員を供給する高等教育機関と中等教育教員を採用する需要側の間に隔たりが出る可能性を高めた。そのため、両者の連携を高めるための措置が必要であると認識された。

政府は、1994年6月に「卓越した拠点形成と教員養成協議会の設置によるフィリピン教員養成の強化とその他の目的に対する基金に関する法律」（共和国法第7784号）を成立させた。この法律によって、教員養成の拠点形成としてCOE（Centers of Excellence）とCOD（Centers of Development）が設置された。COEとCODの違いは、COEが卓越した拠点であるのに対し、CODはCOEと比較すると水準はやや劣るが、近い将来COEに格上げされることが期待されている拠点である。

教員養成の拠点として、2010年現在でフィリピン国内に31のCOEと12のCODが設置されている。教員養成の拠点は教員養成協議会によって、公立および私立機関から行政区域ごとに1機関以上が選ばれる。教員養成の拠点に選定されるには、①教員の質、②学生の質、③教育研究環境、④教育プログラムの質、⑤学生の発達プログラム、⑥学生サービス、⑦社会貢献、⑧教職への就職率、⑨その他からなる9つの領域から審査される。

教員養成の拠点は次のような役割が求められる。①教員養成・研修プログ

ラムの開発、②教員養成に関する研究、③カリキュラムおよび教材のリソースセンターとしてのサービス、④行政区域内の教員養成のネットワークづくり、⑤教員養成機関への専門的知識の提供、⑥行政区域内の教員養成機関の相互サポートの奨励、⑦教員養成機関のアクレディテーションの奨励である。このように教員養成の拠点となった機関は、その機関の教員養成の質を強化すると同時に、地域ネットワークの中でリーダーシップをとり、フィリピンの教員養成全体の質の底上げに貢献することが期待されている。

　教員養成協議会は、教育省、高等教育委員会、国家文化芸術委員会、専門職規制委員会からの代表者、教員養成の専門家などから構成され、フィリピンの教員の資質向上を目指している。その役割は、①教員養成の拠点の選定、②教員養成の質向上を目指した政策や基準の制定、③定期的なカリキュラムとプログラムの評価、④優れた中等教育卒業者に対する奨学金の支給、⑤教員養成機関間のコンソーシアムの奨励、⑥共同プログラムや共同プロジェクトの設計、⑦政策形成のための研究、⑧現状の法律と新しい法律の評価、⑨政府執行部などへの提言、⑩他省、関連機関、地方自治体への協力要請である。

　このように各行政区域ごとの教員養成の拠点形成と教員養成協議会の設置により、教員養成・研修の質を向上しようとしている。教員養成の質向上は、教職資格の合格率を向上させ、今後拡大すると予測されている需要に対応することもねらいに含まれている。

　「フィリピン教員専門職化法」によって、現職教員への継続的な研修を促進する制度も整えられた。現職教員は少なくとも5年に1度、無償で口頭および筆記による試験を受ける機会が与えられた。この試験に合格した教員は、修了証明書が与えられ、給与の増加およびより高い地位への昇進のための評価ポイントを得ることができる。また、政府の奨学金対象者の優先的なリストに加えられるなどのインセンティブが与えられる。

　一方、この試験に不合格だった教員は、再受験することが求められる。2回目の受験で不合格だった教員は、研修プログラムを受けた上で、再度受験することが許可される。但し、この現職教員対象の試験は、教員の資質向上を目指したものであり、たとえ不合格であっても解雇や降格につながること

はないと定められている。

5．中等教育と高等教育との連関

(1) 進路先としての高等教育

中等教育が4年間と短いため、高等教育へ進学する者も多い。フィリピンには、2010年で2,180校の高等教育機関がある。そのうち、公立機関は607校であり、私立機関は1,573校である。

高等教育段階の学生数は、2009年度で277万965人である。就学者数の約3分の1が公立機関に所属しており、3分の2が私立機関に所属している。

表4-5は、専門分野別の就学者数である。経営学関連が最も多く、医学関連、教育学・教員養成、工学と続いている。一方、職業と直接的に結びつかない学問分野の就学者数は少ないことが分かる。

多くの学問分野の学士課程の就学年限は4年である。4年以上の就学年限の学問分野には、医学8年、獣医学6年、歯学6年、工学5年、建築学5年、法学8年などがある。大学院修士課程は2年間、博士課程は3年間である。

(2) 高等教育機関への入学者選抜方法

高等教育機関への入学資格は、教育省の認可する中等学校または海外の中等学校を卒業した者、もしくは

表4-5　専門分野別の高等教育就学者数（2009年度）

教養	14,198
教育学、教員養成	352,046
芸術	16,682
人文学	28,089
宗教	6,943
社会学	76,546
経営学関連	724,215
法律	20,144
自然科学	24,127
数学	12,154
情報技術	348,462
医学関連	440,335
商業	3,833
工学	344,662
建築、都市計画	20,441
農業、林業、水産業、獣医	59,692
家政	5,149
サービス業務	36,355
マスコミュニケーション	30,994
海事教育	88,450
その他	117,448
合計	2,770,965

出典：National Statistical Coordination Board, *2010 Philippine Statistical Yearbook*, 2011, pp.10-19.

フィリピン教育検定試験（Philippine Educational Placement Test）によって大学入学資格を認められた者である。

1994年までは大学進学者は全国大学入学試験（National College Entrance Examination）を受験することが必要とされていた。しかし、共和国法第7731号により全国大学入学試験は廃止され、代わって全国中等教育能力試験が導入された。全国中等教育能力試験は75％という水準が設定されており、それ以下の得点では4年制大学には出願できず、2年制の職業訓練コースを選択することになっている。

各大学は独自の入学者選抜を行っている。入学者選抜の時期と方法は多様であるため、以下ではフィリピン大学、デ・ラサール大学、ＡＭＡコンピュータ大学の入学者選抜の方法を紹介する。

フィリピン大学の場合

フィリピン大学はアメリカの州立大学をモデルとした旗艦大学であり、政府の財政配分が最大の公立機関である。フィリピン大学は、フィリピン国内に6つのキャンパスを持つが、フィリピン大学入試課がすべての学士課程入学者の選抜を行っている。

フィリピン大学に入学するためには、UPCAT（UP College Admission Test）と呼ばれる試験を受ける必要がある。このUPCATの成績と中等学校の調査書によって総合的に評価される。UPCATの試験科目は、語学の熟達度、文章読解力、数学、理科の4科目である。中等学校の調査書は中等学校の1年から3年までの成績が対象になる。中等学校の成績にかかわらずUPCATを受験することはできるが、UPCATの受験は1度のみと限定されている。

UPCATの受験を申請するときは、専用の願書に記入する必要がある。願書で求められる情報は、受験者の属性情報、出身高校情報、希望するキャンパスと専攻、フィリピン大学の教職員の親の有無、連絡先情報、家庭環境（両親の最終学歴、職業、年収、兄弟姉妹の有無など）、他大学への受験の計画の有無、UPCATの補習コースへの参加の有無である。

また、中等学校の情報、正式な署名入りの成績証明書、写真、受験料を追

加して大学に送付する。受験料は家族の総収入が8万ペソ以下である場合、もしくは公立学校で上位10位以内の学生であると証明される場合に免除される。願書の締切は6月中旬である。

受験票を受け取り、8月にUPCATを受験する。翌年2月に選抜結果が受験者および中等学校に届き、新聞やフィリピン大学のホームページ上で公開される。UPCATの上位50位以内の受験生に対して奨学金が支給されるが、これらの情報もホームページ上で公開される。

デ・ラサール大学の場合

デ・ラサール大学は、教育および研究において高い質を誇るカトリック系の私立大学である。デ・ラサール大学の入学者選抜の時期はフィリピン大学よりも約3か月遅れる。出願書類の受付は7月から9月である。出願に必要な書類は、専用の願書、中等学校における1年次から3年次までの成績証明書、推薦状(中等学校校長、担任教員、進路指導カウンセラーの中から2名によるもの)、写真、出生証明書である。専用の願書には、受験生の個人情報、小学校からの教育歴、希望する専攻、家庭環境(両親の最終学歴、職業、兄弟姉妹の有無など)、デ・ラサール大学の教職員の親の有無、デ・ラサール大学の卒業生の親の有無、出願の動機、受賞歴、学校およびその他の組織における活動、奨学金への申請の有無を記す。

入学試験は10月もしくは11月に行われ、翌年1月に結果が電報で受験者に知らされる。同時に大学のホームページ上でも氏名が公開される。さらに奨学金支給対象の候補者の名前もホームページ上で公開される。

ホームページ上での情報発信も充実している。すでに述べたような入学に関する情報や出願書類はもちろんのこと、出願希望者に対しては広報ビデオを、合格者に対してはオリエンテーションビデオがホームページ上で閲覧できるようになっている。

AMAコンピュータ大学の場合

AMAコンピュータ大学は、近年急速に拡大した私立大学である。1980

年に13人の学生からなる小さな学校として設立された大学であったが、情報通信技術の時代を背景に学生数とキャンパス数を拡大させ、現在では15万人の学生、フィリピン国内外に200以上のキャンパスを持つ大学である。AMAコンピュータ大学のパンフレットでは、「アジアにおける最初で最大のIT大学」であることを誇っている。

AMAコンピュータ大学の入学プロセスは、フィリピン大学やデ・ラサール大学とは大きく異なる。まず特定の入学者選抜の期間は設けられていない。入学希望者は、中等学校の成績証明書、推薦状、写真、封筒を持参して大学に行き出願書類を作成する。受験料を支払った後に、ガイダンス・オフィスで試験を受ける。試験の結果は直後に知らされる。その後、カリキュラムや履修登録などの説明を受け、希望の学部の学部長などと面接をして、入学が認められれば登録される。

このようにAMAコンピュータ大学では、簡潔なプロセスで入学者の選抜がなされている。この入学者選抜の方法は特別なケースではなく、大部分の大衆型私立機関において採用されている。

以上見てきたように、1988年の無償化以降、フィリピンの中等教育は積極的な拡充が図られてきた。その背景には、質の高い基礎教育をすべての子どもたちへ提供することにより、人々の公共性を涵養し、国家としての統合を確実なものにしようとする、多民族国家フィリピンの国内事情もある。しかしながら、1990年代後半からの学力問題に象徴されるように、量の拡大に伴う教育の質の低下が顕在化し、フィリピン政府としてもさまざまな教育改革に着手せざるをえなかった。一連の改革努力の成果が、「2002年基礎教育カリキュラム」の導入であったと言えよう。

多くの先進諸国では現在、「市民性の教育」を推進するための教育改革が進んでいるが、その背後には常にそうした教育と学力問題とをいかに両立させていくかという課題が突きつけられている。このような問題は、いわゆる発展途上国であるフィリピンにおいても共有されている。フィリピンの中等教育の場合、学力向上と公共性の涵養という2つの方向の充実が求められて

いる。

　そのため、フィリピンの中等教育は、量的拡大と質的向上という2つの方向の間のジレンマと、学力向上と公共性の涵養という2つの方向の間のジレンマの、二重のジレンマを抱えていると言える。この二重のジレンマが、変化する外部環境によって揺れ動かされている。二重のジレンマは他の東南アジア諸国と共有する課題であるかもしれないが、フィリピンの教育システムは固有の制度的条件を持っている。それは、中等教育が4年間という短い教育課程であるということである。また、前期後期に分離されないため、中等教育は基礎教育の一部であると同時に高等教育への準備段階である。つまり、4年という短い期間に多くの役割を期待される中等教育という制約条件の下で、二重のジレンマに対応しなければならない点にフィリピン固有の課題があると言えよう。すでに見たようなマカバヤンという科目の導入やブリッジ・プログラムという準備学級の導入などは、制約条件の下での二重のジレンマへの政府の対応策と見なせよう。

　フィリピン固有の4年間の中等教育の教育年限については、現在見直しが進められている。2012年に、政府は6-4制（初等教育6年、中等教育4年）から6-4-2制（初等教育6年、中学校教育4年、高等学校教育2年）に移行を目指す「K-12基礎教育プログラム」計画を発表した。現在の中等教育を中学校教育と位置づけ、2年の高等学校教育を新たに加えるという計画である。この制度改革は、基礎教育の充実に加えて、ボローニャ・プロセスやワシントン協定など国を越えた学生や労働者の流動の枠組みにあわせることを目的としている。計画どおりに進めば、2016年度から高等学校教育が開始されることになる。

　中等教育の年限延長という制度改革は、大学生の3分の2を収容している私立高等教育機関の経営に大きな打撃を与えるなどの危険性を伴う。しかし、この大きな制度改革をうまく乗り越えることができれば、量的拡大と質的向上の両立および学力向上と公共性の涵養の両立の課題解決に向けた大きな前進になると考えられる。

参考文献

石田憲一「フィリピンにおけるバランガイ・ハイスクールの設立過程に関する考察」『比較教育学研究』第21号、1995年、49-59頁。

北村友人「フィリピンにおける基礎教育カリキュラムの導入：「愛国心（マカバヤン）」教育と学力向上への影響」『上智大学教育学論集』第45号、2011年、39-50頁。

北村友人「東南アジア・南アジア―多様な『開発途上国』：教育へのアクセスから質へ―フィリピン・カンボジア・バングラデシュ」佐藤学・澤野由紀子・北村友人編『揺れる世界の学力マップ』明石書店、2009年、252-286頁。

渋谷英章「フィリピンにおける中等教育の多様化・個性化」『中等学校の多様化・個性化政策に関する国際比較研究』（平成13-15年度科学研究費補助金・基盤研究(A)(1)、研究成果報告書、研究代表者・望田研吾）、2004年。

清水静海「フィリピン理数科教師訓練センタープロジェクト」『筑波大学教育開発国際協力研究センター：協力経験集約データベース（Philippines）』2002年。

中井俊樹「フィリピン―私学依存型高等教育システムの戦略」馬越徹編『アジア・オセアニアの高等教育』玉川大学出版部、2004年、171-191頁。

中里彰「フィリピン―植民地的状況からの脱却をめざして」馬越徹編『現代アジアの教育』東信堂、1993年、171-193頁。

長濱博文「フィリピン中等教育におけるマカバヤン導入の意義―価値教育の展開を中心に―」『九州大学大学院教育学コース院生論文集』第4号、2004年、127-149頁。

Commission on Higher Education, *Medium-Term Development Plan for Higher Education 2005-2010*, 2007.

Commission on Higher Education, *Medium-Term Higher Education Development and Investment Plan 2001-2004*, 2001.

Department of Education, *Basic Education Information System: Indicators in Public Elementary and Secondary Education SY 2002-2003*, 2004.

Department of Education, *Basic Education Statistics,* 各年度版。

Duka, Cecilio D., *Reviewer for the Licensure Examination for Teachers, Second Edition*, Manila: Manila Review Institute, 1999.

National Statistical Coordination Board, *Philippine Statistical Yearbook,* 各年度版。

第5章　ベトナム
―― 新カリキュラムの導入で国際水準を目指す

近田政博

1. 教育制度の歴史的背景と現状

(1) 歴史的背景と最近の教育動向

　現在のベトナムの教育制度は5-4-3制をとっている。すなわち5年制の初等教育(小学校)、4年制の前期中等教育(中学校)、3年制の後期中等教育(高校)であり、これらの学校の教育年限、教育内容・方法については教育法の中で規定されている。小学校と中学校の9年間は義務教育とされており、このうち公立小学校では授業料は徴収されない。

　1975年に南北統一されるまで、ベトナムには2種類の教育制度が存在した。旧北ベトナム(旧ベトナム民主共和国)では当初は4-3-2制、やがて4-3-3制がとられてきた。現在の制度に比べて当時の修学年限が短いのは、フランス植民地時代には民衆への基礎教育は劣悪な状態に置かれており、独立後の社会主義体制下ではベトナム語による識字・基礎教育を低コストで普及させることが最重要課題であったからである。一方、旧南ベトナム(旧ベトナム共和国)では、仏領時代の5-4-3制が維持され、自由放任・選抜主義的な性格が継承されたため、教育普及は北に比べて大きく後れをとることとなった。

　南北統一(1976年のベトナム社会主義共和国成立)後の教育年限は、5-4-3制で全国統一された。つまり、旧北ベトナム地域の教育年限が2年分延長される形で統一されたことになる。この移行措置は1980-81学年度から1992-93学年度にかけて学年進行方式で実施され、すでに完了している。

　1998年12月にはベトナム史上初めて、全教育段階・全教育形態を網羅する体系的な教育法(全110条)が制定され、翌99年6月に施行された。この法

律は、1986年以来のドイモイ（刷新）路線によってベトナム社会の市場化が進行する中で、これに対応した包括的な教育理念を打ち出すべく策定されたものである。さらに、2005年6月には98年教育法がほぼ全面的に改正され、全120条からなる新教育法（以下、2005年教育法）が制定された。2005年教育法ではすでに一定に普及した教育の質を国際水準にあわせてどのように高めるかという観点から、認証評価、学校評議会、教員免許制度などについて新たに規定されている。現在のベトナムの教育制度は、すべてこの2005年教育法に基づいており、教育法は現行の1992年憲法に基づくという法体系となっている。また、2005年教育法は随時改正が行われている。

　ベトナム教育訓練省は、2001年12月に「教育発展戦略2001-2010」を策定し、現状の到達点と問題点を指摘した上で、各教育段階に応じて2005年および2010年までの教育目標を明確に打ち出した。すべての教育段階に共通の目標として最初に掲げられているのは、2020年までの工業国入りを目指して、「教育の質に関して基本的な発展を遂げる」ことである。ここで言う質的な発展とは、世界の先進国の水準を意識し、かつベトナムの実情に適し、ベトナムの経済・社会の発展に貢献するという意味で用いられている。1990年代に至るまでベトナム教育の基本方針は一貫して量的拡大であり、それは小学校教育の普及などにおいて一定の成果を収めてきた。しかし、教育方法や教育環境は旧態依然としており、試験制度は暗記中心であることが国内外から批判されてきた。21世紀を迎えて「量から質へ」の転換をどう進めるかがベトナム教育の鍵となっている。さらに2012年6月には「教育発展戦略2011-2020」が公布された。

　ベトナム教育訓練省のデータによると、就学率は**図5-1**と**図5-2**のようになっている。図5-1は粗就学率を、図5-2は純就学率を示している。純就学率はいずれの教育段階においてもほぼ一貫して増加してきたが、2005年以降はやや頭打ち状態となっている。小学校では90％以上の純就学率を達成しているものの、中学校は義務教育とはいえ8割程度、さらに高校への進学率は地域差が大きく、5割弱にとどまっている（中級職業学校を含まず）。ベトナム政府は2020年までの就学率目標として、小学校99％、中学校95％、

図5-1 ベトナムの粗就学率

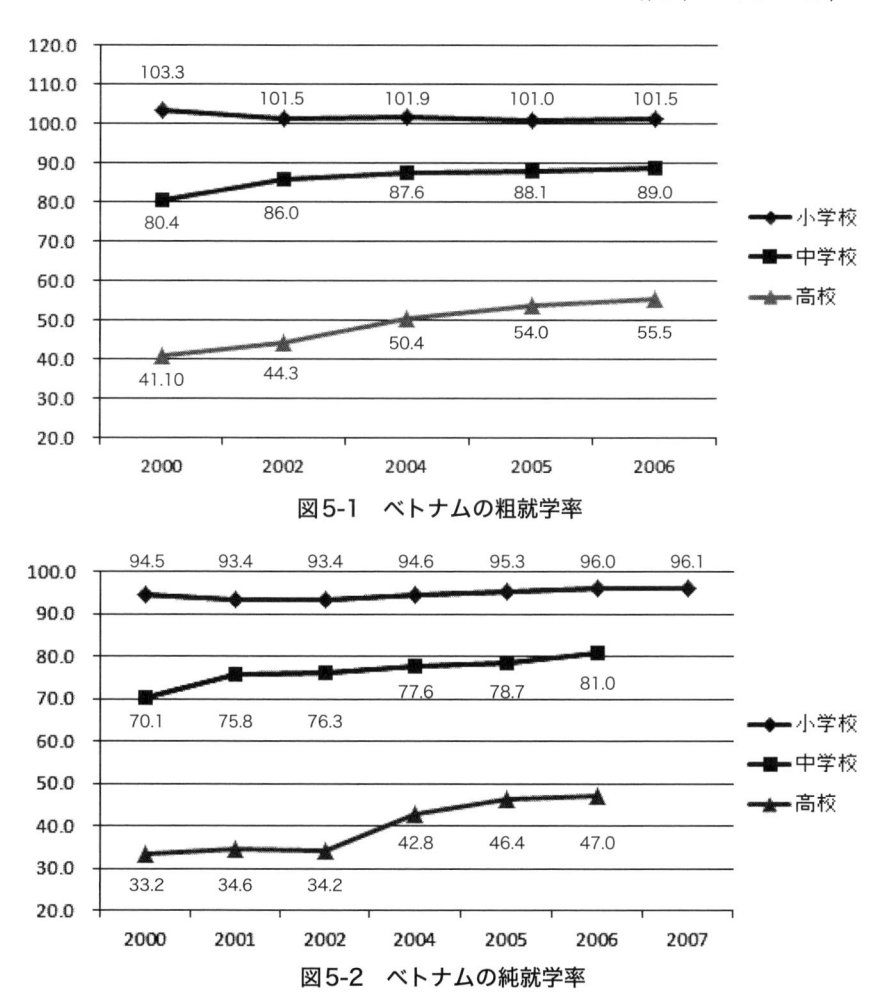

小学校: 2000年 103.3、2002年 101.5、2004年 101.9、2005年 101.0、2006年 101.5
中学校: 2000年 80.4、2002年 86.0、2004年 87.6、2005年 88.1、2006年 89.0
高校: 2000年 41.10、2002年 44.3、2004年 50.4、2005年 54.0、2006年 55.5

図5-2 ベトナムの純就学率

小学校: 2000年 94.5、2001年 93.4、2002年 93.4、2004年 94.6、2005年 95.3、2006年 96.0、2007年 96.1
中学校: 2000年 70.1、2001年 75.8、2002年 76.3、2004年 77.6、2005年 78.7、2006年 81.0
高校: 2000年 33.2、2001年 34.6、2002年 34.2、2004年 42.8、2005年 46.4、2006年 47.0

注：高校には中級職業学校は含まれない。
出典：『21世紀初頭におけるベトナムの教育』教育出版社、2009年5月（政府資料：ベトナム語）、76、151頁（非売品）。

高校もしくは中級職業学校80％という数字を設定している。

（2）教育制度の現状

　ベトナムの教育制度について段階別にまとめると下記のようになる。なお、本章で用いる就学者数は、教育訓練省計画財政局が集計した2010-2011学年

度(2010年9月新学期開始時点)の統計データを用いる(但し就学率は不明)。なお、授業料の額はインフレによってたびたび値上げされることを断っておく。

就学前教育機関としては、託児所 (nha tre) と幼稚園 (mau giao)、およびその両者を兼ねる保育園 (mam non) の3種類がある。託児所では生後3か月から3歳までの乳幼児を預かり、幼稚園では3歳から3歳までの幼児を預かる。保育園では生後3か月から6歳までの乳幼児を預かる。いずれも公立機関と公立以外の機関の両方があり、原則として有料である。量的には、保育園が一番多く、次いで幼稚園、託児所の順である。都市部の夫婦のほとんどは共働きなので、通勤途中に子どもをこれらの機関に預ける人が多い。就学前教育全体の就学者数は約360万人、教員・保育士は約21万人である。

小学校 (truong tieu hoc：原語は「小学校」) は、第1学年から第5学年までの5年制かつ義務教育である。入学年齢は6歳であり、14歳の児童までが就学対象となっている。義務教育なので授業料は無料であるが、教科書・各種教材費、給食代、バス代、制服代などは各家庭の負担となる。2005年教育法の第105条において、「(前略)公立小学校では授業料を徴収しない。学習者本人あるいは学習者の家族は、授業料および入学料以外にいかなる金額も拠出する必要はない」と規定されているが、実際には児童・生徒の家庭はさまざまな諸経費を支弁している。

また、児童の保護者は学校整備のために寄付金を求められることもある。小学校就学者数は全国で約705万人、教員数は約36万人(うち女性教員28万人)、教員1人当たりの児童数は19.6人である。都市部ではほぼ完全普及しているが、山岳地域、少数民族の居住地域では依然未就学者・退学者が少なくない。教室の大多数(99.4％)は公立であるが、都市部には公立以外の学校も存在している。

中学校 (truong trung hoc co so：原語では「基礎中学校」) は、第6学年から第9学年までの4年制かつ義務教育である。入学するには、小学校の卒業資格と11歳に達していることが求められる。就学者数は全国で約497万人、教員数は約31万人(うち女性教員21万人)、教員1人当たりの児童数は約32.9人である。教室の大多数(99.2％)は公立であるが、都市部には民立校や私立校も存在している。授業料は有料であるが、公立中学校では月10万ドン(約400

円)程度に抑えられている。私立中学校の場合は、月100〜200万ドン(4,000〜8,000円)と10倍以上となる。加えて給食費なども必要となる。

　高校(truong trung hoc pho thong：原語では「普通中学校」)は、第10学年から第12学年までの4年制である。入学するには、中学校の卒業資格と15歳に達していることが求められる。就学者数は全国で約283.5万人、教員数は約14.7万人、教員1人当たりの生徒数は約19.3人である。教室の数を見ると公立校の方が圧倒的に多いが(88.3%)、都市部には民立校や私立校も数多く存在している。授業料は有料であるが、月20万ドン(約800円)程度に抑えられている。私立高校の場合は月200万ドン(約8,000円)であり、公立校の10倍ほどになる。

　また、ベトナム政府は早期のエリート教育に対しても関心を払っており、1990年前後からいくつかの高校が「専門高校」(truong trung hoc pho thong chuyen：原語は「専門普通中学校」)として指定されている。専門高校は各省・直轄市に1校ずつ、ハノイには2校が指定されている。「専門」という単語が用いられているのは、通常のカリキュラムに加えて、理数系科目や外国語科目のうち、特定の科目を重点的に教育するという意味である。専門高校には、仏領時代のリセの伝統を受け継ぐ伝統校がいくつかある。

　ベトナムも他の国と同様に少子化が進行し、小学校、中学校、高校のいずれの段階においても就学者数が最近になって減少に転じている(中学校は2006学年度から、高校は2007年度から)。小学校の卒業証明書は当該小学校長によって発行される。中学校の卒業証明書は各県(日本の郡に相当)、大都市の各区および市レベルの教育訓練室長が発行する。高校の卒業証明書は地方各省(日本の県に相当)および中央直轄市の教育訓練局長が発行する。

　社会主義国ベトナムでは、教育と生産労働を結びつけるという観点から、普通教育セクターと並んで職業教育セクターが伝統的に重要な役割を担ってきた。職業教育機関には短大、中級職業学校と職業訓練校の3種類がある。

　中級職業教育(trung cap chuyen nghiep：原語は「専業中級」)は、中学校もしくは高校を卒業した者が入学する課程であり、中級レベルの技術者、専門職の養成を目的としている。就学期間は、中学校卒業者は3〜4年間、高校卒業者

は1〜2年間である。就学者数は約69万人であり、中学校や高校と比較すると規模の面ではかなり小さい。

　ベトナムにおける職業教育の特徴は、全国に290校（68.6％は公立）ある中級職業学校に加えて、多くの短大にも職業訓練課程が設置されており、この課程を卒業すれば短大資格を得ることができることである。約69万人の総就学者のうち、中級職業学校の在籍者数は約27万人、教員は1.8万人である。大学や短大における職業訓練課程の在籍者数は約42万人である。中級職業学校の設置形態は、中央省庁が運営する学校、中央省庁の地方事務所や地方各省が運営する学校など多岐にわたる。これまで数多く設置されていた小学

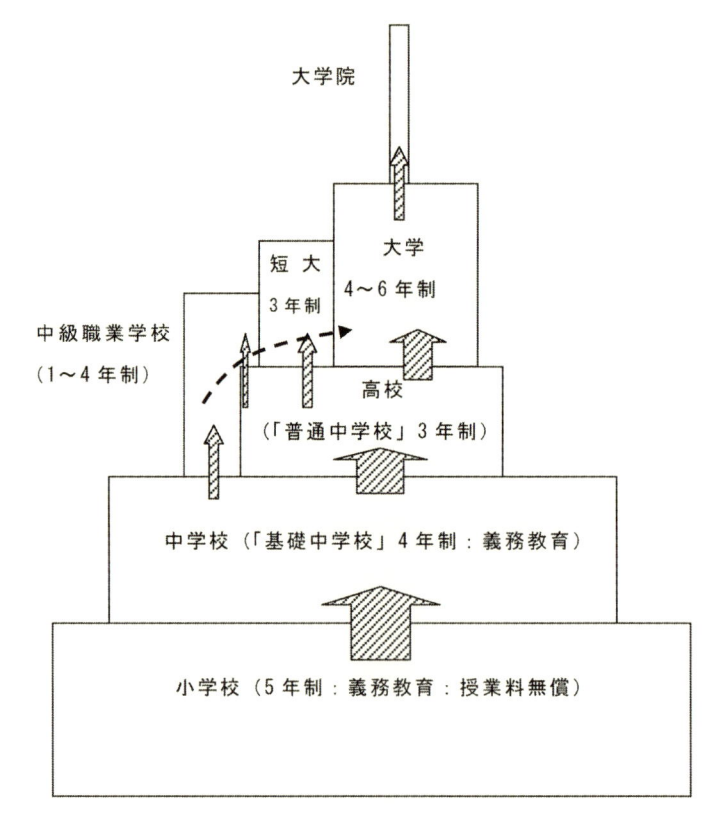

図5-3　現代ベトナムの学校系統図

　注：図中の曲線は、中級職業学校を卒業して短大や大学に進学するケースを指す。

校教員養成のための師範学校は中級職業学校として位置づけられてきた。小学校教員の基礎資格を短大卒以上にアップグレードしようとするベトナム政府の方針で、保育士や幼稚園教員を養成する数校を除いては、2000年以後、一斉に師範短大に改組された。

職業訓練校(day nghe)は技能工の養成を目指し、より実践的な訓練が行われている。同じ職業教育機関である中級職業学校と職業訓練校を比較すると、前者の方が修学年限は長く、数学や英語などの一般教科も多く含まれているのに対して、後者は主に在職者の技術訓練を重視しているという違いがある。

ベトナムではさまざまな理由により、公教育を受けられない児童・生徒(例えばストリートチルドレンなど)のために各種ノンフォーマル教育の機会が設けられている。ノンフォーマル教育機関としては、公的支援による普通学級(lop pho cap)やNGOなどによる慈善学級(lop hoc tinh thuong)などがある(詳細は勢村(2013)を参照)。

高等教育は大学(truong dai hoc：原語は「大学校」)と短期大学(truong cao dang：原語は「高等学校」)、および大学院(sau dai hoc)からなる。大学の学士課程は専攻分野により4〜6制となっており、高校または中級職業学校の卒業を入学資格とする。短大課程は2〜3年制で、大学と同様、高校または中級職業学校の卒業を入学資格とする。留意すべきは、ベトナムにおいて短大課程を指すカオダン(cao dang)という教育用語は、学校としての短大と大学に設置されている短大課程の両方を指すことである。2010-2011学年度現在、大学188校(教員5.1万人)、短大226校(同2.4万人)である。就学者数は学士課程約144万人、短大課程(短大就学者と大学における短大課程就学者の合計)約73万人、大学院課程6.7万人(うち博士課程4,683人)であり、高等教育機関の総就学者は約223万人となる。学士課程在籍者約144万人のうち、フルタイム学生は約96万人であり、社会人の在職課程にも約46万人が在籍している(その他の課程の就学者も若干あり)。

大学の授業料は有料であり、その額は各学科レベルで決めることができる。国公立大学では月30万ドン(約1,200円)程度であり、比較的安価に抑えられている。一般に、理科系大学・学部の授業料は文科系大学・学部よりも高く、

民立および私立大学の授業料は国公立大学の数倍程度である。また、1年生の場合は入学成績、2年生以上は通常の試験成績によって奨学金の額が決められている。ベトナムには次のような種類の大学がある。

① 「国家大学」(Dai hoc quoc gia)：ハノイとホーチミンに1校ずつ設置されているベトナムを代表する国立大学。1993年以降に従来の文理型大学と単科大学のいくつかを統合して「センター・オブ・エクセレンス」を目指し、「国家大学」の名称の下に設立された。教員数や研究費などの面で他大学よりも優遇されている。国家大学では傘下の教育組織を「学部」と呼ばずに「大学」という名称が付されている。
② 国立の地方総合大学：フエ大学、ダナン大学など地方の拠点都市に設置されている。国家大学と同様に、教育訓練省が直轄している。国家大学と同様に、傘下の教育組織を「学部」と呼ばずに「大学」という名称が付されている。
③ 国公立の単科大学：ハノイ工科大学、ハノイ医科大学など多数。南北統一以前からの伝統校が多い。旧ソ連型の単科教育主義をとり、教育訓練省以外の中央省庁が所轄する大学が多い。首都ハノイに多く存在し、ベトナム高等教育の中核を形成している。
④ 公開大学：通信制を主体としており、1993年以降にハノイとホーチミンに1校ずつ設立された。インフラ整備は国が出資するが、経常費の大部分は授業料収入などによって独立採算に近い方式をとっている。受講生はコース単位で履習する。
⑤ 民立および私立大学：90年代に入ってから有志によって設立され、都市部で増加傾向にある。188校中、50校が民立大学(truong dai hoc dan lap)もしくは私立大学(truong dai hoc tu thuc)である。就学者数では全体の13.2%（19.0万人）を占めている（民立および私立大学の詳細は関口(2013)を参照）。
⑥ 短期大学：全226校中、196校が公立、30校は民立あるいは私立である。就学者数では全体の19.9%（14.4万人）を占めている。大学が大都市に集中しているのに対し、短大は地方にも多く設置されている。多くの地方

各省には小学校・中学校教員の養成を行う師範短大が設置されている。

大学院には1～2年制の修士課程(trinh do thac si)と博士課程(trinh do tien si)(修士課程修了者には2～3年制、学士課程卒業者には4年制)があり、博士課程は就学年限の延長が可能である。大学院は一般的に大学内に設置されるが、科学研究院など大学以外の研究機関が博士課程を開設することもできる。

2．入学者選抜と卒業認定

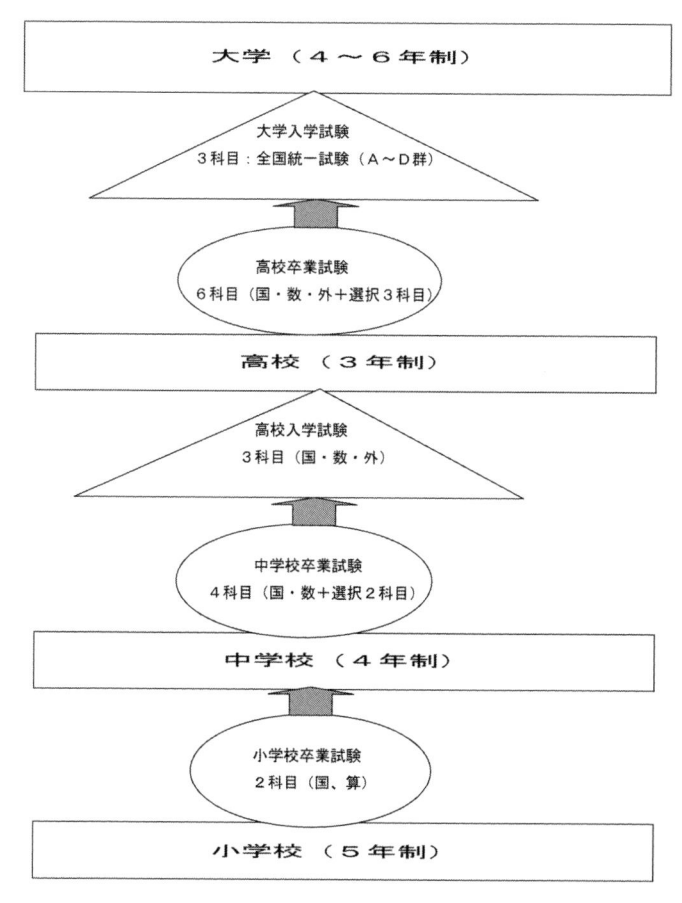

```
大学（4～6年制）
  ↑
大学入学試験
3科目：全国統一試験（A～D群）
  ↑
高校卒業試験
6科目（国・数・外＋選択3科目）
  ↑
高校（3年制）
  ↑
高校入学試験
3科目（国・数・外）
  ↑
中学校卒業試験
4科目（国・数＋選択2科目）
  ↑
中学校（4年制）
  ↑
小学校卒業試験
2科目（国、算）
  ↑
小学校（5年制）
```

図5-4　ベトナムの進入学システム

注：国—ベトナム語、算—算数を指す。

ベトナムの進入学システムは**図5-4**のとおりである。ベトナムでは、中学校から高校、高校から大学への進学時に、卒業試験と入学試験の両方を合格しなければならない複雑な仕組みとなっている。また、専門高校や大学の附属学校を除き、公立学校では小学校から高校までは学区制が敷かれている。ただし、特別な理由があれば学区外の学校に進学することも可能である。

(1) 中学校の入学・進級・卒業認定

ベトナムでは中学校に入学するには、小学校の卒業資格が必要である。小学校を卒業するためには、最終学年(第5学年)に実施される全国統一卒業試験に合格しなければならない。実施科目はベトナム語と算数であり、試験内容は全国共通である。実際には、ほとんどの生徒は合格しており、難易度は高くない。

中学校を卒業するためには、中学4年生(第9学年)の卒業直前の5月に全国統一卒業試験に合格しなければならない。試験問題は全国共通で教育訓練省が作成している。科目はベトナム語と数学が必修、さらに外国語、歴史、地理、物理、化学、生物の中から選択科目として2目受験しなければならない。難易度はそれほど高くなく、高校進学を希望する生徒の大部分は合格している。

(2) 高校の入学・進級・卒業認定

高校に入学するには、中学校の卒業資格に加えて、高校の入学試験を合格しなければならない。毎年7月上旬には専門高校の、7月下旬には一般の高校の入学試験が行われる。試験科目はベトナム語(文学)、数学、外国語の3科目である。試験問題は各省の教育訓練事務所が作成するが、専門高校の場合は独自の問題を作成することができる(比較的難易度が高い)。専門高校と一般の高校の受験日は異なるため、併願受験が可能である。

高校を卒業するためには、高校3年生(第12学年)の卒業直前の5月末〜6月上旬に、全国統一卒業試験をパスしなければならない。受験科目は6科目であり、必修科目はベトナム語(文学)、数学、外国語の3科目、これに加えて、

歴史、地理、物理、化学、生物の中から選択科目を3科目受験する。6月中旬には結果が発表される。このうち、進学希望者は7月上旬に全国統一の大学入学試験を受けることになる。高校卒業試験で特別に優秀な成績を修めた者に対しては、入試成績にボーナス点(1～2点)が与えられる。

(3) 成績証明と卒業証書

```
                    ベトナム社会主義共和国
                      独立－自由－幸福


                        学業成績簿

                         高等学校



氏名                          性別
生年月日                        出生地
民族                          革命烈士・傷病者の子弟かどうか
現住所
父親の氏名                       父親の職業
母親の氏名                       母親の職業
その他の保護者                     その他の保護者の職業

                              発行した都市、発行日
                              在籍した学校長の署名・校印




                        学習の過程
```

年度	学年	学校名・地区名	転入学の記録
1995/96	10G	ビエット・ドウック高校、ホアンキエム区	
1996/97	11G	同上	
1997/98	12G	同上	

図5-5　高校の成績証明書の例

氏名 ○○○○○	学年	12G		年度	1997/98	
科目	平均点			再試験	担当教員の氏名・署名	
	I 学期	II 学期	通年			
数学	6.9	7.3	7.2		可〜良	署名
物理	6.8	5.3	5.8		可	署名
化学	5.3	5.5	5.4		可	署名
生物	5.1	5.5	5.4		可	署名
技術	6.8	7.4	7.2		良	署名
文学・ベトナム語	5.6	5.9	5.8		可〜良	署名
歴史	7.4	5.6	6.2		可	署名
地理	5.3	7.3	6.6		良	署名
公民	7.1	7.3	7.2		良	署名
外国語	7.4	6.9	7.1		良	署名
体育	7.1	6.9	7.0		良	署名
国防教育						
総平均	6.4	6.5	6.5			

図5-6　高校の成績証明書の例

高校名 ビエット・ドウック高校		地区名 ホアンキエム		都市名 ハノイ	
学期	学力	品行	欠席日数	再試験・品行更正後の結果	進級判定
I 学期	可	良	0		
II 学期	良	優	2		
通年	良	優	2		

保有する職業資格：
学校以外での表彰：
その他の特技：

担任教員の所見：

校長の確認：

日付
校長署名・校印

図5-7　高校の成績証明書の例

　高校の成績証明書（Hoc Ba）は**図5-5**、**図5-6**、**図5-7**のとおりである。高校の卒業証明書は**図5-8**のようになっている。

成績証明書はＡ４サイズの小冊子になっており、表紙には「教育訓練省　学業成績簿　高等学校（あるいは中学校）生徒氏名」と記されている。表紙をめくると、中表紙が図5-5のようになっている。記入項目の中にはベトナム独特の項目、例えば出身民族（人口の約80％を占める狭義のベトナム民族の場合は、「キン」（京）と記される）、戦時中の革命烈士・傷病者の子女かどうか、などがある。下部には在籍した学校名・地区名、転入学の記録が記されている。

さらにめくると、学年ごとの成績記録が見開きで記されている。図5-6は見開きの左側、図5-7は見開きの右側である。中学校と高校の学業成績は、年２回の期末試験の他、学期中に行われる他の試験（中間試験など）を総合した平均点と日常の学習態度によって評価される。図5-6を見ると、各科目別にＩ学期とII学期の各平均点、および通年の平均点（10点満点の絶対評価）がつけられている。さらに、この平均点に基づいて、各科目の担当教員が署名とともに優・良・可・不可の評定を行っている。

ベトナムの成績評定では、およそ８点以上が「優」（gioi あるいは tot あるいは xuat sac）、７点以上が「良」（kha）、５点以上が「可」（trung binh：原語では「平均」）、５点未満が「不可」（kem）として評定され、可以上が合格となる。再試験を求められる「弱」（yeu）という評定もある。学校によって評定基準・方法には若

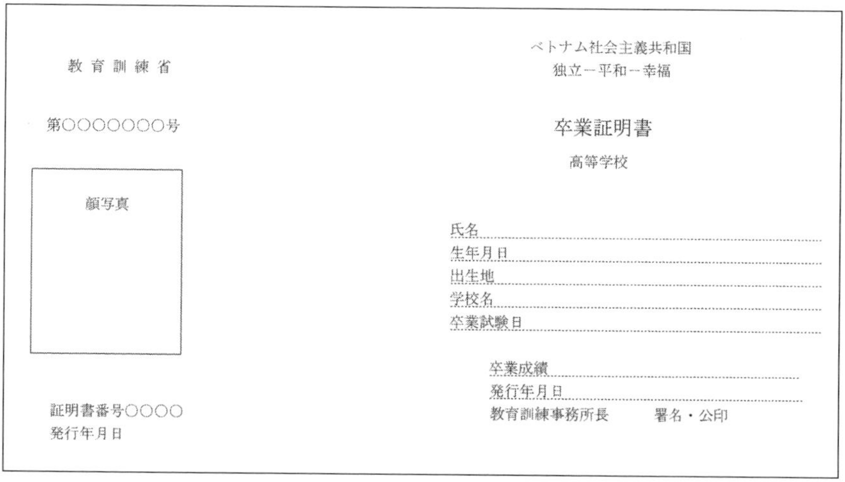
教育訓練省

第〇〇〇〇〇〇〇〇号

顔写真

証明書番号〇〇〇〇
発行年月日

ベトナム社会主義共和国
独立－平和－幸福

卒業証明書
高等学校

氏名
生年月日
出生地
学校名
卒業試験日

卒業成績
発行年月日
教育訓練事務所長　署名・公印

図5-8　高校の卒業証明書

干の違いがある。

　図5-7は学級担任の教員が記入する欄である。学期ごと、および通年の学力、品行、出欠状況について担任が総合的に判断して記入する。さらに、職業資格や表彰、特技などを付記する欄もある。最後に担任教員の所見と校長の確認欄があり、日付と校長署名・校印が記されている。

　図5-6は高校の卒業証明書(Bang Tu Tai)であり、実物はパスポートほどの大きさの手帳形式になっている。中身は見開きになっており、左側に顔写真と発行番号、発行年月日の欄がある。右側は、氏名、生年月日などに加えて、卒業試験の期日とその結果(点数ではなく、優・良・可・不可の評定)が記されている。その他、発行年月日と発行主体である地方各省あるいは直轄市の教育訓練事務局長の署名・公印が記される。卒業証明書の法的根拠については、2005年教育法第31条に次のように規定されている。

1. 小学校の課程を修了し、教育訓練大臣の定めるすべての条件を満たした児童については、小学校課程を修了したことを小学校長が児童の成績表に明記する。
2. 中学校の課程を修了し、教育訓練大臣の定めるすべての条件を満たした生徒は、各県、区、市単位の教育訓練室長により、中学校の卒業証書が発行される。
3. 高校のカリキュラムを修了し、教育訓練大臣の定めるすべての条件を満たした生徒は、卒業試験に合格すれば、地方各省、中央直轄市の教育訓練局長により、高校の卒業証書が発行される。

3．中等教育課程の特色

　ベトナムの学校は2学期制で、9月から翌年1月までが第1学期(18週間)で、旧正月(テト)明けの2月から5月まで(17週間)が第2学期である。1学年は35週間である。9月初旬に入学式や始業式が行われ、翌1月には第1学期の期末試験が行われる。第2学期末の5月には学年末試験が行われる。5月末

に終業式が行われる。

　1週間の授業時間数は30時間前後である（1時限：45〜50分間）。授業は月〜金曜に行われ、土曜を休みにする学校が増えている。日曜日は休みである。かつては多くの学校が午前授業あるいは午後授業の2部制をとっており、生徒も教員も学校にいるのは半日だけというのが一般的であった。今日では、新カリキュラムの導入によって都市部の大部分は午前と午後の全日制をとっており、学校で給食が出されることが多い。小学校と中学校のカリキュラムは全国統一されている。一方、高校のカリキュラムはそれぞれの置かれた状況や進路指導方針によって弾力的な運用がなされている。

(1) 教育課程の構造

　中学校のカリキュラムは表5-1のとおりである。2002-2003学年度から新カリキュラムが導入され、これに伴い教科書も一新されている。週当たりの

表5-1　中学校の新カリキュラム（主要科目の週当たり授業時間数、2002-2003学年度）

学　　年	第6学年 中学1年	第7学年 中学2年	第8学年 中学3年	第9学年 中学4年	合　計
数学	4	4	4	4	16
理科－物理	1	1	1	2	5
理科－化学	0	0	2	2	4
理科－生物	2	2	2	2	8
国語（ベトナム語）	4	4	4	5	17
歴史	1	2	1.5	1.5	6
地理	1	2	1.5	1.5	6
公民	1	1	1	1	4
外国語	3	3	3	2	11
芸術－美術	1	1	1	0.5	3.5
芸術－音楽	1	1	1	0.5	3.5
工芸	2	2	2	2	8
体育	2	2	2	2	8
総合的学習			2	2	4
学級活動	1	1	1	1	4
学校活動	1	1	1	1	4
合　　計	25	27	30	30	112

出典：Bo giao duc va dao tao, *Chuong trinh trung hoc co so*（教育訓練省『中学校カリキュラム』2002年1月24日決定）.

授業時間数を科目別に見ると、4年間の合計時間数は、国語（ベトナム語）17、数学16、理科17、地理・歴史・公民16、外国語11となっている。全体的な傾向としては学年が進むにつれて、理科科目の授業数が増えている。外国語については、大多数の生徒は英語を学習している。また、新カリキュラムでは特定の主題に基づいて学ぶ、日本の「総合的な学習の時間」に類似した科目が設けられている。

高校については、2006-2007学年度から新カリキュラムが導入されている（表5-2）。新カリキュラムの目標は、2020年の工業国入りを目指すベトナムに貢献できる人材を養成することである。すなわち、高い科学リテラシー、外国語の運用能力、自発的・創造的な学習態度を形成することが求められている。従来のカリキュラムでは週当たり24〜26.5時間であったが、新カリキュラムでは28〜29.5時間に増加している。また、自然科学系クラス（いわゆる理系進学クラス）、社会科学系クラス（いわゆる文系進学クラス）、基礎ク

表5-2-1 高校の新カリキュラム（自然科学系クラス：主要科目の週当たり授業時間数）

学 年	第10学年 高校1年	第11学年 高校2年	第12学年 高校3年	合 計
国語（ベトナム語）	3	3.5	3	9.5
数学	**4**	**4**	**4**	**12**
公民	1	1	1	3
理科－物理	**2.5**	**2.5**	**3**	**8**
理科－化学	**2.5**	**2.5**	**2.5**	**7.5**
理科－生物	**1.5**	**1.5**	**2**	**5**
歴史	1.5	1	1.5	4
地理	1.5	1	1.5	4
工芸	1.5	1.5	1	4
体育	2	2	2	6
外国語	3	3	3	9
情報	2	1.5	1.5	5
選択科目	1.5	1	1.5	4
総合的学習	2	2	2	6
合 計	29.5	28	29.5	87

注：これらの科目の他に、国防安全教育、課外活動、キャリア教育などがある。
太字の科目は上級編（nang cao）の教科書を使用。
出典：Bo giao duc va dao tao, Chuong trinh giao duc pho thong, Nha xuat ban giao duc, 2006, p.8
（教育訓練省『高校カリキュラム』教育出版社、2006年5月5日教育訓練省決定）.

表5-2-2 高校の新カリキュラム（社会科学系クラス：
主要科目の週当たり授業時間数）

学　　年	第10学年	第11学年	第12学年	合　計
	高校1年	高校2年	高校3年	
国語（ベトナム語）	4	4	4	12
数学	3	3.5	3.5	10
公民	1	1	1	3
理科－物理	2	2	2	6
理科－化学	2	2	2	6
理科－生物	1	1.5	1.5	4
歴史	1.5	2	2	5.5
地理	2	1.5	2	5.5
工芸	1.5	1.5	1	4
体育	2	2	2	6
外国語	4	4	4	12
情報	2	1.5	1.5	5
選択科目	1.5	1	1.5	4
総合的学習	2	2	2	6
合　計	29.5	29.5	30	89

注：これらの科目の他に、国防安全教育、課外活動、キャリア教育などがある。
　　太字の科目は上級編 (nang cao) の教科書を使用。
出典：Bo giao duc va dao tao, Chuong trinh giao duc pho thong, Nha xuat ban giao duc, 2006, p.8
　　（教育訓練省『高校カリキュラム』教育出版社、2006年5月5日教育訓練省決定）。

ラスの3種類のカリキュラムが設定されているのが特徴である。

　自然科学系クラスでは数学 (toan)、物理 (vat ly)、化学 (hoa hoc)、生物 (sinh hoc)の授業時間が多く、これらの科目では上級編 (nang cao) の教科書が用いられる。社会科学系進学クラスでは、国語（ベトナム語：ngu van）、歴史 (lich su)、地理 (dia ly)、外国語 (ngoai ngu) の授業時間数が多く、これらの科目では上級編 (nang cao) の教科書が用いられる。基礎クラスでは上級編の教科書は用いられないが、全体の授業時間数は自然科学系クラスや社会科学系クラスと大差ない。

　公民教育 (giao duc cong dan)、工芸 (cong nghe)、体育 (the duc)、情報 (tin hoc) の授業時間数は専攻クラスによらず一定である。公民教育では、ベトナムに根ざした社会主義とも言うべきホーチミン思想の基礎について学ぶ。マルクス・レーニン主義などの本格的な思想教育は大学で行われる。このほか、総合学習 (giao duc tap the)、国防安全教育 (giao duc quoc phong va an ninh)、課外活動

表5-2-3 高校の新カリキュラム（基礎クラス：主要科目の週当たり授業時間数）

学　年	第10学年 高校1年	第11学年 高校2年	第12学年 高校3年	合　計
国語（ベトナム語）	3	3.5	3	9.5
数学	3	3.5	3.5	10
公民	1	1	1	3
理科－物理	2	2	2	6
理科－化学	2	2	2	6
理科－生物	1	1.5	1.5	4
歴史	1.5	1	1.5	4
地理	1.5	1	1.5	4
工芸	1.5	1.5	1	4
体育	2	2	2	6
外国語	3	3	3	9
情報	2	1.5	1.5	5
選択科目	4	4	4	12
総合的学習	2	2	2	6
合　計	29.5	29.5	29.5	88.5

注：これらの科目の他に、国防安全教育、課外活動、キャリア教育などがある。
出典：Bo giao duc va dao tao, Chuong trinh giao duc pho thong, Nha xuat ban giao duc, 2006, p.8（教育訓練省『高校カリキュラム』教育出版社、2006年5月5日教育訓練省決定）.

(giao duc ngoai gio len lop)、キャリア教育 (giao duc huong nghiep) の時間が設けられている。国防安全教育は夏休みに行われる基礎的な軍事訓練のことであり、男女ともに必修である。毎週月曜の早朝には校庭に全員集合して国旗掲揚と国歌斉唱が行われる。これらに加えて、社会主義国であるベトナムでは、教育と生産活動の結合、理論と実践の結合、学校教育と家庭・社会教育の結合が教育の基本理念として重視されており、各種の集団活動や生産実習が行われている。夏休みなどを利用して学外の施設を利用して実施されることも多い。新カリキュラムでは情報、総合学習、課外活動、キャリア教育などが新設されたことが注目される。

　従来の高校教科書は、ドイモイ改革が始まった80年代後半に作られたもので、少ない教育予算で就学者の量的拡大を進めることに主眼が置かれていたため、教科書の質・量ともに国際的水準から見て十分ではなかった。このため新しい教科書では、①内容の高度化が図られ、②分量が格段に増え、③

練習問題や実践課題が多く配置され、④体裁が一新されている（本のサイズが一回り大きくなり、カラー印刷になった）、などの特徴が見られる。

　専門高校では、特定の科目（数学、英語、フランス語など）を重点的に教える方式をとっている。例えば、ハノイ市の名門校である Chu Van An 高校は英語、同 Amsterdam 高校は数学を重点的に教える高校として有名である。なお、Chu Van An 高校では 2003 年から、英語と並ぶ外国語科目として日本語を選択履修することが可能となった。

　上記のように展開された高校の新カリキュラムであるが、実際には、自然科学系進学クラスを選択する生徒が非常に多い。新カリキュラムは地域事情をあまり考慮せずに全国一律で導入したために、生活環境の異なる農村部の教育現場ではかなり混乱が起きていることが報告されている。また、総合学習やキャリア教育などの新しい科目の教授方法に慣れていない教員から多くの困惑の声が出ているとのことである。ベトナム政府は、2012 年の PISA（OECD による生徒の学習到達度調査）に参加する意欲を示しており、これを意識しながら 2016 年あたりまでにカリキュラムを再改訂する計画が進んでいる。

(2) 各科目の内容と指導要領

　ベトナムの学習指導要領は教育訓練省が各科目別に定めている。学習指導要領（chuong trinh）と授業設計書（thiet ke bai giang）の 2 種類がある。学習指導要領には、知識、スキル、態度の 3 つの面において教育目標が示され、次に単元ごとの目標が記されている。授業設計書は各教員に配布される毎回の授業で何を、どこまで、どのように教えればよいのかについて詳細な説明がなされている。さらに、教員用の教科書（sach giao vien）が各教員に配布され、授業中に生徒に指示すべき、より詳細な内容が記されている。このように、ベトナムでは、①学習指導要領→②授業設計書→③教員用教科書という 3 つのツールによって、教育訓練省が学校教育を全国一律に管理している。管見の限りでは、②と③の内容は重複している部分は少なくない。

(3) 教科書を含む教材

ベトナムにおける初等・中等教育の教科書の制作は、すべて国が管理する完全な国定教科書方式であり、全国で統一使用されている。つまり、日本のようにさまざまな民間の出版社が独自の観点から編集し、最終的に国が検定するという方式はとっていない。

いずれの教科書も有料であるが、政府が助成しているので、価格は1冊1万ドン（約40円）程度と安価に抑えられている。教科書および問題集の出版・販売は、教育訓練省傘下の教育出版社（Nha xuat ban giao duc）が独占的に行っている。毎年5月あたりになると、翌年度の教科書が学年ごとに全科目分が梱包されて、市中の各書店で販売される。各生徒は1パッケージ約20万ドン（800円）程度で購入する。参考書は各科目とも民間で数多く出版されており、各学校単位で選択して使用している。経済的に購入が困難な場合は、これらの本を学校の図書室で借りることもできる。

(4) 授業方法・教授法

ベトナムの学校の授業方法は、いわゆる伝統的な講義スタイルがほとんどである。黒板やチョークの質が良くないこともあり、口頭で教科書を読み上げる形式の授業が多い。また、地域によっては1クラス当たりの生徒数は50人前後と非常に多く、教員が一人一人の生徒に注意を払うことが困難である。このため、ディスカッションやディベートといった双方向的な授業方式はあまり用いられず、教員による一方通行的な説明に終始するケースが多い。

カリキュラムが全国一律に施行されていることにより、ベトナムでは、「同じ日の同じ時間には全国どこの学校でも同じ教科の同じ課を同じ方法で教えている」（田中、2008年、73頁）という現象が起きている。ベトナム政府は授業の進捗状況を細部にわたって管理しているので、教員は授業進度を気にするあまり、機械的に授業を行う傾向にある。2005年教育法や新カリキュラムでは生徒の自発的な学習が重視されているが、その理念は教育現場では十分に理解されず、教員には授業の自由裁量はほとんど与えられていない。

学習者側の課題としては、勉強が受験準備中心となり、詰め込み暗記を好

む傾向にあることが指摘されている。一般にベトナムの生徒は、受験に関係のない科目にはあまり関心を示さず、受験科目に対しては暗記と技巧に偏ると言われている。試験ではカンニングや不正行為が後を絶たない。

4．中学・高校教員の養成と研修体制

（1）教員養成制度の現状と問題点

　ベトナムでは教員を養成する主たる機関として、師範系の学校が数多く存在する。これらは、中級職業学校レベル、短大レベル、大学レベルの3つからなる。2005年教育法では次のように規定されている。就学前教育機関および小学校の教員になるためには中級師範学校の卒業資格を有すること。中学校教員になるには師範短大の卒業資格、あるいは短大卒業資格と教員免許状を有すること。高校および中級職業学校の教員になるには師範大学の卒業資格、あるいは大学卒業資格と教員免許状を有すること（第77条）。教員養成系の教育機関には次のような種類がある。

①中級師範学校 (truong trung cap su pham)　中級職業学校レベル：3年制
　主に保育士・幼稚園教員の養成を目的としており、中級職業学校の一形態である。かつては数多く存在したが、現在は全国に3校のみとなっている。従来は中学校あるいは高校卒業後にこの中級師範学校（3年間）に進学すれば、就学前教育機関や小学校の教員資格を得ることができた。ところが、現在のベトナム政府は教員の質を上げるため、小学校以上の教員に対して高等教育（大学、短大、大学院）の卒業資格を有することを強く奨励している。具体的に言えば、2005年教育法では、中級師範学校を卒業すれば小学校教員になれると明記され、事実そうした小学校教員（5＋4＋3の12年間の教育を受けた小学校教員）は農村・山岳地域や少数民族が多く居住する地域では今なお多数存在するものの、新任教員には短大卒以上の資格が求められているというダブルスタンダードとなっている。今日では中級師範学校は実質的に保育士や幼稚園教員の養成に限定されるようになりつつある。

②師範短大 (truong cao dang su pham)　短大レベル：3年制

　小学校・中学校教員の養成を主目的とし、全国に37校存在している。入学には高校卒業資格が必要。従来の中級師範学校の多くが2000-2001年に一斉に師範短大に昇格している。

③師範大学 (truong dai hoc su pham)　大学レベル：4年制

　中学校・高校教員および中級職業学校の養成を主目的としているが、下位の学校の教員免許も取得できる。教員養成を意味する「師範」という名称が冠されている大学は全国に10校ある。この中には体育師範大学、技術師範大学、芸術師範大学なども含まれる。すべて教育訓練省管轄で、入学には高校卒業資格が必要とされる。

④総合大学における師範学部や教育学部：大学レベル：4年制

　総合大学の中に師範学部が設置されている場合、卒業した場合の資格は師範大学と同等である。こうした例としてはターイグエン大学、フエ大学、ダナン大学の3校がある。また、教員養成でない基礎科学としての教育学を学ぶための機関として、ハノイ国家大学傘下に教育大学、およびホーチミン市国家大学傘下の社会人文科学大学に教育学科が設置されている。

　師範系の諸学校では授業料は無料であり、ほとんどの学生が一定の奨学金を受けることができる。2005年教育法第89条第3項には、師範系の諸学校が他の学校よりも奨学金の割り当てや社会的援助において優先的な措置を受けることが明記されている。支給された奨学金を返還する必要はない。

　なお、ベトナムには日本の「教員採用試験」に相当する資格試験は存在しない。師範系の大学・学部を卒業すれば、該当する教育段階の教員免許状が付与される。ただし、師範系以外の大学・学部を卒業した者で教職を希望する者は、教職科目50単位以上を在学中に取得しなければならない。卒業後、教員に採用されると1年半の試用期間を経て本採用となる。試用期間中は、

基本給の最大8割しか支給されない。

　教員養成における最大の問題点は、農村部における優秀な教員の確保が困難であることである。教職の人気はベトナムの経済状況に左右されており、一般に景気が悪くなると教職の人気が高まる傾向がある。但し、人気があるのは一定のアルバイト収入が見込める大都市部の教職だけであり、農村地域では慢性的に教員が不足している。このため、政府は都市部で採用した教員を数年間、農村地域に派遣・奨励する政策をとっている。

　もう1つの大きな問題は、給与水準の低さである。ベトナムでは教員の給与は、2～3年ごとに俸給表に基づいて昇給が行われる。師範短大や師範大学を卒業した中学・高校の教員の場合、初任給は月約100万ドン（約4,000円）程度であり、都市の一般的な家庭では光熱費とガソリン代を払えばなくなってしまう程度の金額である。中堅教員の給与はおよそ200～400万ドン前後（約8,000～16,000円）であり、都市部では1～2週間程度の生活費にしかならない。つまり、夫婦で共働きをして、さらに恒常的にアルバイトをしないと生活が成り立たないという仕組みになっている。

　このため、教員が担当する授業時間以外の業務、例えばクラブ活動の指導、生活指導、進路指導などに費やす時間は非常に短い。なお、教員が本務校以外の学校で授業を行うことは、本務校の職務に支障をきたさない限り、法的にも問題はない。教育目的以外のアルバイトを行う場合も、黙認されているのが通例である。

(2) 教員の現職研修

　教員の現職研修に関しては、2005年教育法第80条に次のように規定されている。

　　国は、教員の能力水準を高めるため、専門分野および教職に関する研修を設ける政策をとる。専門分野や教職能力を高めるための研修を受けた教員は、政府の定める給与と諸手当を受けることができる。

中級師範学校卒の現職教員に対しては師範短大で現職研修を行い、短大卒業資格を持たせるように奨励している。1年間で1,000時間以上の研修を受け、審査に合格すれば、有資格教員として認められ、昇給や手当てを受けることができる。

なお、教育訓練省では90年代を通じて、これまでロシア語を教えてきた教員に2年間の現職研修を義務づけ、英語教員として転換させる方針をとってきた。例えばハノイ地域では、こうした研修はハノイ国家大学傘下の外国語師範大学で実施されている。すでに外国語科目において英語が占める割合は、中学校・高校ともに90％を大きく上回っている。このように、教員の現職研修には昇給や手当てなどのインセンティブが設けられている。しかし金額的には決して十分とは言えず、教員の間に自己改善意欲を十分に高めるまでには至っていない。

5. 中等教育と高等教育との連関

(1) 高校卒業生の進路

ベトナムには、大学進学率を直接的に示すデータは見当たらない。そこで、少し古いデータになるが、2002-2003学年度の高校卒業生数と翌2003-2004年度における大学・短大の入学者数を比較してみたい。2002-2003学年度の高校卒業生数は686,478人であり、翌2003-2004年度の高等教育進学者は、大学124,052人、短大課程63,110人、合計187,162人(いずれも在職課程を除く正規課程のみ)であった。従って単純計算を行うと、高校卒業者に対する翌年度の高等教育進学者数は187,162人／686,478人＝約27.3％である。しかし、この単純計算にはいわゆる浪人生が考慮されていないので、現役高校生の大学正規課程への進学率は上記の数字よりももっと厳しいことが推察される。

同年齢人口比で見れば、2002年時点での高校の純就学率は34.2％(図5-2)であるから、中学校時点の同年齢人口に対し、大学・短大の正規課程に進学できる者の割合は、単純計算で34.2％×27.3％＝9.3％となる。つまり10年前のベトナムでは、高等教育は未だ同年齢人口の約10人に1人しか受け

ることのできない狭き門であり、いわゆるマーチン・トロウの指摘した「エリート」段階から「マス」段階にようやく近づきつつあるという段階であった。概してこの割合は都市部では高く、農村部では低い。地域別に見ると、ハノイ市を中心とした北部の紅河デルタ地域が最も高く、中部の山岳地域や南部のメコンデルタ地域では相対的に低かった。

　ところが、わずか10年足らずの間に高等教育機会は大きく拡大している。2010-2011学年度における大学および短大の正規課程への入学者数を見ると492,127人（大学258,149人＋短大233,978人）であり、2003-2004学年度の約2.6倍に増えている。一方、ベトナムの最新統計では高校の卒業生数は発表されていないので、これを在籍者数から推計することとする。2002-2003学年度の高校在籍者数（2,454,200人）に対して2009-2010学年度の高校在籍者数（2,886,090人）は1.176倍となっている。そこで、この期間に高校卒業生数が在籍者数と同じ割合で増加したと仮定し、2002-2003学年度の高校卒業生数686,478人に1.176を乗じて、2009-2010学年度の高校卒業生数を807,298人と推計する。こうして、2009-2010学年度の高校卒業者に対する翌2010-2011学年度の高等教育（大学＋短大の正規課程）進学者の割合を算出すると、492,127人／807,298人＝約61.0％となる。高校の純就学率データは2006-2007学年度で47.0％であるので、この純就学率が3年後の2009-2010学年度まで同水準で推移したと仮定すると（実際には少しずつ上昇しているが）、大学・短大の正規課程に進学する者が同年齢人口に占める割合は、高校純就学率47.0％×高校卒業者の大学進学率61.0％＝28.7％となる。

　この推計結果によれば、直近のわずか7年ほどの間に、高等教育進学率は10％弱から30％弱に3倍増したことになり、今日のベトナム高等教育はすでにトロウの言う「マス」段階に入っていると推測される。高等教育機会が都市部と農村部で大きく異なること考えれば、都市部では30％よりもはるかに高い進学率に達していることが推測される。その主たる要因は、統計的に見る限りでは、高等学校の就学者数が2006-2007学年度をピークに減少に転じているにもかかわらず、大学・短大への進学者数が一貫して増加していることによる。高等教育が大衆化したことによって、教育現場でどのよう

な変化が起きているのか、労働市場にどのような影響があるのか、注視する必要があるだろう。事実、今日のベトナムでは大卒者（とくに人文系）の就職難は深刻な社会問題となっている。

　大学・短大、中級職業学校のいずれにも進学しない者は、都市部では個人商店や工場で働く労働者となるか、あるいは農民になることが多い。縁故関係が強い社会的影響力を持つベトナムでは、有力な知り合いや親戚を頼って仕事を斡旋してもらうケースが多い。その場合でも、高等教育を受けた者とそうでない者では、給与などの待遇に大きな格差がある。

　国民の生活水準が向上しつつあるベトナムでは海外留学も人気がある。いくつかの先進国ではODAによるベトナム人留学生の無償受け入れを行っているが、その大部分は大学生あるいは在職者（多くは政府官僚）を対象としている。私費留学は1994年に正式認可されている。民間の留学コンサルタント会社に加え、オーストラリアやアメリカ、日本の大学留学フェアもしばしば開催されているが、経済的負担が大きいため、対象は都市部の富裕層あるいは海外に親戚縁者（いわゆる越僑）を持つ者に限られる。

(2) 大学・短大の選抜方法

　大学・短大に入学するためには、高校または中級職業学校の卒業資格が必要である。ベトナムでは2002-2003学年度までは各大学・短大が個別に入学試験を行っていたが、2003-2004学年度からは全国統一の大学入学統一試験が行われるようになった。変更の理由について教育訓練省の担当者に尋ねたところ、「これまでバラツキの多かった入試問題の質的な標準化を図るため」という回答であった。

　毎年6月中〜下旬に高校卒業試験の結果が公表されたあと、大学入学統一試験が7月上旬〜中旬に実施されている。大学入試の詳細については、毎年『大学入学要項』という冊子が市販され、各大学の入学定員、試験科目、近年の受験者数、合格倍率、合格平均点などが記載されている。受験生は、受験に際して高校または中級職業学校の卒業証明書および住民カードの写しを提出し、数万ドン（数百円）の受験料を支払わなければならない。

大学・短大の入学試験は通例3科目で行われる（1科目10点満点×3科目＝30点満点）。科目の組み合わせによって、およそ次のA〜D群に分かれており、専門分野に応じて学部・学科レベルで入試科目群を指定する仕組みになっている。

　　A群：数学、物理、化学　　　　　　工学系、理学系に多い
　　B群：数学、化学、生物　　　　　　農学、医学系に多い
　　C群：国語、歴史、地理　　　　　　人文・社会科学系に多い
　　D群：数学、国語、外国語　　　　　外国語学系に多い

　入試問題の作成は、教育訓練省の下に科目ごとにいくつかの委員会が構成され、大学教員だけではなく高校教員も加わって作成される。受験生は在住地の最寄りの大学で受験する。決められた採点基準に基づいて、入試を実施した大学ごとに採点を行う。この方式は、採点方法を除けば日本の大学入試センター試験に似ているとも言えなくない。但し、ベトナムには日本の二次試験に相当する、各大学別の入試は存在しない。

　高校卒業試験で特別に優秀な成績を修めた者に対しては、入試成績にアドバンテージが適用される（最高2点まで入試点数にボーナスがつく）。国際数学オリンピックなどで入賞した者には入学試験の免除制度がある。ただし、こうした特例が適用される人数はわずかであり、大部分の受験生にとって合否は入試成績いかんの一発勝負である。高校時代の学業成績はほとんど考慮されない。入試の結果は各大学によって8月に発表される。人気のある大学の競争率は非常に激しい。浪人生となって何度も入試を受ける学生も少なくない。

　このように、ベトナムでは高校卒業試験のみならず、大学・短大の入学試験についても、実施時期、試験問題、試験方法のあらゆる面にわたって教育訓練省が管理・監督する仕組みとなっている。高校卒業試験と大学入学試験の両方が存在するために、進学志望の高校生は文字どおり勉強漬けの毎日を過ごすことになる。また、入試方法・制度は頻繁に変更されるので、前年度の方法が通用するとは限らず、受験生の不安をあおっている。

(3) 大学入試準備と課外学習

　ベトナムの受験ビジネスは個人ベースで行われており、日本のように企業化していない。高校では希望者を集めて、有料の補習授業 (hoc them) が行われている。受講料は教員の手当てとなる。各大学でも高校生向けの補習授業を開講している。各大学では得意とする科目 (例えば、外国語大学ならば外国語、工科大学ならば物理や化学など) を有料で開講している。大学生による家庭教師も多い。日本的な感覚では信じがたいことであるが、富裕な家庭の場合、高校や大学の有力教員に子女の個人教授を依頼することが一般的となっている。個人教授の場合、謝礼は月当たり数十万ドン (数千円) と高額になる。さらに、合格した場合の謝礼のやりとりが習慣化している。

　このように、ベトナムでは受験ビジネスによって学校関係者 (高校教員、大学教員、大学生) 全体が潤う仕組みとなっている。教員にとっては、このようなアルバイト収入の方が教員としての本給よりもはるかに多く、生計を支える手段の一つとなっている。受験参考書や問題集は数多く出版され、一般の書店で販売されている。

参考文献

　残念ながら、ベトナム教育研究はまだ少なく、中等教育分野に関する日本語文献はほとんど存在しない。初等教育と高等教育分野ではいくらかの研究蓄積がある。

　(1) 日本語文献

近田政博「ベトナム　高等教育100万人時代の質保証」馬越徹編著『アジア・オセアニアの高等教育』玉川大学出版部、2004年、124-148頁。

近田政博『近代ベトナム高等教育の政策史』多賀出版、2005年、418頁。

近田政博「現代ベトナムの教育計画」山内乾史・杉本均編著『現代アジアの教育計画』学文社、2006年、236-253頁。

潮木守一編著『ベトナムにおける初等教育の普遍化政策』明石書店、2008年、217頁。

田中義隆『ベトナムの教育改革』明石書店、2008年、348頁。

近田政博訳『ベトナム2005年教育法』ダイテック、2009年、94頁。
　　http://www.cshe.nagoya-u.ac.jp/staff/chikada/Vietnam_Education_2005.pdf (2013年2月10日検索)

関口洋平「ベトナム高等教育における私塾大学の特質に関する研究―管理運営的側面における制度設計を中心に―」『比較教育学研究』第46号、日本比較教育学

会編、2013年、21-40頁。
勢村かおり「ベトナム、ホーチミン市における『慈善学級』—民間によるノンフォーマル教育が果たす機能と役割—」『比較教育学研究』第46号、日本比較教育学会編、2013年、41-60頁。

(2) 英語文献

Vietnam Education: In the Early Years of the 21st Century, Vietnam Education Publishing House, 2009, 159p.（政府広報資料：非売品）.

Harman, G., and Hayden, M., P.T.Nghi (eds.), *Reforming Higher Education in Vietnam: Challenges and Priorities*, Springer, 2010, 232p.（市販本）.

(3) ベトナム語文献

『21世紀初頭におけるベトナムの教育』教育出版社、2009年5月、159頁。
　　（上記の政府英語広報資料のベトナム語版：非売品）
教育訓練省『教育訓練統計2009-2010学年度』2010年、290頁(内部資料)。
教育訓練省『教育訓練統計2010-2011学年度』2011年、329頁(内部資料)。

第6章 タイ
―― 急増と変革の中等教育

野津隆志

1. 教育制度の歴史的背景と現状

　タイでは1980年代から経済成長が顕著となり、高度な産業技術に対応できる中等教育卒業者への労働需要が高まった。そのため、政府はそれまで他の東南アジア諸国に比べて相対的に低かった中等教育の拡大政策を実施した。とくに、今まで中等教育を受ける機会が乏しかった農村地域を中心に中等教育学校を拡充していった。その結果、中学校就学率は1990年54％、2002年82％、2008年91％、高校就学率は1992年27％、2002年60％、2008年61.9％と急上昇した。

　さらに、タイでは90年代に大きな教育改革が進行した。1997年憲法では国民すべてに無償基礎教育を12年提供するという理念が掲げられた。この理念実現のために、1999年には日本の教育基本法に匹敵する「国家教育法」が公布された。この法制定により、タイでは小学校から中学3年までを「9年間の義務教育」、小学校から高校3年までを「12年間の基礎教育」と規定し、2009年から無償基礎教育も開始された。近年では基礎教育12年に幼稚園課程2年を含めた「14年間の基礎教育」を政府は政策に掲げている。

　さらに地方教育行政改革を強力に実施し、従来の教育行政機関を統廃合し、新たに「教育地区」に分ける「教育の地方分権化」を進める改革が図られた。2003年から実施された教育地区制度では、全国の教育行政担当地域が175地区に区分され、そこに教育事務局が置かれた。こうして、現在タイの中等教育は、かつてないほどの急増と変動の中にある。

　現在のタイの学校制度は、初等教育6年、中等教育前期3年、後期3年、

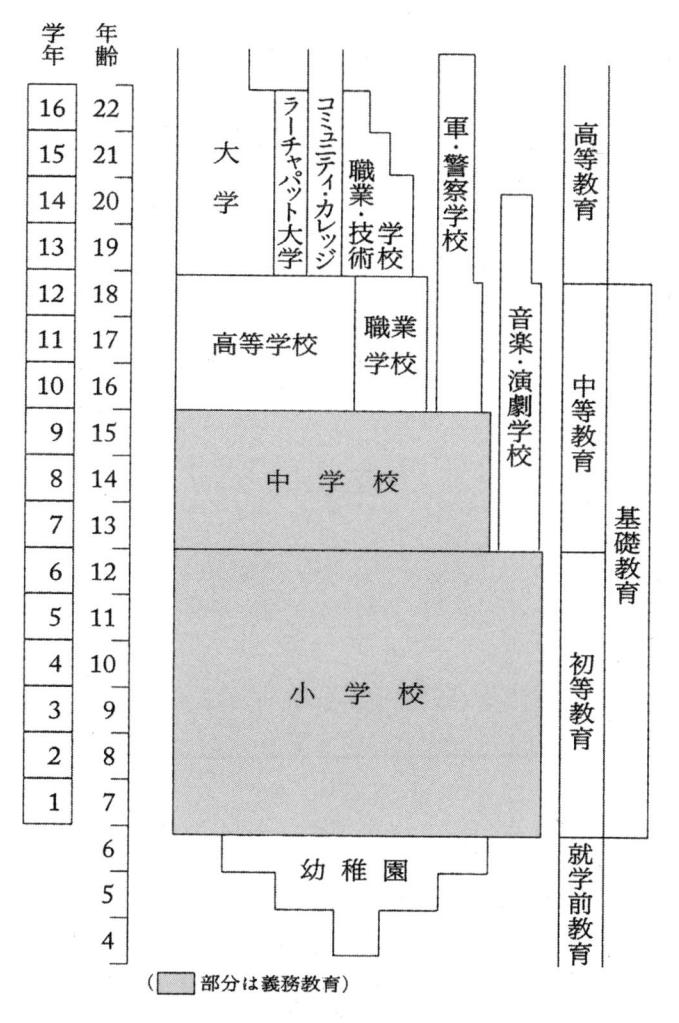

図6-1 タイの学校系統図

出典：『タイ事典』めこん、2009年（作成平田利文氏）。

そして4年から6年の高等教育がある。小学校就学開始年齢は7歳である。

中等教育は前期3年と後期3年に分かれる。首都や地方の各県中心都市では、高校課程も有する6年制の中等学校（マタヨムスクサー）が多い。一方、農村部は、90年代から始まった中等教育拡大政策により新設された小規模

表6-1　各学校段階の就学数（2008年）

教育段階	年齢	人口	就学者数	%
総　計	3-21	19,092,424	14,274,826	74.8
基礎教育段階	3-17	14,911,762	12,832,599	86.1
就学前教育	3-5	2,942,956	2,703,946	91.9
小学校	6-11	5,742,740	5,388,018	93.8
中等学校	12-17	6,226,066	4,740,635	76.1
前期中等学校	12-14	3,049,496	2,773,760	91.0
後期中等学校	15-17	3,176,570	1,966,875	61.9
普通科			1,204,057	37.90
職業科			792,818	24
高等教育	18-21	4,180,662	1,442,227	34.5
短期大学	18-19	2,094,485	371,366	17.7
大学課程	18-21	4,180,662	1,070,861	25.6

　中等学校や、小学校に「附設」された前期3年課程のみで後期課程はない「機会拡大中学校」も多い。少数ではあるが音楽・演劇学校や軍隊・警察学校など独自の中等教育機関も存在する。

　後期中等教育段階は普通科課程と職業科課程に分かれる。近年、普通科在学者の比率が職業科在学者に比べて高まっている（普通科61.9％：職業科37.9％：2008年）。近年の教育行政改革により、普通科高校は主に教育省基礎教育委員会事務局が管轄している。従来、普通高校は大学受験のために一部のエリートが進学する教育機関であったが、近年の普通高校進学者の増加により、就学者の質の多様化が顕著になり、多様なニーズに対応するため普通科高校の多様化が課題となっている。

　一方、職業科課程は主に同省職業教育委員会事務局が管轄している。職業科のコースには貿易・産業系、工業系、商業系、農業系、家政系、工芸・芸術系、水産業系、ビジネス・観光系の8種類がある。職業高校は短大レベルの職業カレッジ（高等専門学校）の高校課程という色彩が強い。職業高校3年を修了すると職業教育終了資格（Pho Wo Cho：ポー・ウォー・チョー）が取得できる。さらに2年の短期大学（カレッジ）段階を終了すると上級職業教育資格（Pho Wo So：ポー・ウォー・ソー）が取得できる。職業高校には私立学校も多く、

職業高校生の45％は私立学校の生徒である。

2. 中等学校への入学および卒業認定制度

(1) 入学者選抜方法
①前期中等課程
　中学校への入学資格は小学校6年を終了していることである。90年代から始まった中等教育拡大政策では、政府は中等教育機関の質の均質化も目指し、従来の中学高校の入学試験を廃止し、無試験入学政策を展開した。そのため、現在では地方の新設中学校の場合は無試験入学が多い。小学校附設中学課程の場合はまったく無試験入学である。

　政府の無試験入学政策の1つの例が、近隣学校政策（ロンリエン・クライバーン）である。この政策は92年から始まり、学区制を導入し、できるだけ生徒を自宅近くの中学高校に優先的に受け入れることで入学者の拡大を目的にした。さらに、一部の有名校への生徒の集中を防ぐことも目指した。学区内からの受け入れ比率はその地域の実状により違いがあるが、一般に30〜50％程度が多い。

　教育省基礎教育委員会は、全国の教育の質を確保するため、2001年より全国の小学校3年と6年、さらに中学3年で共通学力試験（3教科から5教科）を受けることとした。進学希望者が多い中等学校入学では、この共通学力試験の結果を用いる場合もある。

　しかし、政府の無試験入学政策は、都市部では伝統的な進学校が存在するために大きな抵抗に直面し、完全には実施できていない。例えば、都市部有名進学校は、例外的に一定枠内で入学試験を実施することが認められている。また、小学校の成績により特別な学力・技能の児童枠や学校パトロン（高額寄付者など）枠が設けられている。これら「特別入学枠」をエリートのための優遇措置として批判する勢力と、既得権維持を求める勢力の間で論争が絶えず、特別入学枠の配分はたびたび変更されている。

　また、教育省基礎教育委員会は全国の教育の質を確保するため、2005年

よりオーネット（O-NET:Ordinary National Educational Test）と呼ばれる全国学力調査を開始した。オーネットは、全国すべての小学校6年、中学3年、高校3年で行われる共通学力試験（3教科から5教科）である。進学希望者が多い中等学校入学では、この共通学力試験の結果を入試選抜に用いる場合もある。

②後期中等課程

　後期中等課程への入学資格は中等前期3年を終了していることである。高校入試の方式は、①同一学校内の中学課程から高校課程へ進学する場合、②一般入試、③学区制選抜である。政府の中等教育拡大政策により、地方では③の学区制による入学者選抜が広がっている。学区制による選抜は中学校での成績によって決定される。学区内に複数の高校がある場合は、総合選抜により「振り分け」が行われることもある。

　タイでは社会階層格差や地域間格差が高校間の格差を広げている。地方農村部では90年以降に新設された高校が多く、生徒数が定員に満たない学校も少なくない。こうした地方学校では、無試験入学が拡大している。しかし、地方各県に存在する伝統校やバンコクに集中する有名進学校では、高い競争率の一般入試が行われている。さらに、私立や国立大学付属の進学校などに人気が集まり、独自の「一般入試枠」や「推薦枠」を設定し入学者を集めている。

（2）進級方法と成績評価

　タイでは1981年の高校カリキュラム改革から単位制が導入され、生徒の選択の幅が拡大した。現行の2001年基礎教育カリキュラムではいっそう自由選択制が強化されている。

　各学科科目は1つの学期で終了する。学期ごとに成績評価がなされ、単位の修得が判定される。また、この改革に先立ち、以前は存在した国家統一学年進級試験も1975年に廃止された。かつてはこの試験不合格により進級できない生徒もあったが、現在は単位制の導入と統一学年進級試験廃止により、生徒は自動的に進級できる。

　2001年基礎教育カリキュラムでは、生徒の学習成果の評価は、次のよう

に「学年レベル」「教育機関レベル」「教育地区レベル」「国家レベル」で行うことが定められている。「学年レベル」の評価の主な特徴は次の2つである。

①学校が独自に評価の規定を設け、評価と測定を多様な方法で行う。生徒の行為・行動、学習・共同活動およびプロジェクトやポートフォリオの成果を総合的に評価すること。

②各学校は学期中の学習評価の仕方、内容や期間を独自に決めること。また、道徳や価値観の教育に関連する教科については、感情的側面や表現力の質を重視して学校が独自に評価すること。

一般には各学校では中間試験と期末試験を実施し、その成績を評価し成績記録(ラビアン・サデン・ポンガンリエン)に記入し学校に保存される。各生徒は学期末に成績表(サムッド・ライガン・プラジャムトア・ナックリエン)を受け取る。

学校によってこの成績記録や成績表の形式や内容には多少の違いがある。担任教員の詳しい日常観察の記述欄や保護者の記述欄を加えているところもある。しかし、基本的なフォームはほとんど同じで、成績記録記入内容も大差がない。

成績表には例えば、学校名、学校住所、氏名、性別、生年月日、父親母親名、宗教、入学学期等が記入される。次に各科目の成績が教科別に数字で記入される。4(秀に相当)、3(優に相当)、2(良に相当)、1(可に相当)、0(不可に相当)である。

さらに、タイ語の略語で次の**表6-2**のような記号が記入される場合もある。

仮に生徒がある必修科目で「0」の評価を得た場合は、まずR(ロー)の評価を与え、その評価が修正されるまで、または生徒が退学するまでは単位保留の措置を行う。

国公立の中学高校では絶対評価が原則で、学校によって評価の仕方は異な

表6-2 成績評価の記入例

MS(モーソー)	評価を受ける権利がない(出席時間数の不足など)
R(ロー)	単位保留
P(ポー)	「活動」の授業を習得した(授業時間の80%以上の出席をした)
MP(モーポー)	出席が各学期内の「活動」授業時間総数の80%に満たない
Mk(モーコー)	出席は「活動」授業時間総数の80%を満たしているが単位が認定されない

る。例えば、中間試験30％、期末試験60％、平常点10％を総合して評価が行われる学校がある。評価基準はテスト成績によって［80点～100点→4］、［70点～79点→3］、［60点～69点→2］、［50点～59点→1］とする場合が一般的である。一部の私立高校では相対評価をする場合もある。

(3) 卒業認定方法

「2001年基礎教育カリキュラム」によると、基礎教育カリキュラムに基づく教育期間は、およそ12年間とされている。学習者にとっては、2つの修業期間があり、すなわち、中等教育第3学年を修了すると、「義務教育修了」と見なされ、中等教育第6学年を修了すると、「基礎教育修了」と見なされる。

義務教育（中等教育3学年）と基礎教育（中等教育6学年）の修了規定は、以下のように同一である。

①学習者は全8グループの学習内容グループに沿って学習し、教育機関の定める規定に基づいて学習成果の認定を受ける。
②学習者は教育機関の定める規定に基づいて、読み・思考・分析・書きの評価を受けて合格しなければならない。
③学習者は教育機関の定める規定に基づいて、望ましい資質の評価を受けて合格しなければならない。
④学習者は学習者発達活動に参加し、教育機関の定める規定に基づいて、評価を受けて合格しなければならない。

3．中等教育課程の特色

(1) 教育課程の構造

タイでは教育課程（カリキュラム）はラックスー（Laksut）と呼ばれる。ラックスーは政府の国家教育計画に基づき、作成される。従来、このラックスーにはカリキュラムの原理、目標、教科構造、運用指針、使用基準などが詳細に記載されており、実質的な全国統一の学習指導要領としての役割を果たしてきた。

しかし、1996年憲法、1999年国家教育法に基づき公示された「2001年基礎教育カリキュラム」は、従来のカリキュラムとは大きく異なる理念と内容となった。すなわち、この新カリキュラムは、基礎教育12年間を通して包括的な内容を提示する「コア・カリキュラム」となった。従って、現行のカリキュラムでは、カリキュラムの構造、各教科の教育水準や目標、評価方法などごく大枠が示され、各学校が独自にカリキュラムの詳細を立案する。さらに、各教育機関が、全体の約30％を地域の実情や生徒の特徴に応じて独自に「教育機関カリキュラム」を編成することとも可能となった。

　2001年基礎教育カリキュラムは次のようにカリキュラムの目標を記している。

①自分自身の価値を認識し、自律の精神を持ち、仏教または自分が信仰する宗教の教義に基づいて行動し、望ましい道徳、倫理、価値観を身につけること。
②創造的に思考し、よく知り、よく学び、読み・書き・探求を愛好すること。
③普遍的知識を身につけ・科学的な進歩と繁栄・変化に対応でき、コミュニケーションおよび科学技術の活用技能と能力を身につけ、状況に応じて考え方や仕事のやり方を調整すること。
④生活を営む技能、思考技能、知性の創造技能、とくに数学的、・科学的な技能および過程を有すること。
⑤よく運動し、健康でよい人格を持つように自己管理すること。
⑥効率的な生産と消費を図り、消費者としてよりも生産者としての価値観を身につけること。
⑦タイ国の歴史を理解し、タイ人らしさを誇りに思い、よき市民となり、国王を元首とする民主主義政体に基づく統治と生活を尊重すること。
⑧タイ語、芸術、文化、伝統、スポーツ、タイの知恵、天然資源、自然環境の保護についての意識を高めること。
⑨国家と地方を愛する心を持ち、社会に奉仕し、社会のために価値あるものを創造することを目指すこと。

　新カリキュラムでは、学習内容を、**表6-3**の8グループとしている。

**表6-3 タイのカリキュラム
　　　（生徒の学習内容）**

1. タイ語
2. 数学
3. 理科
4. 社会科・宗教・文化
5. 保健・体育
6. 芸術
7. 仕事・職業・技術
8. 外国語

　この8グループに加えて単位としては換算されないが、「学習者発達活動」に生徒は参加しなければならない。学習者発達活動とは、ガイダンス（生活相談、進学相談、職業指導導など）と、児童生徒活動（ボーイスカウト、ガールスカウト、赤十字活動など）から構成されている。

　現行カリキュラムでは、中等教育は基礎教育の第3ステージ（中等教育第1～第3学年）と第4ステージ（中等教育第4～第6学年）に位置づけられる。通常、各学年は前期（5月から10月）、後期（11月から3月）の2学期制で、各学期は20週で通年40週である。各学校は夏期集中コースを開設することができる。

　中等教育第1～第3学年では、1日平均5～6時間の授業を受け、年間約1,000時間～1,200時間学習する。中等教育第4～第6学年では、1日平均6時間以上の授業を受け、年間約1,000時間～1,200時間学習するとされている。

（2）各教科の種類と水準

　後期中等カリキュラムの大きな特徴は、各教育機関が生徒の状況に応じて学習時間とそれぞれの学習内容グループを調節できることである。また、各教育機関がカリキュラム全体の30％までを独自カリキュラムとして、地域住民の参加による「地域の知恵」を生かしたカリキュラム編成が可能としている点も特徴である。

　現在、多くの高校では単位制を取り入れ、学習者が能力や興味関心に応じてさまざまな教科を選択できるよう必修科目の単位数を減らし、選択科目の単位数を増やしている。必修科目は卒業単位数の3分の1で、例えば必修科目は基本必修科目（タイ語、社会科、数学）と選択必修科目（体育、理科、基礎職業）に分けている学校も多い。

　外国語には英語のほかフランス語、ドイツ語、アラビア語、日本語、パーリ語がある。パーリ語は仏教系学校のためのものである。この中から2つの

言語を履修することが可能であるが、実際には英語以外の第二外国語を教えている高校は一部のゆとりのある学校に限られる。98年より大学入試科目に日本語が加えられたため、日本語を教える中等学校は増加している。

　選択必修科目、自由選択科目には、各地方の特色に応じた科目を設定することができる。例えば、農業（作物栽培、園芸、養殖など）、工芸（宝石加工、織物など）、観光、コンピュータなど多彩な科目を設定している例もある。

(3) 教科内容の水準（スタンダード）

　近年、タイでは学校教育の質的向上が大きな課題となっている。政府研究機関では、生徒の学力水準の客観的評価のために全国調査や国際比較研究が盛んに行われるようになってきた。そのため、2001年より小学校3年、6年、中学3年次に、全国学力試験を受けることとなった（主要科目のみ実施）。ILOやOECDによる労働力と教育水準に関する国際比較や、国際教育到達度評価学会（IEA）の理科数学達成度調査の結果も注目されて、マスコミで報道された。後者の調査については、タイ生徒の正答率をシンガポール、日本、韓国などと比べて非常に低いことが問題視されている。

　こうした国際比較から見たタイ教育の競争力の低さを根拠に、国際競争力向上のため理数科教育の充実や従来の暗記中心、教師中心の教授方法から生徒中心の創造力開発教育への転換が強く訴えられた。また、タイ教育省は全国レベルの教育水準の客観的把握と学校間競争を促すために、2001年より小学校3年、6年、中学3年次に全国学力試験を開始した。さらに、2005年には独立法人国家教育試験機構（National Institute of Educational Testing Service: NIETS）を設立し、先にも述べたオーネット（O-NET）を実施することにした。

(4) 教科書を含む教材

　1996年新憲法が制定され教育改革が始まるまで、タイの教科書には国定教科書と検定教科書があった。後者は特定の教科書会社が作成し、教育省の検定を受け発行していた。教育省は使用可能な教科書リストを提示し、その中から各学校・教師が選択する仕組みであった。1998年国家教育法が制定

されて以降、教科書作成と使用の制限が大幅に解除され、民間企業が教科書作成に参入することが可能となった。しかし、現行では使用される教科書の裏に教育省検定済みの認証印が印刷され、その認証があるもの以外の使用は認められていない。教科書の選択は、小学校、中等学校とも各学校または各教師によって行われ、まちまちである。

学校によっては教科書以外に副教材も使用されている。とくに「受験校」ではワークブックや市販の受験用教材が盛んに使われている。英語ではいわゆる「リーダー」と呼ばれる読解教材以外にも数種類の副教材が使われる。これらの副教材にかかる経費が大きく、保護者の負担が大きいことが問題となっている。

現在、教科書中心主義の授業から多様なメディアを使った授業への要求が高まっている。そのため、インターネットやDVDなど電子メディアの開発が政府だけでなく民間教育産業で積極的に進んでいる。例えば政府は、2002年にはマルチメディア・センターを開設し、電子教材開発を進めている。また、教育省はeラーニング開発も進め、学校や生徒がインターネット回線を利用してライブ授業番組を視聴し学習する先端的な試みもされてきている。

(5) 授業方法と学習評価

タイでは仏教寺院での教育の長い歴史があり、従来より「経文暗唱型」の授業が一般的であった。さらに、中等学校入試や国立大学の全国統一テストが客観的問題への解答形式であったため、教師が一方的に講義形式の授業をして、生徒はそれをノートに取り、教科書に書かれている内容を覚えることが伝統的な授業スタイルであった。現在の中高校の定期試験、大学入試、大学の定期試験などどれを見ても、テストは依然として記号選択式問題が圧倒的に多い。そのため、暗記中心の教育がタイ教育の一貫した伝統となり、現在も持続している。

とくに大学受験を重視した進学校では、教師が受験用教材やプリントを使って実践的な受験対策的授業が行われている。従来、討論、自己表現や創造的思考を重視した授業は、タイでは小学校から大学までほとんど行われ

てこなかった。都市部の有名進学中等学校では大規模校も多く、1クラス50人から80人の場合も珍しくない。そのような大クラスでは、教師がマイクを使った「大学の大講義室形式」で授業が行われている。

学習評価は中学校、高校では定期試験の成績によってなされる。進学校では定期試験の成績トップ10を公表したり、成績順に学期ごとにクラス編成を変えたりするところもある。

しかし他方では、今日の教育改革の重点項目として「授業改善」が掲げられ、新しい授業方法の開発も盛んになっている。とくに、国の教育政策立案機関である国家教育審議会は、従来の暗記型講義を反省し、創造性やコミュニケーションを重視した「生徒中心主義」の授業の重要性を訴え、さまざまな授業改善のための研究開発を実施している。

4. 中等学校教員の養成と研修体制

(1) 教員養成の現状と問題点

タイの教員養成は、教育省が所管する全国40の地域総合大学(Rajabhat Institute)と全国39のラチャモンコン技術大学(Rajamongala Institute of Technology)、および一般大学26校で行われている(2008年現在)。その中で大きな勢力を占めるのが地域総合大学である。

地域総合大学は、1960年代からタイの教育拡大政策に対処するため開学した教員養成カレッジが1995年に改組された「新大学」である。現在も全国の小学校、中等学校では旧教員養成カレッジ卒の教員が圧倒的に多い。同大学では幼児教育、初等教育、教育工学、中等教育教員などの資格が得られる。一般大学の教育学部でも中等教員資格を得ることができる。中等教員養成課程には、タイ語、外国語、理科、数学、社会科、保健体育、経営商業、産業、家政科、農業、美術工芸、美術、教育学、活動などの専攻がある。

なお、従来タイには日本の教員免許状に当たる資格はなかった。しかし、1999年国家教育法が免許制度の導入と教職の高度な専門職性を明記したことに伴い、政府は2004年より高等教育機関における教員養成学部の課程改

革を行った。従来は4年間であった課程を1年間延長し、5年課程とする教員免許制度に改革した。この大きな教員養成改革は、現在のタイ教育政策のスローガンである「学習者中心の教育」を推進する一環として位置づけられ、教職水準の質的向上を目指している。2009年4月には、この新制度発足後初めて5年の教育課程を終えた約2,000名の卒業生が輩出された。

教員の採用試験は全国統一で教育省によって毎年4月下旬に実施されている。教育省が全国の採用予定数を定める。子ども数の減少によって採用予定のない県もある。そのため、採用予定数は少なく、近年では形式倍率は60、70倍となる県もある。採用試験に小学校と中等学校に大きな区別はない。試験日、試験科目、試験時間も同じである。

教員の採用は全国175の教育地区の基礎教育委員会が行う。各教育区は、毎年4月下旬に各教科、各学校段階での採用予定数を決定し、公示する。教員志望者はインターネットなどで希望する教育区の募集をチェックし、通常5月に行われる採用試験に臨む。

現在の中等学校教員の養成制度についてはいくつもの問題点が指摘されている。まず、教育学部が4年制から5年制に引き上げられたため、教育学部志願者が減少している。教育学部で学ぶ学生にとっては、修業期間が1年多くなることは経済的負担も大きくなる。教育学部で学生のために奨学金制度などのインセンティブを充実しない限り、志願者減少問題は解消しないと批判されている。

また、タイでは日本と同様に少子化が進んでいるため、長期的には中等学校教員の供給過剰が予測されている。さらに、バンコクやバンコク周辺、あるいは地方都市圏内に教員が集中し、農村中等教員は未だに不足しているという地域間格差の問題がある。農村部では近年、中等学校進学率が上昇しているため、とくに理数科教員不足に悩む中学高校も多い。これらの問題解決には、適正な教員配置を実施するための根本的な教員任用・配置の制度改革を必要とする。

(2) 研修体制の問題と課題

現在、タイには小中高で約56万人の教員がいる。教員の資質向上はタイの教育改革の主要課題とされている。大学教員養成課程を従来の4年から5年に延長する制度改革は、その端的な表れである。政府や一般市民の間では、従来の「教師中心教育」「知識暗記型教育」では、高度情報化、グローバル化の社会変化に対応できないという危機感が強い。タイの教育関連のインターネットホームページには、教員の質の悪さを批判する記事が頻繁に見られる。

そのため、1997年に教育大臣諮問委員会・教師教育改革事務局(Tero)が設立され、教員養成についての包括的政策を審議、提案している。同事務局は教師の資質向上のために以下のような制度改革計画を立案し、一部は具体化している。

・教員養成機関(ラジャパットなど)の学位取得率を上げ、資質向上を図る。
・教員の取得学位・資格・研修受講によって教員給与の手当をランク付けする。
・教員の授業技術向上のための情報ネットワークを構築し、整備する。
・優秀教員表彰制度(National Teacher Award)
　　毎年全国で授業能力の優秀な教員1%(約1,200名)を「国の先生」として表彰するとともに、「国の先生」が新しい授業開発を行うための助成金を提供する。
・研修クーポン制度
　　教員が現職教育を受けるために手当て(給与の2%分)を研修クーポンとして支給。教員は政府機関、非政府機関でこのクーポンを使い研修を受けることができる。
・新世紀教員教育
　　優れた研修プログラムを提供する政府機関、非政府機関に対して、それら機関の指導者を「新世紀教員」と認定し、彼らの給与を補填する。
・指導的専門家による学校訪問
　　学校と現実社会との密接な関係を作るため、外部の専門家による学校訪問を実施し、報告書を作成する。

5. 中等教育と高等教育との連関

(1) 中等教育卒業生の進路と最近の傾向

高校から高等教育機関への進学者数は、90年代から急速に増加している(**図6-2**参照)。18歳から21歳人口中の高等教育機関在学者数の割合は、1990年には12.1％であったが、1997年に16.4％、2001年に23.6％、2008年に34.5％となった(短大レベルを含む)。

タイ政府は急増する大学進学希望者に対応するため、高等教育機関の新増設と定員増、既存私立学校(カレッジ)の格上げなどを図っている。従来、一般大学はバンコクに集中し、学生数で約8割がバンコクの大学に在籍していたが、90年代に地域的な大学設置の不均衡解消のため高等教育の地方分散が課題となり、1996年には一挙に11の県に大学の新キャンパスがつくられた。

大学入学者を選択コース別に見ると、人文社会系が約35万人、理工系が13万人となる(2008年)。近年、タイの工業発展に伴い理工系需要が高まり、理工系人気が高い。しかし、タイでは1970年代半ばまで大学卒業者の約6割が官吏になっていたことに現れるように、従来は文系学部が重視されていた。そのため、高度情報化時代への対応が遅れていることが指摘され、情報

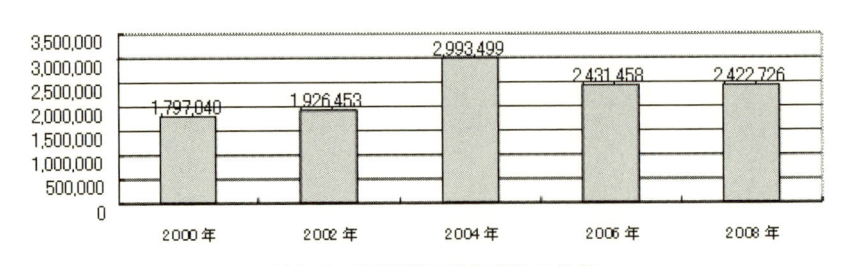

図6-2　高等教育就学者数の推移

技術系学部・学科の増設が続いている。

(2) タイの高等教育機関(2008年現在)

①一般大学(国立大学27校、私立大学68校)：国立大学のうち2大学(ラムカ

ムヘン大学、スコタイタマティラ大学）が無試験入学の公開大学である。国立大学の新入生約30万人のうち約7割は公開大学の学生である。
②地域総合大学（40校）：地域総合大学は旧教員養成系大学である。タイ語でサタバン・ラジャパットと呼ばれ、英語名称はRegional Comprehensive Universityとされている。現在は教員養成学部だけでなく、さまざまな専門学部が開設されている。
③工業専門大学（39校）：工業専門大学はタイ語でサタバン・ラジャモンコンと呼ばれ、英語名称はRajamangala Institute of Technologyと訳されている。
④職業カレッジ（768校）：アジワスクサと呼ばれる。主に2年課程で準学士（diplomat）レベルの職業教育資格を授与する。
⑤仏教大学（2校）：僧侶または僧侶候補者が学ぶ大学。
⑥コミュニティ・カレッジ（19校）：2年課程で準学士（diplomat）レベルの教育を行う。2002年より高等教育機関に恵まれない地方の指定県に限って設置が認められた。

(3) 高等教育機関の入学資格と試験時期・方法

大学センター入試方式

　大学入学資格者は、高校卒業資格を有すること、または12年間の同等の教育を受けた者である。タイの大学入学試験制度は、1970年代からたびたび変更されてきた。2004年にタイ大学長連盟の入試審議会の決定に基づき、大学センター入試システム（Central University Admissions System: CUAS）が作られ、国立大学入試に高校の成績を重視する選抜方法が提案された。その後、2006年から国立大学への入学試験は、高校在学時の成績と大学センター方式の統一試験を組み合わせた総合得点によって合格大学を決定する方式がとられている。受験者は複数の志望大学・学部・学科を願書に記入することができる。統一試験は全国の主な国立大学と高校を会場にして行われる。受験生は高校3年生時の10月と2月の2回受験することが可能で、成績の良い方の結果を志望大学に提出することができる。
　2010年の大学入試は以下のようである。

① GPAX（Cumulative GPA）は、高校3年間の成績を総合し、学校内の成績順位を点数化したものである。
② O-NET（Ordinary National Education Test）は、国家教育試験機構（National Institute of Educational Testing Service（NIETS））が実施する全国統一試験である。高校で学習した基本内容が問われる試験である。受験科目には、タイ語、社会、英語、数学、理科、保健体育・芸術・職業などがある。
③ GAP（General Aptitude Test）は、受験生の一般的適性を見ることを目的とした試験である。試験は2つに分かれ、「読み、書き、批判的思考技能、問題解決技能」と「英語」である。
④ PAT（Professional Aptitude Test）は、受験生が志望大学の学部の専門性に対する適性を見ることを目的とした試験である。志望する学部分野ごとに適性試験の内容が異なる。学部分野は数学分野、理学分野、工学分野、建築分野、教育職分野、芸術分野がある。外国語にはドイツ語、日本語、中国語、アラビア語、パーリ語が選択科目に設定されている。

2010年大学入試の配点は以下のようであった。

① GPAX（Cumulative GPA）　　　　　　　20%
② O-NET（Ordinary National Education Test）　30%
③ GAP（General Aptitude Test）　　　　　　10-50%
④ PAT（Professional Aptitude Test）　　　　0-40%

学区制入学試験

　学区制（クォーター制）が主に地方大学で取り入れられている。学区制は大学周辺地域の生徒を優先的に入学させることを目的にしている。学区制による選抜試験は共通試験の数か月前にあり、学区制試験で合格した受験生は共通入学試験を受けられない。学区制試験は共通試験が通常5科目以上あるのに比べて科目数が少なく、通常は3科目試験である。この入試3科目に高校の成績を加味して合格者が決定される。
　さらに、高校の規模により大規模校、中規模校、小規模校に区分し、入学定員割合を配分している地方大学もある。これは高等教育機会に恵まれない

小規模校地域の生徒に学習機会を与えるための措置である。どの地方大学でも入学者総数の約50％から70％がこの学区制選抜入試により入学している。学区制入学枠は各大学が独自に決定する。

特別優先入学制度

大学によって独自に特別入試も行っている。特別入試では例えば、スポーツ、芸術に秀でた生徒を優先させる。さらにタイ南部のイスラーム教徒居住地域の大学やその他一部の大学ではイスラーム教徒の特別優先入試を行っている。

(4) 大学入試問題の特色

大学共通入学試験で行われる各教科の試験問題はすべてが選択式解答になっており、受験者はコンピュータのマークシートに解答を記入する。論述式や小論文の出題は共通試験問題にはまったくない。こうした大学入試の方式のため、高校での教育が暗記中心の受験勉強に偏りがちだという批判がある。そのため近年の入試改革で、O-NETなどの高校の成績を考慮することになった。

(5) 学校間・大学間格差の問題

一般にバンコクの伝統ある国立大学に人気が集中する傾向がある。例えば共通試験志願状況を見ると、有名大学であるチュラロンコン大学には第1から第4志望まで約2万人が志望しており、そのうちの半数が第1志望である。しかし、ある北部の新設大学の場合は第1志望とするものが少なく、志願者の過半数が第4志望としている。

バンコクの有名大学に入学者を多数輩出する有名大規模進学高校もバンコクに集中しており、それらの中には生徒数が4千人以上のところもある。そのため、有名大学の入学者はバンコク中産階層出身の高校卒業生で占められる傾向が強い。

(6) 課外学習（進学準備）の実態

タイでは大学進学熱が非常に高まっている。そのため、有名大学へ入るために激しい受験競争が繰り広げられている。近年では大学受験の心理的プレッシャーへの対応や受験に失敗した受験生が自殺しないためにと、入試が行われる時期に公的機関による相談電話ホットラインが設けられたほどである。

多くの進学校では、大学受験にあわせて補習授業が行われている。補習の仕方は各学校によってさまざまであるが、ある進学校では11月から1月の土曜・日曜日に合計数百時間にも達する補習が実施されている。補習を行わない学校でも、3年次の定期テストの回数を増やしたり、成績順にクラス編成をしたりするなど、受験が学校教育の中心に置かれている。

多くの受験生は塾（グワッド・ウィチャー）に通っている。塾産業も発達し、大規模塾（予備校）はバンコクだけでなく、地方都市にも進出している。そこでは多くの高校生が夕刻から通い、衛星放送回線やインターネット回線で生中継されるバンコクの有名講師による授業を受けている。塾生徒は1科目1時間半を3か月単位で受講するケースが多い。

最近バンコクでは大規模な夏休み受験講習会が開催されている。ある講習会は有名企業がスポンサーとなり低額な受講料のため大変人気がある。有名大学が講習会会場となり、毎年数千人が集まる。また、夏休み期間中には、ラジオ、テレビ、衛星放送を使い特別受験番組も放映されており、有名大学の教授が講師となって登場している。

参考文献
船津鶴代「タイの中等教育拡大―その「階層化」された普遍化」米村明夫編著『世界の教育開発―教育発展の社会科学的研究』明石書店、2003年。
タイ文部省（森下稔、鈴木康郎、スネート・カンピラパーブ訳）『タイ 仏暦2544（2001年）基礎教育カリキュラム』2004年。
堀内孜「タイ国における5年課程教員養成制度―制定経緯・概要・課題」『京都教育大学紀要』No.114、2009年、133-148頁。
牧貴愛『タイの教師教育改革―現職者のエンパワーメント』広島大学出版会、2012年。
Office of the National Education Commission, Office of Prime Minister, *Education in Thailand*

（各年度版）.
Office of the National Education Commission, Teacher Development for Qualty Learning, THe Thailand Education Reform Project, March, 2002.
Bureau of International Cooperation (www.bic.moe.go.th), Ministry of Education, *Thailand, Towards a Learning Society in Thailand; An Introduction to Education in Thailand*, 2008.
Waraiporn Sangnapaboworn, *Education Reform in Thailand during 1999-2004 Success, Failoure and Political Economy of the Implementaion*, The Political Economy of Education Reforms and Capacity Development in Asia, No.1 Graduate School of International Development, Nagoya Univercity, 2005.

その他
　タイ国家教育審議会ウェブサイト（http://www.onec.go.th/）
　タイ教育省大学入試事務局ウェブサイト（http://entrance.mis.mua.go.th/）

第7章　マレーシア
── 国民統合とグローバル化・イスラーム化の課題

西野節男

1．教育制度の歴史的背景と現状

(1) 歴史的背景

　マレーシアは典型的な多民族国家として知られ、マレー半島部11州（半島マレーシア）およびサバ州、サラワク州をあわせた計13州と連邦直轄地域で構成される。マレー半島部はマレー系、中国系、インド系を主たる民族構成とするのに対して、サバ、サラワクはその他の先住民族が占める割合も大きい。この地域はかつてイギリスの植民地支配下に置かれ、第二次世界大戦中の日本軍政期を経て、戦後、再びイギリスの支配に戻った。イギリス統治の下に独立準備が進められ、1957年にシンガポールを除くマレー半島部がマラヤ連邦として独立した。その後、1963年にシンガポール、サバ、サラワクを加えてマレーシア連邦が結成されたが、1965年にシンガポールが分離している。連邦制の国家形態に加えて、イスラームを公式宗教とする点、基本的に州がイスラームに関する権限を保持してきた点にマレーシア国家制度の特徴がある。

　1969年にマレー系と中国系の対立が大きな人種暴動（5.13人種暴動）に発展した。人種対立の背後にある人種的不均衡を是正することが喫緊の課題と捉えられ、ブミプトラ（マレー系その他の先住民族）優遇政策がとられた。植民地期に中国系、インド系（特にタミール系）の移民労働力によって開発が進められ、彼らはマレー系に比し、都市部に多く居住し、相対的に教育機会に恵まれ、経済的にも豊かになったものが多かった。イギリスの植民地支配は「保護国」化を建前とし、マレー系支配層は政治権力を保持・強化することがで

きた。しかし、マレー系民衆の多くは農村部に居住し貧しく教育機会に恵まれなかった。それは全体としてマレー系の社会進出を妨げ、都市の近代セクターにおける人種的不均衡を招いた。マレー系がマジョリティであるにもかかわらず、都市の近代セクターの仕事は主に中国系とインド系によって占められた。マレー系およびその他の先住民族を優遇するブミプトラ政策はこの社会的な不均衡を是正しようとするものであった。

　植民地期には言語別、人種別の学校制度が形成されたが、中等・高等教育段階へとつながるのは英語を教授言語とする学校系統に限られた。独立後、マレー語を教授言語とする学校が中等段階においても設置されたが、なかなか主流とはならなかった。英語を教授言語とし、都市部にあって長い歴史を持つ学校がエリート的性格を保持し、そこに中国系およびインド系の子弟が多く学んだ。ブミプトラ優遇政策の下で、こうした学校の教授言語が英語からマレー語に年次進行で転換された。その進行に歩調をあわせて教育資格試験の言語も英語とマレー語の2言語からマレー語に一本化されていった。さらに、大学入学選抜においてもブミプトラを優遇する人種別割り当て制度が導入された。また、中等教育段階では農村部に住むマレー系の教育機会を改善するために、全寮制中等学校が各地に設置された。

(2) 現行教育制度

　現行の教育制度は初等教育段階では民族語（中国語、タミール語）による教育も提供されるが、中等段階以上の教授言語は国家語であるマレーシア語（マレー語）に統一されている。2学期制で第1学期は1月初めから5月下旬まで、第2学期は6月初めから11月初めまでである。マレー半島北部および東海岸のケダー、クランタン、トレンガヌの3州は伝統的にイスラームの強い地域で、日曜日ではなく金曜日を休日にしているので、他の州とは学期の始まりと終わりが少しずれる。

　基本的な学制は初等学校6年、下級中等学校3年、上級中等学校2年、第6年級（tingkatan enam）およびカレッジレベル2年の6-3-2-2制をとっている。大学の学士課程に入るまでの期間は13年である。6年間の初等教育段階に

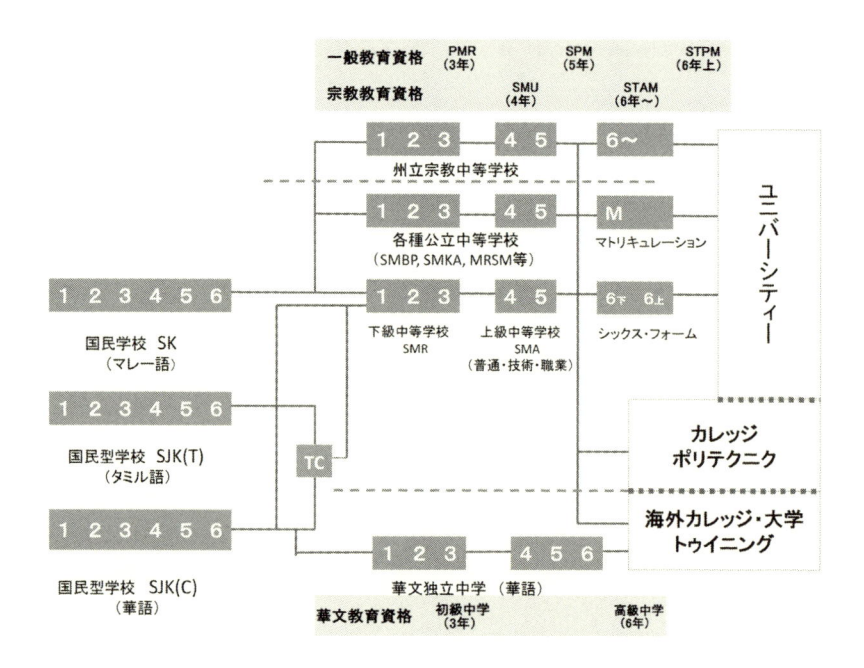

図7-1　マレーシアの教育制度図

注：マレーシア制度図　略語

PMR	Penilaian Menengah Rendah	下級中等評価
SPM	Sijil Pelajaran Malaysia	マレーシア教育資格
STPM	Sijil Tinggi Pesekolahan Malaysia	マレーシア学校教育高等資格
SMU	Sijil Menengah Ugama	宗教中等資格（各州）
STAM	Sijil Tinggi Agama Malaysia	マレーシア宗教高等資格
SMBP	Sekolah Menengah Berasrama Penuh	全寮制（完全寄宿）中等学校
SMKA	Sekolah Menengah Kebangsaan Agama	宗教国民中等学校
MRSM	Maktab Rendah Sains MARA	マラ理科下級カレッジ
TC	Transition Class	移行学級

はマレー語を教授言語とする「国民学校」(sekolah kebangsaan)の他に、民族語による教育を保障するという観点から、中国語あるいはタミール語を教授言語とする「国民型学校」(sekolah jenis kebangsaan)が設置されている。中等教育段階以上は国民統合の観点から教授言語がマレー語に統一されているため、国民型学校から中等学校に進学する場合は、移行学級で1年間マレー語を集中的に学習するのが一般的である。但し、成績が良ければ移行学級を経ずに中

等学校に進学することもできる。2003年から数学と理科については英語が教授言語となった。

中等教育段階の学校種別は、普通中等学校、完全寄宿制中等学校 SMBP（全寮制中等学校：sekolah menengah berasrama penuh）、職業中等学校、技術中等学校、宗教国民中等学校 SMKA（sekolah menengah kebangsaan agama）、統合全寮制学校（sekolah berasrama penuh integrasi）、特殊中等学校に分けられる。職業中等学校および技術中等学校は上級中等段階以上にしか置かれていないが、他の学校種別は下級中等・上級中等・第6年級に分かれる。全寮制学校は、前記のように、地方に居住し教育機会に恵まれないブミプトラに教育機会を提供するために設置されている。統合全寮制学校は、宗教国民中等学校のカリキュラムに従い全寮制学校化したもので、2004年には全国で11校が置かれている。

上級中等学校を卒業した後は、カレッジレベルの中等後教育機関に進学することができる。また、大学（学士課程）に進学するには上級中等段階修了後、第6年級に進むか、マトリキュラシー（大学予科：matrikulasi）を経る。

中等段階の学校種別毎の学校数、生徒数（2010年度）は**表7-1**のとおりである。

連邦教育省管轄下にある各種の中等学校の他に、国民信託評議会 MARA（Majelis Amanah Rakyat）が管轄するマラ理科下級カレッジ（Maktab Rendah Sains MARA）、および各州のイスラーム関係局が管轄する州立および民間の宗教

表7-1　中等学校在籍者数

	学校数	生徒数	男子生徒	女子生徒
国民中等学校　SMK	1,876	2,147,658	1,070,346	1,077,312
完全寄宿　SMBP	59	33,125	17,263	15,862
宗教国民　SMKA	55	38,374	16,035	22,339
技術　SM Teknik	35	21,148	19,941	10,207
職業　SM Vokasional	53	12,770	9,479	3,291
特別　SM Khas	4	572	314	258
特別モデル	11	11,710	5,636	6,074
スポーツ　S Sukan	2	555	523	312
芸術　S Seni	2	474	192	282
宗教中等　SABK	140	46,504	23,765	22,739

出典：Statistik Pendidikan Malaysia 2010, http://www.moe.gov.my/ より集計・作表。

中等学校が置かれている。マラ理科下級カレッジもブミプトラ優遇政策にそって、地方に住むブミプトラの教育機会の改善を図るために設置されたものである。

さらに華人コミュニティによって中国語(華語)を教授言語とする「華文独立中学」が設置されている。後述の連邦教育省試験委員会 (Lembaga Peperiksaan Malaysia) が実施する統一試験はすべての学校および個人に開かれているが、他方でマラ理科下級カレッジ、各州の宗教中等学校、および「華文独立中学」は独自の資格試験制度も整えている。

私立学校数および生徒数(2009年)は**表7-2**のとおりである。

また、教育省以外の政府機関の管轄下にある学校の数および生徒数は**表7-3**のとおりである。

表7-2　私立学校数および在籍者数

種別	機関数(校)	在籍者数(人)
普通初等学校	56	13,697
普通中等学校	73	15,024
華文独立中学	60	57,284
外国人学校	15	3,455
国際学校	51	16,587
宗教初等学校	34	13,283
宗教中等学校	17	6,417
特別教育	10	846

出典：Ministry of Education Malaysia, *Quick Facts 2010*, p.29.

表7-3　教育省管轄外の諸学校

種別	機関数(校)	在籍者数(人)
民間宗教初等学校　SRAR	26	9,779
州立宗教初等学校　SRAN	8	3,675
民間宗教中等学校　SMAR	102	26,770
州立宗教中等学校　SMAN	70	44,950
MARAジュニア理科カレッジ	43	26,752
王立軍事カレッジ	1	216

出典：Ministry of Education Malaysia, *Quick Facts 2010*, p.29.

2. 入学者選抜方法と進級・卒業認定

(1) 入学者選抜方法

　各段階の卒業認定と次の段階への入学者選抜は、これまで教育省試験委員会による全国統一試験の成績に基づいて行われてきた。試験制度によって教育の内容と水準を統制するのは、イギリスの植民地支配の遺産とも言うべきものであり、現在の試験制度は植民地期以来のケンブリッジ海外資格試験をマレーシア化するとともに、さらに国民教育システムのあり方に対応させ発展させていったものと言える。ただし、イギリスの GCE (general certificate of education) 試験が独立した複数の試験委員会によって実施されるのに対して、マレーシアの場合、高校修了までの段階は教育省内に置かれた試験委員会がすべての権限を持っている。他方、第6年級から大学に進学するためのマレーシア学校教育高等資格 STPM 試験は、省内の試験委員会ではなく、独立した単一の試験評議会 (Majlis Peperiksaan) が試験を実施する。

試験制度の変遷

　中学校入学者の選抜としては1957年にマラヤ中等学校入学試験が導入されたが、この試験は1963年に廃止された。その後、1967年に小学校5年次評価試験 (Standard Five Assessment Examination) が導入され、さらに1973年に小学校3年次試験 (Standard Three Test) が導入された。この2つの試験は、後者は1982年に、前者も1987年に打ち切られている。それに代わって、1988年に小学校到達度評価 UPSR 試験 (ujian pencapaian sekolah rendah) が導入された。
　高校入学者の選抜は下級教育資格 LCE (Lower Certificate of Education) あるいは SRP (Sijil Rendah Pelajaran) の成績に基づいて行われていた。1970年以降、ブミプトラ優遇政策の一環として国家語 (マレー語) の強化が進められ、英語を教授言語としていた学校系統がマレー語を教授言語とすべく小学校第1学年から年次進行で転換がはかられた。これに対応して、全国統一試験の言語も英語とマレー語の2言語だったものが、マレー語への一元化が進められた。1978年に半島マレーシアとサバで、英語による下級教育資格 LCE がマ

レー語のSRPに置き換えられ、さらに1980年にマレーシア教育資格MCE (Malaysian Certificata of Education) もマレー語のマレーシア教育資格SPM (Sijil Pelajaran Malaysia) に置き換えられた。他方、サラワクでは1985年に下級教育資格LCEがマレー語によるSRPに置き換えられ、さらに1987年にマレーシア教育資格MCE試験がマレー語によるSPMに置き換えられた。こうしてマレーシア全国の生徒が、1985年からマレー語によるSRP試験を、1987年からマレー語によるSPM試験を受験するようになった。また、前記のように1988年には小学校到達度評価UPSR試験がマレーシア全国に導入された。さらに1993年下級教育資格SRP試験が下級中等評価PMR (penilaian menengah rendah) に置き換えられている。このように資格試験のマレー語一元化が図られたが、2003年から理科・数学の教授言語として英語が用いられるようになったのに対応して、これらの科目に限って試験言語も英語に変わった。

中学校の入学者選抜

小学校3年次に第1段階評価PTS (Penilaian Tahap Satu) 試験が設けられ、優秀な生徒は小学校3年から5年に飛び級が可能になっていたが、同試験は2001年度から廃止された。小学校最終学年で小学校到達度評価UPSR試験が毎年9月初めに行われる。これは名称のとおり学習の到達度を評価するものであり、学区内の中学校にはこの試験の成績いかんにかかわらず進学できる。但し、完全寄宿制中等学校SMBP、宗教国民中等学校SMKA、MARA下級理科カレッジなど一部の学校への進学には選抜が行われる。完全寄宿制中等学校への選抜は学校推薦に基づいて教育省が行うが、指導性、スポーツ、クラブ活動、集団活動他の側面が評価される。また、何かで特別優秀な成績を収めた生徒や、小学校到達度評価で5教科以上のAがある者は、それも加味して選抜が行われる。

中国語またはタミール語を教授言語とする国民型小学校の生徒も、小学校到達度評価UPSR試験で成績が良ければ移行学級を経ずに下級中等学校1年に進級できるようになった。他方、中国語(華語)を教授言語とする国民型小学校の生徒で、中等教育も中国語(華語)で教育を受けることを希望する場合

は、華文独立中学に進学するという選択肢もある。また、ムスリム（イスラーム教徒）の生徒で宗教系の学校に進学を希望する場合、連邦教育省管下の宗教国民中等学校の他にも、州立および民間の宗教学校もあり、別箇の試験を受けてそちらに進学することもできる。

高校の入学者選抜

　現在、公立の上級中等学校（高校）入学者は下級中等評価 PMR 試験の成績に基づいて選抜される。上級中等段階は普通課程の他に、職業中等学校や技術中等学校があり、これらの学校への選抜も下級中等評価 PMR の成績に基づく。小学校卒業後、完全寄宿制中等学校や宗教国民中等学校の第1学年に入学した生徒もこの PMR 試験の成績が悪ければ、上級中等段階では一般の学校に移らなければならない。完全寄宿制中等学校第4学年への選抜は、下級中等評価、課外活動、保護者の経済状況、学校の所在地などを加味して行われる。選抜に関わる下級中等評価の成績に関しては、数学と科学を含む最低4教科（但し、外国語は除く）がAで、他の教科がBでなければならない。また、宗教コースの場合はイスラーム教育がAで、アラビア語（会話）が最低でもCでなければならない。

　マラ理科下級カレッジの場合は後述のように独自の成績評価システムをとっており、華文独立中学もまた独自の統一試験を実施している。州立および民間の宗教学校については、各州のイスラーム関係局の下に州独自の試験制度が設けられている。

（2）進級方法

　各段階における修了認定と進学（進級）は教育省試験委員会によって実施される全国統一試験の成績に基づいて行われてきた。以前は前期中等段階の最後に下級教育資格 SRP 試験が置かれ、合格あるいは不合格の判定によって修了認定が行われた。またその成績に基づいて上級中等段階、すなわち高校（上級中等学校）への選抜が行われていた。1993年に下級教育資格試験が、現在の PMR に置き換えられた。PMR は「資格」試験ではなく、試験を受ける

すべての生徒が成績の通知を受け、成績のいかんにかかわらず第4学年（上級中等段階）に進むことができる。もちろん、完全寄宿制中等学校や宗教国民中等学校他への進学にはPMRの良い成績が求められている。

下級中等評価PMRの試験科目はマレー語、英語、歴史、地理、アラビア語、中国語、タミール語、パンジャブ語、イバン語、イスラーム教育、数学、理科、統合生活技能（選択1～3）である。アラビア語、中国語、タミール語、イバン語、パンジャブ語は選択科目の語学である。下級中等評価試験は毎年10月中旬に実施され、成績はA（Cemerlang）秀、B（Kepujian）優、C（Baik）良、D可、E不可の5段階で評価される。各教科はD（可）以上で合格とされ、生徒の成績（総合評価）は最終的に5段階で評価される。教科ごとの合格率に関しては、歴史、地理、イスラーム教育、理科、統合生活技能、マレー語、英語、数学は約90％前後と高いが、英語は60％程度と低い。

(3) 卒業認定方法

高校（上級中等学校）は2年間で、その卒業認定はマレーシア教育資格SPM試験の成績によって行われる。マレーシア教育資格の必修科目は、マレー語、英語、イスラーム教育、道徳教育、歴史、数学、科学の6科目である。イスラーム教育はムスリムの生徒にとって必修とされ、他方、道徳教育はムスリム以外の生徒に必修となっている。高校のカリキュラムは後述のように選択制がとられており、マレーシア教育資格試験においても72科目が試験科目として置かれている。2008年度までは各教科は8段階の評価が行われてきた。すなわち、1A、2A、3B、4B、5C、6C、7D、8Eで評価され、1A-2Aが秀、3B-4Bが優、5C-8Eが可とされた。2009年以降は9段階, すなわちA+、A、A-、B+、B、C+、C、D、E、Fの9段階評価となった。

高校を卒業して、大学の学位コースを目指すものは第6年級かマトリキュラシー（大学予科）に進む。第6年級は2年間で、その最後にマレーシア学校教育高等資格STPM試験を受験する。STPM試験は教育省試験委員会ではなく、独立の試験評議会によって行われる。

高等教育機関の学位課程に進学するには、希望する大学・学部が要求する

科目のSTPM試験に備えなければならない。第6年級の学習はこの試験シラバスに沿ったものであり、STPM受験を目標にしている。第6年級の水準については、試験シラバスの最後に英語およびマレー語の参考図書が掲げられており、歴史の教科を例にとると、その図書リストから推察する限り専門性がかなり高い。また、中等後教育段階では第6年級の他に、教員養成カレッジ、ポリテクニックをはじめとするさまざまの機関でカレッジレベル（サーティフィケートとディプロマ）の教育プログラムが提供されている。

イスラーム系学校の卒業認定

　マレーシア宗教高等資格STAM (Sijil Tinggi Agama Malaysia) が、マレーシア教育省とエジプトのアズハル省との協力によって2000年に創設された。初年度は試行的に行われたが、翌2001年から筆記試験は毎年10月に実施されている。この試験は宗教国民中等学校および各州の管轄下にある州立あるいは民間の宗教中等学校の生徒を対象としたものである。カイロのアズハル大学への留学希望が多く、宗教中等学校のカリキュラムもアズハル大学への入学を目標に編成されたものが主流であった。他方、イスラーム教育に関する権限は基本的に州にあり、各州の宗教資格試験は基準も内容も統一されてはいなかった。STAMはこれを国内で統一的なシステムに収めようとするものである。STAM試験はアラビア語で行われ、3領域10科目が置かれている。領域はアラビア語、シャリアー（イスラーム法）、ウスルッディン（宗教原理）の3つである。アラビア語領域は、①ナフ・サラーフ（文法）、②インシャとムタラー（読誦）、③アダブとヌスス（文学）、④アルドゥとカフィヤ、⑤バラガー（修辞学）の5科目、シャリアー領域は、⑥フィクフ（法学）、⑦ハディースとムストラーの2科目、ウスルッディン領域は、⑧ハフィーズ・アルクルアーン（クルアーン暗誦）とタジュウィード（読誦法）、⑨タウヒード（神学）とマンテック（論理学）、⑩タフシール（注釈）とウルムフの計3科目である。

　受験資格は、アズハルに準拠したカリキュラムで学んだこと、また既にSPM試験を受験していることである。成績はアラビア語で示され、各教科の試験成績は、Mamtaz（秀）、Jayyid Jiddan（優）、Jayyid（良）、Maqbul（可）、

表7-4 各種試験のスケジュール（2011年）

2011年度試験スケジュール	
UPSR	9月13日〜15日
PMR	10月4〜6日, 11〜12日
SPM	
筆記	11月14日〜12月14日
STPM	
口頭	9月20日〜22日, 27日〜29日
筆記	11月21日〜12月15日
STAM	
口頭	7月11日〜14日, 18日〜21日
筆記	10月12日〜13日, 17〜19日

出典：試験委員会 lembaga peperiksaan ホームページ、http://lp.moe.gov.my/ より。

Rasib（不可）で示される。可の全体成績を得た学生は3年間の間に成績を良くするための機会が与えられる。STAM 試験については試験委員会によって実施・運営が行われる。2009年から正式に STAM は STPM と同等と見なされるようになった。

2011年度の試験スケジュールは**表7-4**のとおりである。

3. 中等教育課程の特色

(1) 教育課程の構造

1983年から読み書き算の基本的な能力の習得に重点を置く小学校新カリキュラム KBSR (Kurikulum Baru Sekolah Rendah) が導入された。同カリキュラムでは、それまでの「イスラーム宗教知識」という科目にイスラーム道徳基礎分野が付け加えられ、教科名が「イスラーム宗教教育」に変更された。「イスラーム宗教教育」はムスリムの生徒にとって必修である。これに対して、ムスリム以外の生徒を対象とする必修教科として「道徳教育」が導入された。以前は「イスラーム宗教知識」の時間に、ムスリムの生徒以外には民族語の学習が置かれていたが、現在のカリキュラムではイスラーム教育と道徳教育を対応させ、宗教と民族（言語）を結びつけないように考えられている。

小学校新カリキュラムへの移行が1983年から年次進行で進められたのに対応して、1988年から中等学校統合カリキュラム KBSM (Kurikulum Bersepadu Sekolah Menengah) が導入された。また、その後、中等学校統合カリキュラムとの一貫性の観点から、小学校新カリキュラムも一部改訂が加えられ、小学校統合カリキュラム KBSR (Kurikulum Bersepadu Sekolah Rendah) となった。中等学校カリキュラム KBSM の目的としては、初等教育の継続、すべての生徒

のための一般教育、既知の知識・学問の利用に加えて、知的、精神的、情緒的、身体的な側面の統合、尊い価値の重視、マレー語使用の強化、生涯教育が強調されている。

　マレーシアの学校は2学期制をとっており、2010年の学年暦によれば、前期は1月4日から3月12日まで50日間の授業日の後、3月13日から21日までの9日間の中間休みがあり、さらに3月22日から6月4日まで55日の授業日が続く。年度中間休みが、6月5日から6月20日までの16日間設けられている。続いて、後期が6月21日に始まり、9月3日までの55日の授業日が続き、9月4日から12日までの9日間が学期中間休みである。続いて、9月13日から11月19日までの50日の授業日の後、11月20日から1月2日までの44日が年度末休みである。授業日が210日、学期中および学年の中間休みおよび年度末休みの合計が78日となる。これは日曜日を休日とする州における学年暦であり、金曜日が休日のケダー州、クランタン州、トレンガヌ州では1日早く始まる。

(2) 各教科の種類と水準

　下級中等段階は必修教科として、マレー語、英語、数学、イスラーム宗教教育／道徳教育、数学、理科、地理、歴史、生活技能、芸術教育、保健体育が置かれている。前述のとおり、ムスリムの生徒にはイスラーム宗教教育が必修であるのに対して、ムスリム以外の生徒には道徳教育が必修である。追加選択科目として中国語、タミール語、アラビア語（会話）が置かれる。

　下級中等学校の教科毎の週当たり時間数は**表7-5**のとおりである。

　上級中等段階は必修教科（コア教科）、選択教科、追加教科に分かれる。必修教科はマレー語、英語、イスラーム宗教教育／道徳教育、数学、理科、歴史、保健体育である。選択教科は4つの群、すなわち人文、職業・技術、理科、イスラーム学習の各群に分かれる。人文群はマレー文学、英文学、地理、芸術教育、アラビア語（上級）が含まれる。技術・職業群は会計、基礎経済、農業科学、家政、機械工学などの専門教科が、また科学群は一般理科、物理、

表7-5　下級中等学校の履修科目と時間数

下級中等学校の教科	週当たり授業時間（1単位時間は40分）
マレー語	6（5＋1　文学）
英語	5（4＋1　文学）
数学	5
イスラーム宗教教育	4（3＋1　実践）
理科	5
生活技能	4
地理	3
歴史	2
道徳教育	3
保健体育	2
芸術教育	2
中国語	3
タミール語	3
アラビア語（会話）	6

表7-6　上級中等学校の履修科目と時間数

履修教科	週当たり時間数
（必修教科）	
マレー語	6（5＋1　文学）
英語	5（4＋1　文学）
イスラーム教育	4（3＋1　実践）
数学	5
理科	4
健康・体育	2
（追加教科）	
中国語	3
タミール語	3
アラビア語（会話）	6
（選択教科群）	
［第一群　人文］	
マレー文学	3
英語による文学	3
地理	3
芸術教育	3
アラビア語（上級）	3
［第二群　職業・技術］	
会計原理	4
基礎経済	3
商業	3
農業科学	4
家政	4
一般数学	4
土木工学	4
電気・電子工学	4
機械製図	4
工業技術	4
［第三群　理科］	
一般科学	4
物理	4
化学	4
生物	4
［第四群　イスラーム学習］	
タサッウル	4
コーラン・スンナ	4
シャリアー・イスラミアー	4

化学、生物の各教科が、イスラーム学習群にはタサッウル（イスラーム世界）、クルアーン・スンナ（クルアーンとムハンマドの伝承）、シャリアー（イスラーム法）の各教科が含まれる。他に追加教科として中国語、タミール語、アラビア語（会話）がある。

各教科の週当たり時間数は**表7-6**のとおりである。

上級中等段階の学校としてはまず理科および文科のコースを提供する普通学校が置かれている。技術学校は数学、理科、基礎工学分野に適性を持つ生徒を対象とし、下級中等評価PMRの成績に基づいて生徒の選考が行われる。必修教科は普通学校

と同じだが、選択教科に関しては上記の第二群を選ぶ。技術高校には第6年級も置かれ、大学では科学・技術に関連したコースに進むことが期待されている。

　また、職業高校には職業教育ストリームと技能訓練ストリームの2つが置かれる。職業教育ストリームは一般教科および技術教科に力点を置いた学習が可能で、生徒はポリテクニックやその他の高等教育機関に進学することができる。他方、技能訓練ストリームでは労働現場に直結した技能の育成・発展に重点が置かれる。人的資源省管下の全国職業訓練評議会による職業訓練資格取得を目的とする。技能訓練ストリームには2年のコースと1年のコースがあり、冷蔵・空調、自動車修理、ガス溶接、農業機械、服飾、美容、食物などのプログラムがある。

その他の学校のカリキュラムと試験制度
［華文独立中学］
　華文独立中学は初級中学（中学校）3年、高級中学（高校）3年の6年間の華語による教育を提供する。全国に60校あり、半島マレーシアに37校、サバ、サラワクにあわせて23校が設置されている。州別に見ると、サラワク州が最も多い14校、続いてケダー州とサバ州の9校、ジョホール州の8校が続く。さらにセランゴールとクアラルンプールの各4校、ケダ3校、ヌグリスンビラン2校、マラッカとクランタンが各1校である。これらの学校では、1975年から華文学校理事連合会による統一試験が実施されてきた。初級中学、高級中学の普通科、高級中学の職業・技術科の3種の試験が毎年10月下旬から11月初めにかけて行われる。初級中学の試験科目は華文、マレー語、英語、数学、歴史、地理、理科、美術の8教科で、A－Eの5等級、すなわち特優、優、佳（良）、可、不可で評価される。

　高級中学に関しては、試験科目として17科目が置かれている。すなわち、華文、マレー語、英語、基礎数学、上級数学、歴史、地理、生物、化学、物理、商業、簿記、美術、会計、商業学習、経済、コンピュータ・情報工学の17科目である。受験者は17科目の中から最大10科目を受験することができる。

言語科目(華文、マレー語、英語)はそれぞれの言語で行われるが、歴史、地理、美術、商業学習、経済、コンピュータ・情報工学の各科目は華語で行われる。それ以外の教科、すなわち数学、生物、化学、物理、商業、簿記、会計の試験は華語と英語で行われ、受験生はいずれかの言語を選ぶことができる。

試験の成績は9等級に分けられる。A1、A2は特優(80点以上)、B3、B4、B5、B6 (60点以上)は優等、C7、C8 (50点以上)は合格、F9 (49点以下)は不合格である。ちなみに、この成績等級の付け方はマレーシア教育省試験委員会による試験と同じである。各等級の割合はA (特優)が10〜15％、B (優等)が30〜35％、C (合格)が30〜35％、F (不合格)が15〜20％となっている。統一試験の受験者数は初級中学修了が毎年8,000〜9,000名程度、高級中学修了が6,000〜6,500名程度、職業科は300〜500名程度である。

［マラ理科下級カレッジ MRSM］(Maktab Rendah Sains MARA)

マラ理科下級カレッジは、マレー系および先住民のための教育機会を拡大するために置かれており、1973年にクランタン州に設置されたのが最初のものである。その後、1974年にパハン、1978年にトレンガヌ、1980年ジョホール、1981年マラッカと順次拡大された。当初の理科下級カレッジは高校レベルに相当する第4学年と第5学年のみであったが、1983年に設置されたマラッカのカレッジは第1学年から第5学年までを備えた。他方、1987年にヌグリ・スンビランに設置されたものは第1学年から第3学年となった。

マラ理科下級カレッジの中学校段階の教科は共通科目がマレー語、英語、イスラーム教育／道徳教育、歴史、地理、数学、理科、美術、生活技能、保健・体育である。他に特別教科としてコンピュータ科学(sains komputer)、思考能力(kemahiran berfikir)、学習実践能力(kemahiran amalan belajar)、アラビア語の各教科が置かれている。同じく高校段階の教科としては、マレー語、英語、歴史、イスラーム教育／道徳教育、数学、保健体育、理科である。コース別の選択教科としては、科学コースは一般数学、物理、化学、生物の4教科、応用科学コースの選択科目は一般数学、物理、化学、計測原理の4教科である。

成績は教科ごとにA (4.0)、B (3.5)、B+ (3.0)、C (2.5)、C+ (2.0)、D (1.0)、E (1.0)、F (0.0)で点数が付けられる。各学期(2学期制)の最低平均点が決められており、

次の学期に進むにはこの最低平均点以上の成績を取らなければならない。ちなみに、中学校段階の最終学期(第6学期)および高校段階の最終学期(第4学期)は最低平均点が2.0と決められており、この点数以上でなければ修了できない。第4学年(高校1年)の平均点が1.0未満の場合は、第4学年で留年して1年余計に勉強するか、他の学校に移らなければならない。また、各学期の終わりに平均点3.5以上の優秀な生徒には校長によって校長優等賞証明(sijil penghormatan Pengetua)が与えられる。教科の評価は期末試験60％、月例テスト30％、課題10％の割合で採点が行われる。修了者にはマラ理科下級カレッジ教育資格(Sijil Pelajaran Maktab Rendah Sains)が与えられる。

(3) 教科書を含む教材

カリキュラムの改訂は、教育課程委員会の調査報告・審議に基づいて行われる。各教科の目標と内容を明確にする基本的資料「学習要綱」(sukatan pelajaran) は、カリキュラム開発センター (Pusat Perkembangan Kurikulum) で作成される。その他に教員用指導書が作成されるが、これは教員が学習計画を作成するための細かな注意点がしるされたものである。

教科書については、マレー語、イスラーム教育、歴史の教科書は言語図書庁 Dewan Bahasa dan Pustaka が作成する。その他の科目に関してはオープンになっており、教育省で定められたシラバス(学習要綱)に沿って、自由に教科書を作成することができる。教科書採択は採択区制が取られており、半島マレーシアが4区に、サバ・サラワクの1区とあわせて、全国が5採択区に分けられている。低所得層に対しては、教科書貸与スキームが設けられている。

4. 中等学校教員の養成と研修体制

(1) 養成制度の現状と問題点

小学校教員養成は全国に31校設置された教員養成カレッジで、マレーシア教員養成ディプロマ・コース KDPM (Kursus Diploma Perguruan Malaysia)が提供されている。ディプロマ・コースは、上級中等学校2年修了の後、第6年級

を経ずに進学する。特別教育、マレー語、英語、中国語、タミール学習、イスラーム教育、音楽教育、数学教育、保健教育などの主専攻の他、副専攻として地域学習、道徳教育、美術教育、生活技能などがある。教員養成カレッジは入学時には30歳を越えないという条件があり、カレッジで3年間の教育を受け、ディプロマが与えられる。

中等教員の養成は、学士号取得後教員養成コース KPLI (Kursus Perguruan Lepas Ijazah)、すなわち専門学部を卒業し学士号を取得した後、教育学部で教師資格を取得するコースと、学部段階で専門と教育学を並行して学んで教員資格を取得するコースとがある。またディプロマ取得者が教員資格を得るための、ディプロマ取得後教員養成コース KPLD (Kursus Perguruan Lepas Diploma) も設けられている。

他にディプロマ取得教員に対する1年間の学士号取得特別プログラム PPLD (Program Khas Pensiswazahan Guru Lepas Diploma) が置かれている。このプログラムは43歳未満の現職教員を対象とし、後述のスルタン・イドリス教育大学をはじめ、マラヤ大学、マレーシア国民大学、マラ工科大学、マレーシア工科大学、マレーシア・プトラ大学の各大学に同じ学位授与プログラムが置かれる。教科分野は科学、数学、情報工学、英語（第二言語）である。このプログラムを修了すれば中等学校で教えることができる。

他方、1997年に博士課程を持つ最初の教育大学として、スルタン・イドリス教育大学が設置された。同大学の前身は植民地期に設けられたスルタン・イドリス教員養成カレッジ (Maktab Perguruan Sultan Idris) であったが、1987年に教育専門大学 (Institusi Perguruan Sultan Idris) となった。さらに、1993年からマレーシア農業大学との間でトゥイニング・プログラムを設け、マレー語と保健教育に関して教員教育学士特別コースを設置した。ちなみに同年から教員養成カレッジで小学校教員と中学校教員が養成されるようになった。スルタン・イドリス教育大学では、教育学士資格 (Ijazah Sarjanamuda Pendidikan) の他に、シスワザー（学士取得後）コース、また教育修士 (Sarjana Pendidikan) コース、哲学博士 (Kedoktoran Falsafah) コースが設置されている。

(2) 研修体制の問題と課題

　教員研修に関しては近年、教員活動センター PKG (Pusat Kegiatan Guru) が各地に設置された。当初は地域リソース・センター (Pusat Sumber Tempatan) として設置されたが、1981年に地方メディアセンター (Pusat Media Daerah) となった。地方メディアセンターはケダー、クランタン、トレンガヌ、パハンの各州に設置された。1986年にはさらに地方教育リソース・センター (Pusat Sumber Pendidikan Daerah) となり、それぞれが15～20校の学校にサービスを提供した。サービスの中心は農村部の学校を対象とする機材の提供と教員の研修である。地方教育リソース・センターは1990年に教員活動センター PKG になり、その役割が拡大された。教員活動センターは、世界銀行の借款で全国に200カ所設置され、また150か所が既存学校の建物内に設けられた。とくに教員の教育工学 teknopen (teknologi pendidikan) の研修を目的とし、州教育技術部 BTPN (Bahagian Teknologi Pendidikan Negeri) の管轄下に置かれる。教員の情報工学の研修を中心に各種の研修コースが実施されている。

5. 中等教育と高等教育との連関

　高等教育機関としては、政府資金で運営される公立高等教育機関と、民間資金で運営される私立高等教育機関がある。私立高等教育機関は、1996年教育法、1996年私立高等教育機関法が制定・施行されて以降、急速に発展してきた。

　公立高等教育機関は、カレッジ教育、ポリテクニック教育、大学教育の3つに大別される。カレッジ教育は、SPM取得者を対象とし、2年間の資格 (Certificate) 課程と、3年間のディプロマ (Diploma) 課程がある。2001年以降、高等教育省によってコミュニティ・カレッジが設立され、その後、急速に拡大した。コミュニティ・カレッジはローカルなコミュニティのメンバーに生涯学習の機会を提供するものである。SPM資格あるいは SPM(V)資格 (マレーシア教育資格－職業) 取得者が技能習得・技能革新のために学び、資格を得ることができる。ポリテクニック教育は、さまざまの工学分野の技能を身につけた技術助手およびテクニシャンになろうとする者の選択肢である。全国に

20校のポリテクニックがあり、2年間の資格コース、3年間のディプロマ・コースを提供する。大学ではディプロマ・コースと学位コースが提供される。SPM取得者にはディプロマ・コースのみ開かれている。他方、学位コースは、STPM（マレーシア学校教育高等資格）、マトリキュラシー、STAM（マレーシア宗教高等資格）、ディプロマ保持者に開かれている。学位コースへの入学には、英語能力がMUET（Malaysia University English Test、マレーシア大学英語テスト）で評価され、この試験を受験することが要件とされる。

　私立高等教育機関には、非大学（Non-univesity）ステータスと大学ステータスの2種がある。マレーシアでは、非大学ステータスの私立カレッジが、1950年代初めからさまざまのプログラムを提供してきた。外国大学によって提供される学位プログラムや、フランチャイズによる学位プログラム、専門・準専門コース、英語コース、国際的に評価される内部資格およびディプロマ・プログラムなどさまざまである。また、外国大学との連携で、各種トウィニング・プログラムが提供されてきた点も興味深い。これは外国大学と同じプログラムの一部をマレーシア国内の私立機関で提供し、その後に外国の大学に行って残りのプログラムを履修し、学位を取得するというものである。留学期間および留学費用を縮減して外国大学の学位がとれることから人気を得た。2＋2や3＋1や、さらには3＋0というように、ほとんど外国に行かずに学位を取得できるプログラムもある。大学ステータスを持つ私立高等教育機関としては、私立の大学および大学カレッジ（University College）および外国大学のブランチ・キャンパスがある。外国大学のブランチ・キャンパスとしては、1998年設置のモナシュ大学、1999年設立のカーティン工科大学サラワク校などがある。

(1) STPM取得者のための学位（イジャザ）コース

　公立高等教育機関の学位コースに進学するには、STPM取得者、STAM取得者、ディプロマ取得者、教育省マトリキュレーション（マトリキュラシー）取得者の各カテゴリーがある。いずれのカテゴリーも入学者選考は、高等教育省高等教育運営局の下に置かれた学生入学管理部 BPKB（Bahagian Pengurusan

Kemasukan Pelajar）が一元的に実施する。STAM取得者の場合、アカデミック90％、課外活動10％の割合でメリット・システムによって選考が行われる。文科・理科ストリームに分かれ、候補者はそれぞれ4プログラム以上、8プログラムまで志望するプログラムを出願することができる。アカデミックのメリットについては、CGPA (Cumulative Grade Point Average) は一般論文 (general paper) を含む上位4科目の得点から算出される。課外活動はスポーツ／ゲーム、ユニフォーム・ティーム、クラブ、ナショナル・サービス・プログラムの上位2活動から算出される。

　マトリキュレーションを経て学位コースに進学するには、個々の大学の入学要件を満たさなければならない。当初はブミプトラ（マレー系およびその他の先住民）の子弟に限定されたが、現在は定員の10％まで非ブミプトラの生徒も受け入れている。通常2年間の学習の後、STPM試験は受けずに大学の学位課程に進学することができる。1996年からコースによってはマトリキュレーション1年間で学位課程に進学することも可能になった。マトリキュレーションには科学、会計、法律、経済などのコースがある。教育省のマトリキュレーション資格の他に、マラヤ大学の科学基本プログラム（Program Asasi Sains）やマラ工科大学法律基礎（Asasi Undang-undang）などもマトリキュレーション取得に準じて（STPMを経ずに）大学の学位コースに進むことができる。

　また、政府によって認められたディプロマ資格を持つ者も学位コースに進学できる。こうしたディプロマは、マレーシア科学大学、マレーシア国民大学、マレーシア・プトラ大学、マレーシア工科大学などの大学やポリテクニックで提供される。他に教育省の教師教育部により与えられる資格／ディプロマ、マレーシア海洋アカデミー、ブリティッシュ・マレーシア・インスティテュート（BMI）、ジャーマン・マレーシアン・インスティテュート（GMI）などの資格／ディプロマ資格も含まれる。多くの場合、単位互換によって、学位コースの第2年次に編入学する。

(2) SPM取得者のためのディプロマ・コース

　SPM取得者は、公立大学のディプロマ課程および学位基礎コースに入学

することができる。ディプロマ課程は多くの公立大学に置かれ、また学位基礎コースとしては、マラヤ大学の基礎プログラム（Prorgram Asasi）、マラヤ大学「イスラーム研究基礎」（Asasi Pengajian Islam）、マレーシア国際イスラーム大学の「マトリキュレーション・プログラム」、マラ工科大学の「法律基礎」「学位前プログラム」などがある。

選考は、公立大学の学位プログラム同様に学生入学管理部 BPKB が作業を担当する。アカデミック90％、課外活動10％の割合で計算されるメリット・システムも同様である。アカデミックのメリットは主要5科目（90点）と残りの点数の良い3科目（30点）、あわせて8科目の点数で計算される。主要5科目は理系では、数学、追加数学、物理、化学、生物（あるいは他の関連科目）、文系ではマレー語、数学、理科、歴史、イスラーム学習（あるいは道徳学習、コーラン／スンナ学習、シャリアー学習）である。課外活動も学位コース同様に、上位2活動から計算される。

また、SPM 取得者にとって公立機関の進学先として、教育省の教員養成カレッジ（資格／ディプロマ）およびポリテクニックがある。教員養成カレッジは教育省教師教育局の管轄で全国に31校あり、小学校および中学校教員養成のための3年間のディプロマ・プログラムを提供する。2004年に高等教育省が設置されたとき、以前の教育省技術教育局は高等教育省の中に位置づけられ、4つの局の1つ、すなわちポリテクニック・コミュニティカレッジ教育局となった。ポリテクニックは1969年にペラッ州に設置されたポリテクニック・ウンク・オマール Politelnik Ungku Omar が最初で、その後、1990年代初めまでに計6校へと増加した。1996年以降、その数は急速に増え、2009年度では全国に27校設置されている。ポリテクニックは工業、商業・観光・看護、情報通信技術、グラフィック・産業デザイン・服飾などの全日制の資格コースおよびディプロマ・コースを提供する。資格コースが2年（4学期）、ディプロマ・コースが3年（6学期）である。

（3）トゥイニングと日本留学

マレーシアは近年まで国内の高等教育機関の拡大を抑制し、多くの学生を

海外に留学生として送り出してきた。マレーシア政府派遣による留学生は人事院の選考を経てイギリス、アメリカ、オーストラリア、日本などに多数派遣されてきた。また、国内の大学が限られ、さらにブミプトラ優遇政策に基づく人種別割り当て制度によっても進学機会が限られることから私費の海外留学も非常に多かった。しかし、海外の大学の授業料改定や経済危機は海外留学コストに大きく跳ね返った。近年、外国の大学と国内のカレッジが協定を結び、同じカリキュラムで2年あるいは3年間、国内で学んでから留学する「トゥイニング・プログラム」が多く設置された。トゥイニング・プログラムは、前にも触れたように、国内のカレッジから海外の大学の学位課程に接続するもので、留学期間が短くなり費用も安いので人気を集めた。

　ちなみに、日本留学特別準備プログラムがマラヤ大学に設置されている。1982年に、マハティール首相による「ルックイースト政策」の一環として設置されたもので、自然科学と社会科学に関して(第6年級もしくはマトリキュラシーに相当する)2年間のプログラムを提供している。選考の要件は19歳未満の者で、マレー語とイスラーム教育／道徳教育を最低6C、一般数学、物理、化学とそれ以外の1教科(マレー語、中国語、マレー文学、美術、イスラーム／道徳教育以外)3B以上、英語が少なくとも4B以上の生徒から選抜される。第1学年は物理、化学、数学、英語、日本語、日本事情(英語と日本語以外はすべてマレー語で)、第2学年は物理、科学、数学、英語、日本語、日本事情を(英語以外のすべての教科を日本語で)学ぶ。このコースを終えた後、日本の大学を受験し、留学する。但し、準備コースに2年、日本の大学で4年間学ぶので、高校卒業から学士学位取得までに計6年を要する。高校卒業後、3～4年程度で学位がとれる欧米大学のトゥイニング・プログラムと比べると、年限と費用の面から魅力が乏しい。

(4) 高等教育機関の成長

　国立大学は1962年にマラヤ大学が設置された後、1969年から1972年にかけてマレーシア科学大学USM、マレーシア国民大学UKM、マレーシア農科大学UPM、マレーシア工科大学UTMが相次いで設立されたが、その後

は拡大が抑制された。伝統的な高等教育観が支配的であったこと、またブミプトラ優遇政策によって高等教育機会を人種別割り当て制度によってコントロールする必要があったことにもよる。その後、1983年に国際イスラーム大学が設置されたが、これは世界的なイスラーム復興の影響を受けて設立された特別なケースである。教授言語もアラビア語と英語の2言語が用いられ、会社法によって設立された。それ以外には1984年にマレーシア・ウタラ大学（北部マレーシア大学）UUM が設立されただけであったが、1990年代に入って半島マレーシア以外に、1992年にサラワク・マレーシア大学 UNIMAS、1994年にサバ・マレーシア大学 UMS が設置された。また、1997年には前述のようにスルタン・イドリス教育専門大学 Institusi Perguruan Sultan Idris が昇格し、スルタン・イドリス教育大学 UPSI（Universiti Pendidikan Sultan Idris）になった。

　1997年にアジア諸国をおそった経済危機（通貨危機）がマレーシア国内における公立大学の増設を加速させた。その後、設立された公立（国立）大学として以下のような大学がある。

　　UiTM（Universiti Teknologi MARA） MARA 工科大学

　　UDM（Universiti Darul Iman Malaysia） マレーシア・ダルルイマン大学

　　USIM（Universiti Sains Islam Malaysia ← KUIM 1998） マレーシア・イスラーム科学大学

　　UMT（Universiti Malaysia Trengganu 2007） トレンガヌ・マレーシア大学

　　UTHM（Universiti Tun Hussein Onn Malaysia ← Pusat Latihan Staf Politteknik 1993） マレーシア・トゥン・フサイン・オン大学

　　UteM（Universiti Teknikal Malaysia Melaka） マラッカ・マレーシア技術大学

　　UMP（Universiti Malaysia Pahang 2007 ← KUKTEM 2002） パハン・マレーシア大学

　　UniMAP（Universiti Malaysia Perlis ← KUKUM 2001） プルリス・マレーシア大学

　　UMK（Universiti Malaysia Kelantan 2006） クランタン・マレーシア大学

　　UPNM（Universiti Pertahanan Nasional Malaysia ← Akademi Tentera Malaysia 1995） マレーシア国防大学

私立高等教育機関は1996年教育法および1996年私立高等教育機関法の下に、近年、急成長を遂げてきた。マルチメディア大学(1996年)、テナガナショナル大学(1997年)、ペトロナス大学(1997年)、トゥン・アブドゥルラザク大学(1999年)などが次々に設立され、他方で外国大学の分校としてモナシュ大学マレーシア校(1998年)、カーティン工科大学(1999年)、ノッティンガム大学マレーシア校(2000年)などがある。

　2009年度において、大学テータスを持つ私立高等教育機関の数は20校にのぼっている。その中には遠隔教育専門大学 IPJJ (Institusi Pendidikan Jarak Jauh)、マレーシア公開大学 OUM (Open University Malaysia)、ワワサン(ビジョン)公開大学 WOU (Wawasan Open University)、アジア e 大学 AeU (Asia University)、アルマディナ国際大学 MEDIU (Al-Madinah International University)、トゥン・アブドゥール・ラザク大学 UNITAR (Universiti Tun Abdul Razak) などが含まれる。大学と同レベルの私立高等教育機関の分校が22校、外国大学の分校が4校、ユニバシティ・カレッジと同レベルの私立高等教育機関が20校、大学レベルと同じではない私立高等教育機関が393校、あわせて460校の私立高等教育機関が設置されている。

　2004年以前は国立高等教育機関は高等教育局、私立高等教育機関は私立教育局の管轄であったが、2004年に高等教育省(Kementerian Pengajian Tinggi Malaysia) が創設され、国立・私立の高等教育機関、コミュニティ・カレッジ、ポリテクニック、国家適格認定委員会 LAN (Lembaga Akreditasi Negara)、国立高等教育基金 PTPTN (Perbadanan Tabung Pendidikan Tinggi Nasional) など高等教育に関連する政府機関は、この高等教育省の管轄下に置かれている。

　1995年以降、マレーシアでは新しい教育関係の法律が次々に制定された。それらは1996年教育法、1996年高等教育機関全国評議会法、1996年私立高等教育機関法、1996年全国大学基準委員会法、1996年大学・カレッジ(改正)法、1997年全国高等教育財源委員会法等であり、特に高等教育の法整備に力点が置かれた。これらの法律制定はマレーシアを東南アジア地域におけ

る教育のハブに位置づけるという野心的な計画に沿ったものである。それまでの制限的な高等教育開発政策とは違って、高等教育の拡大・発展戦略がとられ、国立大学の民営化、私立大学の多様な拡張、海外の大学を含めた大学間のさまざまの連携・協力、産学共同の推進など変貌は著しい。

中等教育から高等教育への接続も、高等教育の構造変化による大きな影響を受けてきた。本来、マレーシアにおける中等教育は、多民族社会における国民統合の核を担ってきた。初等段階では民族語による教育を保障しつつ、中等段階以上は教授言語をマレー語に統一してきた。しかし、グローバル化の圧力によって、IT・コンピュータ（情報教育）と英語に力点を置かれるようになった。中等教育段階でIT技術を教育に活用するためにスマート・スクールが設置・指定されるとともに、マレー語で授業が行われてきた数学と理科について、教授言語を英語にする計画が2002年8月に発表され、2003年から実施された。しかし、マレー語能力を浸食する恐れから反対運動が展開され、初等学校段階では2012年からマレー語に戻すことが決められた。

他方で、西洋型とは異なる発展が目指され、国民教育におけるイスラーム的な要素も強化されてきた。宗教国民中学校の創設以来、中等教育カリキュラムにおける一般教科と宗教（イスラーム）教科の統合が着実に進められた。こうしたイスラーム系中等教育の発展に対応して、STAM（マレーシア宗教高等資格）が制度化され、また修了者の進学ニーズにこたえるために、国立、州立、私立のイスラーム高等教育機関が急増しつつある。そうしたイスラーム高等教育機関は国際あるいは科学を名称に冠して、伝統的な護教的イスラーム高等教育とは異なる性格を社会にアピールしている。こうした変化は、中等教育と高等教育の接続にもまた新たな要素を加えつつある。

参考文献
杉村美紀『マレーシアの教育政策とマイノリティ　国民統合のなかの華人学校』東京大学出版会、2000年。
杉本均『マレーシアにおける国際教育関係』東信堂、2005年。
竹熊尚夫『マレーシアの民族教育制度研究』九州大学出版会、1998年。
西野節男「マレーシアにおける教育改革とイスラーム化政策」『教育学研究』第64巻

第3号（1997年）、36-45頁。
村田翼夫編著『東南アジア諸国の国民統合と教育』東信堂、2001年。
Education Guide Malaysia (Fourth Edition 1997/1998), Challenger Concept, 1997.
Education Guide Malaysia (10th Edition), Challenger Concept, 2006.
Rosnani Hashim, *Educational Dualism in Malaysia: Implications for Theory and Practice*, Tho Other Prsess, 2004 (new edition).

第8章 シンガポール
——中等教育の多様化と能力主義教育の行方

池田充裕

1. 教育制度の歴史的背景と現状

(1) 歴史と概況

シンガポールはマレー半島の南端、ほぼ赤道直下に位置する島嶼国家である。国土面積は淡路島程度(710.3km²)しかなく、資源らしい資源は何もないが、2007年以降はIMFや世界銀行などの国際統計指標において国民1人当たりGDPで日本を抜き、経済的にはアジアで最も豊かな国となった。

しかしその歴史は浅く、1819年に英国東インド会社の植民地行政官ラッフルズ (T. Stamford Raffles) が上陸した当時、この島は、ほぼ無人であったと言われる。やがて1824年に英国東インド会社の植民地となり、1826年にはマラッカ、ペナンとともに海峡植民地 (the Straits Settlements) に、そして1867年には英国の直轄植民地となった。これ以降、アジア各地、とくに中国南部から出稼ぎ労働者が大挙渡来し、今世紀初頭に住民人口は20万人を越え、その7割以上を中国系が占めるに至った。

国民人口(2012年)は381.8万人で、民族構成は華人系(Chinese)74.2％、マレー系(Malays)13.3％、インド系(Indians)9.2％、その他3.3％となっている。宗教別人口(2010年)は、仏教33.3％、キリスト教18.3％、イスラーム14.7％、道教10.9％、ヒンドゥー教5.1％、その他0.7％、無宗教17.0％である。80年代には、マレー系（イスラーム教徒が99％を占める）の人口増加率の高さや、若者の宗教熱の高まりが問題となり、政府の教育政策にも微妙な影響を与えた。

1959年に内政自治権を獲得して以来、人民行動党 (People's Action Party: PAP) が政権を一貫して担ってきた。31年間首相職を務めた李光耀 (Lee Kuan-Yew) は、

90年にその座を退き、呉作棟（Goh Chok-Tong）が対話・調整型手法で国民の支持を得て、2004年には李の長子である李顯龍（Lee Hsien-Loong）が第3代首相に就任した。

(2) 基幹学制

独立時、学校系統は民族別・言語別に分立し、教育内容や試験水準はそれぞれの学校で異なっていた。だが1963年には、小学6年－中学4年－大

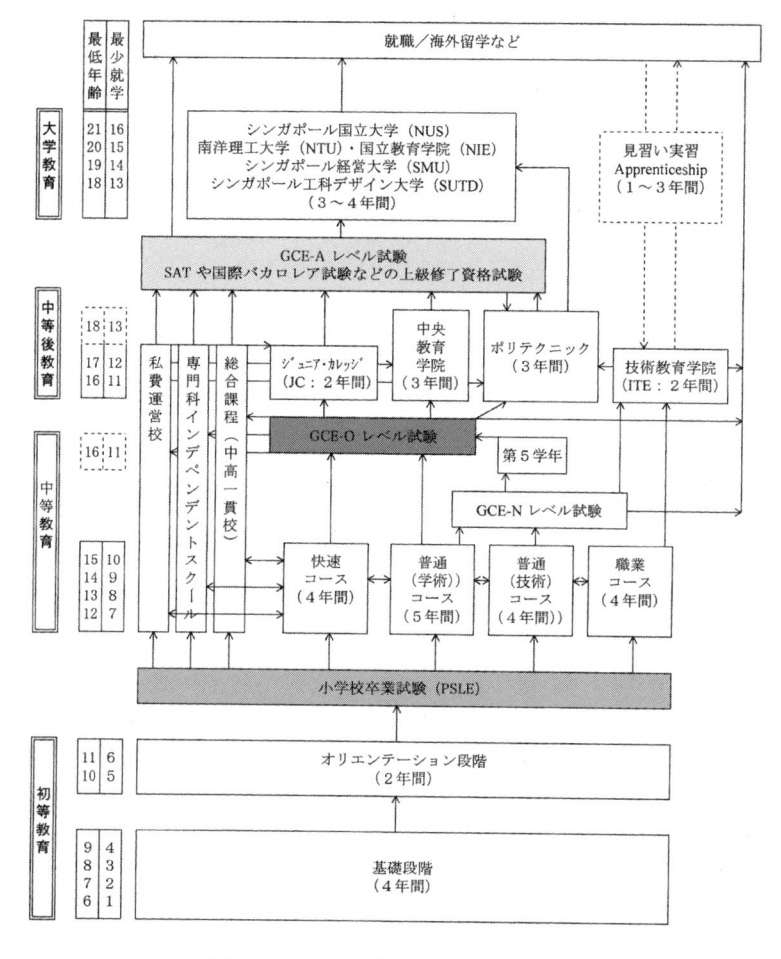

図8-1　シンガポールの学校系統図

学準備教育2年の6-4-2制に教育年限が統一され、各教育段階の終了時に、小学校卒業試験 (Primary School Leaving Examination: PSLE)、普通教育修了資格 (Singapore-Cambridge General Certificate of Education: GCE) の普通 (Ordinary: O) レベル試験や上級 (Advanced: A) レベル試験といった共通試験が用意された。しかし単線型の教育制度と共通の教育課程は、多様な民族的・言語的背景を持つ児童・生徒の学習ニーズに対応できず、多くの留年者や退学者を生み出す結果となった。このため1976年に小学校段階、1978年には中学校段階で自動進級制が廃止され、小学校で2回以上落第した児童は新設の基礎コースに、また中学校で2年遅れた生徒は職業訓練庁所管の職業訓練コースにそれぞれ振り向けられることになった。

　1978年に李首相のイニシアチブの下、その側近である呉慶瑞 (Goh Keng-Swee) 副首相兼国防相を長とする教育研究チームが発足し、翌年にその報告書 (*Report on the Ministry of Education*) が提出された。この報告書の勧告に基づき、1980年に教育省は、学習者を試験で振り分けて、その学力に応じて教育内容をコース別に提供する複線型教育制度を導入した。これまでいく度か修正が施されてきたが、現在でも初等、中等、大学準備・中等後の各教育段階で修了試験を課し、その成績に応じて学力別コースや教育機関に振り分けるという制度の骨格に変わりはない。現在の教育制度は**図8-1**のとおりである。

①初等教育段階 (Primary Education)

　　［基礎段階 (Foundation Stage)］4年間

　英語、民族母語 (Mother Tongue Language: MTL)、数学の中核3教科に8割の時間が充てられ、その他の教科に2割の時間が割かれている。その他の教科は、理科 (3年次より)、社会、美術・工芸、音楽、公民・道徳教育、保健、体育である。

　　［オリエンテーション段階 (Orientation Stage)］2年間

　1980年の教育制度改革以降、同段階にはMTLの学力によって、3つの学力別クラス (EM1/EM2/EM3) が設けられていたが、2004年に教育省はEM1とEM2を統合し、08年にEM3を廃止した。現在は通常クラスに在籍したまま、児童は教科別に上級／標準／基礎の各コースを選択・履修する形態に改めら

れている。小6終了時には先述の PSLE が課せられる。

②中等教育段階(Secondary Education)
　PSLE の成績や「直接入学審査」(Direct School Admission: DSA) の結果に基づいて、生徒は以下のような学校やコースに振り分けられる。

［政府立校・政府補助立校 (Government School・Government-aided School)］4〜5年間
- 快速 (Express) コース…4年間。英語を第一言語、MTL も第一言語レベルで学ぶ。GCE-O レベル試験を受けることで修了資格を得ることができる。以前は最優秀の生徒を受け入れる特別 (Special) コースも置かれていたが、2008年に同コースは快速コースに統合された。
- 普通 (Normal) コース…4〜5年間。英語を第一言語、MTL は第二言語レベルで学ぶ。普通コースは、さらに学術 (Academic) コースと技術 (Technical) コースに分かれる。学術コースでは、成績不良者は中4終了時に GCE 標準 (Normal: N) レベル試験を受け、合格すればさらに5年次の学習を経た後、GCE-O レベル試験を受けることができる。技術コースは、GCE-N レベル試験を合格しても、GCE-O レベル試験は受けられず、技術教育学院 (Institute of Technical Education: ITE) など職業教育コースに進むことになる。

［総合課程 (Integrated Programme: IP) 制校］
後述の6年制中高一貫校。

［専門科インデペンデント校 (Specialised Independent School)］
後述の数学・理科、科学技術、スポーツ、芸術に特化した学校。

［職業専門校］2〜3年間
- PSLE を2回以上不合格となるなど、中学校で授業を受ける学力が十分に備わっていない生徒を受け入れるため、2007年にノース・ライト校 (NorthLight School)、09年にアサンプション・パスウェイ校 (Assumption Pathway School) が設置された。これらの学校では職業教育や生活指導に重点を置き、生徒は ITE への進学を目指す。2013年にはさらに2校の職

業専門校が開学する予定である。

③大学準備教育段階 (Pre-University Education)

[ジュニア・カレッジ (Junior College: JC ／華語名 " 初級学院 ")] 2年間
[中央教育学院 (Centralised Institute: CI ／華語名 " 高級中学 ")] 3年間

　JCの方が学校数、生徒数ともに圧倒的に多く、レベルも高い。CIは学生数の減少も著しく、04年に2つのCIが統合されたことで、ミレニア学院 (Millennia Institute) 1校のみとなっている。

④中等後教育段階 (Post-Secondary Education)

[ポリテクニック (Polytechnic ／華語名 " 理工学院 ")] 3年間

　高技能人材の養成を担い、各分野のディプロマ・レベルのプログラムを提供する。現在国内には、シンガポール・ポリテクニック (Singapore Polytechnic、1954年創立)、ニーアン・ポリテクニック (Ngee Ann Polytechnic、1963年創立)、トゥマセク・ポリテクニック (Temasek Polytechnic、1990年創立)、ナンヤン・ポリテクニック (Nanyang Polytechnic、1992年創立)、リパブリック・ポリテクニック (Republic Polytechnic、2002年創立) の5校がある。

[技術教育学院 (ITE ／華語名 " 工芸教育学院 ")] 1～2年間

　中級技能労働者を養成する機関で、3つのカレッジに分かれ、7つのキャンパスを有する。国家ITE修了資格 (National ITE Certificate) やその上級資格を取得できる。

⑤大学教育段階 (Tertiary Education)

　3～4年間。以下の4つの自治大学 (Autonomous University) と1つの私立大学がある。

・シンガポール国立大学 (National University of Singapore: NUS) …1905年の医学校に起源を持つ同国の最高学府。1980年にシンガポール大学 (University of Singapore) と私立の南洋大学 (Nanyang University) が合併して設立した。
・南洋理工大学 (Nanyang Technological University: NTU) …南洋大学跡地に1981

年に開かれた南洋理工学院(Nanyang Technological Institute)が前身で、1991年にNTUに昇格した。NTUの附属機関の1つに国立教育学院(National Institute of Education: NIE)がある。NIEは高等教育レベルで唯一の教員養成機関であるとともに、教育分野の高等研究機関でもあり、教育省への助言・諮問業務を通じて、その政策決定にも深く関与する。

・シンガポール経営大学(Singapore Management University: SMU)…2000年に公設民営方式で開学。ペンシルバニア大学・ワートン校から大学経営やカリキュラム運用に関する指導を受け、講師陣もその多くが同校から派遣されてきた。

・SIM大学(SIM University: Uni SIM)…1964年設立のシンガポール経営学院(Singapore Institute of Management: SIM)は社会人を対象とした私立の継続教育機関で、米・英・豪・中の各国と学位協定を結びながら各種のプログラムを提供してきた。1992年に英国公開大学の学位プログラム(Open University Degree Programme: OUDP)に認証され、2005年にUni SIMへと昇格した。

・シンガポール工科デザイン大学(Singapore University of Technology and Design: SUTD)…2011年開学した自治大学で、マサチューセッツ工科大学の協力・指導を全面的に仰ぎ、初代学長や講師陣の多くが同大学から派遣されている。

(3) 教育行政と学校種別

国土が狭小であることから、地方教育行政組織や通学区といったものはなく、教育省が教育行政全般を直接管轄・指導している。

1997年に教育省は「学校区」(School Cluster)制を導入し、全国の小中学校とJCは28の学校区に属するようになった。教育省が任命した区教育長(Cluster Superintendent)には、区内の財源運用、教員人事や研修活動、カリキュラムや使用する教科書・教材に関する裁量権が与えられた。教育長の指導の下、区内の各校が連携し、その自律性を高め、地域に密着した経営や革新的な教育プログラムを創出することが期待されている。教育省学校局(Schools Division)は、教育長と連携して、学校評価を実施し、後述のオートノマス校の認定や

表8-1　学校数（2011年度数値）

学校種別	小学校	中学校	小中／中高一貫校	ジュニア・カレッジ／中央教育学院	合計
政府立校 (Government School)	133	119	5	9	266
政府補助立校 (Government-aided School)	41	28	3	4	76
自主校 (Independent School)	0	3	5	0	8
専門科インデペンデント校	0	2	2	0	4
職業専門校	0	2	0	0	2
合計	174	154	15	13	356

出典：Ministry of Education Singapore, *Education Statistics Digest 2012*, p.3.

私立学校の品質認証といった外部評価業務を担当する。

　表8-1のように、現在（2011年度）中学校は全国に169校（小中一貫／中高一貫校含む）あり、約7割は国が100％出資する政府立校である。政府補助立校は、政府立校の児童・生徒および所要教員1人当たりの教育費支出を基準に算定された補助金を国から受け取るが、カリキュラムや教員制度などは政府立校と同じである。授業料は月5S（シンガポール）ドル、諸経費（標準経費と学校指定経費の計）は月8〜16Sドルである（2013年2月現在1Sドルは約75円）。

　中等教育段階では、80年代後半から英米の民営化政策をモデルに学校改革が進められてきた。例えば1988年に教育省は、政府補助立の伝統エリート中学校の中から、インデペンデント校（Independent School／華語名 "自主校"）を選定し、教育財源の自己調達や使途決定、教員の採用・昇進・解雇、カリキュラムの自主編成、留学生を含めた生徒の入学基準・方法の設定などに関して大幅な裁量権を与えた。現在インデペンデント校に選ばれた中学校と中高一貫校は8校存在する。授業料は月200〜300Sドル程度で、経費等で年500〜1,000Sドルがさらに必要となる。

　また、1994年から教育省は、革新的で特色のある教育プログラムを実践する政府立・補助立の中学校をオートノマス校（Autonomous School／華語名 "自治校"）と認定し、特別補助金を支給している。現在28の中学校と小中／中高一貫校にオートノマス校のステイタスが与えられている。授業料は政府立

校と同じであるが、特別経費を3～18Sドルの範囲で諸経費に加えることが認められている。

なお同国の初等・中等教育段階では、2学期(semester)4期(term)制を採用している。1学期は1～5月(第1期:1～3月上旬、第2期:3月下旬～5月)、2学期は7～11月(第3期:7～9月上旬、第4期:9月下旬～11月)で、5月と11月に後述の学期末テストが実施される。

(4) 近年の動向──多様化する中等教育制度

シャンムガラトナム(Shanmugaratnam)通産・教育上級国務相(当時。後に2003～08年教育相、現副首相・財務相・マンパワー相)が議長を務めた「JCと後期中等教育に関する検討委員会」(以下、JC検討委員会)は、2002年10月にその報告書(*Report of the Junior College/Upper Secondary Education Review Committee*)をとりまとめ、今後の中等教育改革ビジョンを提示した。具体的には2006年からJCのカリキュラムを全面的に刷新し、「より学際的で自己探究型の内容に改める」、「必修教科を減らし、選択教科を増やす」、「リーダーシップやチームワークなどの能力を伸ばすための活動教科を導入する」、「評価やGCE-Aレベル試験においては批判的・創造的な思考力を重視する」といった方針を打ち出した。また卒業後の大学入学審査についても、多様化するJCのカリキュラムに配慮し、後述のように大学の各学部がその特色を反映した独自の審査基準を設定することで、高等教育全体として多様な選択肢を提供するように勧告した。

そして報告書は中等教育制度改革の一環として、次のような3つの新しいタイプの中等学校の導入を提言し、以後その設置が急速に進められてきた。

①総合課程制校

「総合課程」(Integrated Programme: IP)とは、中学4年間とJC2年間を接続した6年制(一部は中学3・4年とJCを接続した4年制)の中高一貫プログラムである。PSLEの成績や特別な技能、教員推薦などに基づいて、中1・中3・JC1の各段階で生徒を選抜して受け入れている。これまで同国の中学生は修了要件であるGCE-Oレベル試験を受けて、所定の成績を収めなければ、JCやCIな

表8-2　総合課程制校（2011年度）

学校名	修了要件
Anglo-Chinese School (Independent)	6年間。国際バカロレア試験
Dunman High School	6年間。GCE-Aレベル試験
Hwa Chong Institution	
Nanyang Girls' High School / Hwa Chong Institution (JC)	
National Junior College	
Raffles Girls' School (Sec)/ Raffles Institution (JC)	
Raffles Institution	
River Valley High School	
NUS High School of Mathematics and Science	6年間。NUS High School Diploma
Temasek Junior College	4年間。GCE-Aレベル試験
Victoria Junior College	

出典：Ministry of Education Singapore, http://www.moe.gov.sg/education/admissions/secondary-one-posting/general-information/programpro/integrated-programmes/

どの上位校へ進学することはできなかった。だがIP校ではOレベル試験から解放されることで、生徒が多様な学習内容や課外活動に集中して取り組み、リーダーシップや知的好奇心、批判的・創造的な思考力などを豊かに伸長することができると期待されている。2011年現在、**表8-2**のとおりIP校は13校（11グループ）存在する。

②専門科インデペンデント校

　先述のとおり、英国のパブリック・スクールなどを模して設立された既存のインデペンデント校に対して、近年は専門領域を特化した以下のようなインデペンデント校が相次いで誕生している。

・シンガポール国立大学（NUS）附属数理科中等学校（NUS High School of Mathematics and Science: NUSHS）…ノーベル賞受賞者の誕生を期して、NUSが2005年に開設した6年制の中高一貫校。中学1年と3年から計250名定員で選抜し、留学生も15～25%受け入れる。大学と同様のモジュール式の柔軟なカリキュラムを提供し、生徒の自主研究プロジェクトなどを多く導入する。独自のNUSHSディプロマを発行し、SAT（Scholastic Assessment Test）やAP（Advance Placement）試験などの国際試験にも対応する。

入学審査では、成績、面接、認知テスト、教員推薦の他、スクール・キャンプを開いて、志願する中学生に数学、物理、化学、生物、工学などのクイズ形式のテストに取り組ませ、その中での活動の様子を観察し入学者を決定する。授業料は月300Sドル、諸経費は月20Sドル。
・スポーツ専科中等学校（Singapore Sports School）…コミュニティ開発・スポーツ省のイニシアチブで2004年に開設した、全寮制の4～5年制中高一貫校。「国際競技の中で自国選手を応援することで、国民の一体感は強まる。スポーツは国家意識の鼓舞、国民統合に有益である」という呉首相（当時）の意向を受けて、オリンピックなどの国際競技で活躍できる選手の養成を目指す。毎年150名定員で入学者を選抜し、生徒は一般校と同じ学術教科を学びながら、バトミントン、サッカー、卓球、水泳などの9つの主要競技に取り組んでいる。
　開学当初、中学校の快速コース以上の生徒に入学を制限したことで批判が起きたが、実際には学力面では一番低い普通・技術科コースの生徒も特別措置として受け入れることになった。2010年からは国際バカロレア試験を修了要件とする6年制プログラムも開設する。授業料は月500Sドル。
・芸術専科中等学校（School of the Arts: SOTA）…情報・芸術省が教育省と協力して2007年に設置した6年制の中高一貫校。後述のように同国には高等教育段階に相当する芸術校はいくつか存在するが、中等教育段階の芸術専門校はなかった。同国を国際的な芸術ハブ・センターにするために、世界に通用する芸術プランナーの養成を図る。
　1学年200名定員で、ビジュアル・アート、ダンス・演劇、音楽の3専攻を置くが、進路変更や就職に備えて、言語、理数、人文などの一般科目も学び、卒業要件として国際バカロレア試験を課すことになっている。入学要件は原則として快速コース以上だが、スポーツ校と同じく特例も認めている。授業料は月350～450Sドル、諸経費は月17Sドル。
・科学技術校（School of Science and Technology: SST）…教育省とニーアン・ポリテクニックが協力し、2010年に開学した4年制のインデペンデント校。1学年200名定員で、3・4年次にはデザイン工学、電機基礎、メディア

研究、バイオ工学、環境科学・工学といった選択科目が用意されている。

③私費運営校と学校品質認証制度の導入

　先述のJC検討委員会は、多様な選択肢を提供するために、国内外の教育機関が運営する完全私費運営の中学校とJCを数校に限定して認めるように勧告した。教育省は、報告書が示した「毎年400〜800名の生徒を受け入れ、定員の半分まで外国人留学生に配分できる」、「教育内容や学費、教員採用、試験などの決定について完全な自由裁量権を持つ」、「教育省が課す最低限の教育内容（2言語教育や国民意識教育）には従う」との原則を踏まえ、2004年に2校を認可した。今後これらの私費運営校には、帰国子女や留学生の受け皿としての役割も期待されている。

2. 入学者選抜方法と進級・卒業認定

(1) 入学者選抜方法

①中学校

　PSLEはシンガポール試験・評価庁 (Singapore Examinations and Assessment Board : SEAB) が実施し、その得点配分は英語200点、MTL200点、数学100点、理科100点の計600点満点である。児童や保護者はPSLEの得点結果に基づき、教員と相談の上、進学を希望する中学校を6つまでを教育省のインターネットシステムに申請する。教育省のコンピュータは各中学校の定員枠を踏まえながら、PSLEの得点結果、通学距離、各中学校の特色といった条件から、各児童の進学先を機械的に割り振っていく。これは「中央配分方式」(Central Posting Exercise: CPE) と呼ばれており、その結果はインターネットや携帯電話のメッセージ・サービスなどを通じて保護者に通知される。なお、インデペンデント校は入学定員の10％、オートノマス校は5％までを上限に、CPEの後でPSLEに足切り点を課すなど独自の基準を設けることが認められている。

　また2004年3月に教育省は、06年から独自に入学審査を行う先述の「直接入学審査」(DSA) 方式を認める通達を出した。インデペンデントの中学校やJC

は20％、オートノマス校は10％、運動や芸術などの特定の領域で実績のある普通中学校 (Niche Programme School) は5％、IP課程を持たない普通JCは10％を上限に、数学やMTLなどの特定教科や学業以外の能力分野に関するDSAを実施している。また、IP校やNUSHS、SOTA、SSTといった専門科インデペンデント校では、全定員に対してDSAを実施することが認められている。

② JC/CI

GCE-Oレベル試験の結果に基づいて、中学を卒業した上位約25％の生徒がJC/CIに進み、中位の約35％がポリテクニックへ進学する。Oレベル試験下位者や不合格者、Nレベル試験受験者の一部は、ITEに進学 (約25％) するか、就職 (約15％) の道を選ぶことになる。

JC/CIやポリテクニック、ITEの入学者の選抜は、DSA合格者を除いて、「合同選抜方式」(Joint Admissions Exercise: JAE) によって行われる。JC/CIへの進学を希望するOレベル修了者は、JCではOレベル試験の英語と進学コースに関連する5教科 (L1 + R5) の等級や獲得点の合計、CIは英語と関連4教科 (L1 + R4) の同値を教育省のインターネットシステムに申請する。Oレベル試験の結果は**表8-3**のように、等級、テスト得点、獲得点といった形で示され、進学するためには、獲得点の合計がJCでは6教科 (L1 + R5) で6～20点 (最高点は6点)、CIでは5教科 (L1 + R4) で5～20点 (最高点は5点) でなければならない。20点を越える獲得点は入学要件を満たさないものとされる。

進学希望先は、JCの人文系・数理系の各コース (CIは商業系も加わる) や、ポリテクニックやITEの260近い専門コースの中から12まで選ぶことができる。そしてOレベル試験の成績を第1基準、進学希望コースを第2基準にして、各人の進学先はやはりCPEによって決定される。

表8-3 GCE-Oレベル試験における等級・テスト得点・獲得点の配分

等級	テスト得点	獲得点
A 1	75-100点	1
A 2	70－74点	2
B 3	65－69点	3
B 4	60－64点	4
C 5	55－59点	5
C 6	50－54点	6
D 7	45－49点	7
E 8	40－44点	8
F 9	0－39点	9

(2) 成績評価と進級方法

①中学校

　中学校には、教科学習の評価のために、①クラス・テスト、②学期末テスト（Semestral Test）、③ GCE-O レベル試験の3種類の試験が存在する。クラス・テストは、各教科で学習したことの復習を兼ねて、学期中に2、3回行われる。学期末テストは、1学期末の中間試験（Mid-Year Exam）と年度末試験（1〜3年生：End-of-Year Exam、4年生：Preliminary Exam）として課せられる。Oレベル試験は、

表8-4　中学校における各教科の評価基準

	Continual Assessment	Semestral Assessment	Total
Semester 1	15%	25%	40%
Semester 2	15%	45%	60%
Total	30%	70%	100%

```
                EXAMINATION RESULTS (SECOND SEMESTER & OVERALL)
Name    :                                                        30/11/93
Age     : 18 years (as of 1st Jan 1993)
Class   : Sec 4 01                             Serial No. : 01
Class Teacher : MR                             Stream     : Express
-----------------------------------------------------------------------
                Continual    Semestral    2nd Sem.    Overall
Subject         Assessment   Assessment   Combined    Mark   Grade
ENGLISH LANGUAGE             72.0         72.0        72.0   A2
CHINESE                      55.0         55.0        55.0   C5
ENGLISH LITERATURE           58.0         58.0        58.0   C5
MATHEMATICS D                89.0         89.0        89.0   A1
ADDITIONAL MATHS             73.0         73.0        73.0   A2
PHYSICS                      69.0         69.0        69.0   B3
CHEMISTRY                    78.0         78.0        78.0   A1
BIOLOGY                      71.0         71.0        71.0   A2
GEOGRAPHY                    66.0         66.0        66.0   B3
CME (Know & Skills)                                          A    Non-exam Subj
-----------------------------------------------------------------------
Total            : 452.0 / 600          ECA Grade         : B3
Percentage       : 75.3 / 100           Aggregate (L1R4)  : 8
Class Position   : 27 / 32              Aggregate (L1R5)  : 11
Results (P/F)    : Passed ( 9 credits)  Attendance        : 181/186
Promotion status :                      Conduct           : Excellent
*Physical Fitness :
    Very                         Needs to              Medically
    Fit ( )   Fit ( )  Satisfactory ( )  exercise more ( ()  Exempted ( )
*Weight-for-Height :
    Acceptable weight  ( )   Underweight  ( )      Overweight    ( ()
Remarks          : M.S.G = 2.67



---------------------     ---------------------    ---------------------
Teacher's Signature       Principal's Signature    Parent's/Guardian's Signature
* See attached table
```

図8-2　中学校の成績表

最終学年次生に対して、1年に1回、年度末に実施される。各教科の成績は、クラス・テストによる到達度（絶対）評価（Continual Assessment）と学期末テスト（相対評価）の総合により評価される。その評価配分は**表8-4**のようになる。

　進級するためには、年間を通した総合評価において、1・2年生は少なくとも英語の得点が50％以上、また、上位8教科の合計得点が50％以上でなければならない。3年生は最低でも英語とその他2教科の得点が50％以上であることが求められる。**図8-2**は中学校の成績表である。

② JC/CI

　JC/CIの教育課程や成績評価の方法は、先述のJC検討委員会の勧告により、2006年から大幅な変更が加えられた。JCの人文系と数理系の2コース（CIはこれに商業系を加えた3コース）は、**表8-5**のように各教科が、H1（標準レベル）、H2（GCE-Aレベル）、H3（上級レベル）の3つに再構成されて選択肢が広がり、修了に当たってJC生はH1レベルを1つ、H2レベルを3つ選択（3H2 + 1H1）し、このうち少なくとも1つは異なる領域コースの教科を含めて履修しなければならないとされた。また、必修として総合論文（General Paper）やプロジェクト・ワーク、MTLもH1レベルで求められている。

　各教科の成績は、①共通テスト（Common Test）、②学期末テスト（Semestral

表8-5　ジュニア・カレッジの科目履修の要件

H1レベル	H2レベル	H3レベル
学生の教養を広め、基礎的な知識・技能を養う。難度はH2と同じだが、単位・時間はH2の半分となる。	GCE-Aレベル試験に備える。	より高度な内容を学ぶために、研究調査などを行う。
全てのJC/CI生は下記の履修要件が課せられる。 ・総合論文（GP）、プロジェクト・ワーク（PW）、MTLはH1レベル。 ・3つのH2レベル教科と1つのH1レベル教科（3H2 + 1H1） ・3H2 + 1H1の4つのうち、少なくとも1つは「異なる領域」から選ぶ。		
（数理系の履修例） 　物理（H2）、化学（H2）、数学（H2）、<u>経済（H1）</u>、MTL、GP、PW （人文系の履修例） 　経済（H2）、歴史（H2）、<u>数学（H2）</u>、中国研究（H1）、MTL、GP、PW		
※下線科目が「異なる領域」の教科。		

Test)、③GCE-Aレベル試験によって評価される。生徒の学習到達度を測る共通テストは、JC 1年生では2学期に、JC 2年生では1学期に集中して行われる。学期末テストは、6月の休暇期を挟んで行われる中間試験(Mid-Year Exam)と年度末の試験(JC 1年生：Promotional Exam、JC 2年生：Preliminary Exam)として行われる。共通テストは絶対評価、学期末テストは相対評価となる。総合論文の評価は、1～9までの9段階で、1～6までが合格、7～9は不合格となる。

(3) 修了認定方法
①中学校

中学校修了に当たるGCE-Oレベル試験は、先述のSEABがケンブリッジ大学地域試験委員会(University of Cambridge Local Syndicate: UCLES)や教育省と協同で問題を作成・実施する。英語や外国語(日本語やフランス語など)、非タミルのインド諸言語(ヒンディー語やベンガリ語など)についてはUCLESの国際試験(Cambridge International Examinations: CIE)を用い、華語やマレー語などのMTLは教育省が問題を作成する。

選択できる受験科目は40ほどあるが、英語は必修である。受験科目の試験要項はSEABのWebサイトで閲覧・ダウンロードできる。表8-3で示したC6以上の科目がOレベル修了資格として認められる。MTLの口述試験は、Distinction、Merit、Pass、Ungradedの4段階で評価される。**図8-3**はOレベル試験の資格証書である。

② JC/CI

GCE-Aレベル試験もOレベルと同じく、SEABがUCLESや教育省と協力して問題を作成し実施する。かつてAレベル試験はUCLESがシラバスや問題の作成、資格認定などを担当してきたが、2004年からSEABが中心となってそのすべてを運営するようになり、同国の教育ニーズにあわせて、思考力や応用力をより重視した内容に改められている。

Aレベル試験は、2006年のJC/CIのカリキュラム改革にあわせて、2008年から新しい方式となり、生徒がJC/CIで選択履修した3～4のH2レベル

図8-3 GCE-Oレベル試験の資格証書

教科が主な試験科目となった。Aレベル試験のH2とH1の成績評価は、A・B・C・D・E・S (sub-pass)・Ungradedの等級に分けられ、A～Eが合格となる。H3の評価は、Distinction、Merit、Pass、Unclassifiedの4段階である。

また先述のように、中学校やJC/CIの学校種や教育内容が多様となり、JC/CIや大学側も入学審査にDSA方式を用いるようになったことから、中学校やJC/CIは生徒を多面的に評価し、その情報を進学先に提供する必要が出てきた。このため教育省は2008年から中学校やJC/CIでは、GCE-O/Aなどの学業成績に加えて、生徒会活動やスポーツなどの正課併行活動(Co-Curricular Activities: CCA)の実績やボランティア歴、平素の学業態度を記した「学校卒業証書」(School Graduation Certificate)の発行も始めている。

3. 中等教育課程の特色

(1) 教育課程の構造、教科の種類

①中学校

表8-6　快速・普通(学術／技術)コースの1・2年次カリキュラム時間数

	教科	＊週当たりの時間数		
		特別・快速	普通(学術コース)	普通(技術コース)
I．試験科目				
1	英語	6	6	8
2	民族母語／基礎民族母語	6	6	3
3	数学	5	6	8
4	科学	6	5	4
5	英文学	2	2	
6	歴史	2	2	
7	地理	2	2	
8	美術・工芸	2	2	
9	デザイン・技術・家政	3	3	
10	コンピュータ・アプリケーション			4
11	技術・家政			4
II．非試験科目				
1	社会			2
2	公民・道徳	2	2	2
3	体育	2	2	2
4	音楽	1	1	
5	美術・工芸			2
6	集会	1	1	1
	合計		40	

注：＊1授業時間は、学校によって35－40分間の間で調整することができる。

表8-6のように、快速、普通・学術の各コースは、最初の2年間、英語、MTL、数学、科学、英文学、歴史、地理、美術・工芸、デザイン・技術・家政といった試験科目とともに、公民・道徳、体育、音楽、集会といった非試験科目を学ぶ。表8-7のように、快速コースでは3年次からコア試験科目のほか、幅広い選択科目が与えられる。

　普通・技術コースの生徒は、試験科目として、英語、基礎MTL、数学、コンピュータ・アプリケーション、科学、技術・家政を学習し、社会、公民・道徳、体育、美術・工芸、集会といった非試験科目を学ぶことになる。

　なおMTLに関しては、2001年にMTLの学習に遅れや障害のある中学3

表8-7　快速コースの3・4年次カリキュラム時間数

	教　科	＊週当たりの時間数
	Ⅰ．コア試験科目	
1	英語	24～26
2	民族母語	
3	数学	
4	下の「総合人文教科」から1つ	
5	下の「科学教科」から1つ	
	Ⅱ．選択科目(2～4)	
1	数学教科： ①応用数学	8～10
2	総合人文教科： ①文学、②地理、③歴史	
3	科学教科： ①生物学または人間・社会生物学、②物理、③化学、④総合科学(生物、物理、化学の中から2つの組み合わせ)	
4	応用言語学： ①外国語(仏・独・日)、②マレー語	
5	その他： ①美術・工芸、②音楽、③服飾、④食物・栄養、⑤商業、⑥会計原理、⑦デザイン・技術、⑧宗教知識(聖書知識、仏教学、儒家倫理、ヒンドゥー教学、イスラーム知識、シーク研究)	
	Ⅲ．必修非試験科目	
1	公民・道徳	2
2	体育	2
3	音楽	1
4	集会	1
	合　計	40

注：＊1授業時間は、学校によって35－40分間の間で調整することができる。

年以上の生徒を対象とした「MTL"B"課程」が新設された。近年では家庭で英語を使用する子どもが年々増え、MTL学習のための子どもの学習負担や親の経済的な負担の増加、また"試験に合格さえすればよい"というMTL学習・能力の形骸化が指摘されるようになっていた。このためB課程ではMTLの学習内容を簡素化し、さまざまな教材や活動を通して楽しみながらMTLを学ぶことで、自文化への愛着を強め、より実践的なコミュニケーション技能や自己学習への意欲を高めることを目指している。2004年からは、PSLEでC以下の成績であった中学1年生にもB課程が提供されている。

② JC/CI

前述のように人文系、理数系の各コース（CIでは商業系コースが加わる）に分かれて、H1、H2、H3で構成された科目群から選択履修する。科目群の構成は**表8-8**のようになる。

授業時間・単位は、H1レベル科目は135時間で1単位（Academic Unit）、H2レベルは270時間で2単位、H3科目は270時間で1単位となり、最小で3H2＋1H1＋3H1（総合論文、プロジェクト・ワーク、MTL含む）の10単位、最大で4H2＋1H3＋3H1の12単位を修得できる。このほか体育、公民、生徒・進路指導（Pastoral Care）に週3時間が充てられる。

必修となるH1レベルの総合論文は、語彙の増大や文書能力の向上とともに、生徒の学習意欲を高めて、その社会的視野を広めることを目的に、すべての生徒に課せられている。そのテーマは身の回りのゴミ問題といった地域環境から、国際社会や地球環境の問題までと幅広い。授業では、新聞・雑誌等の各種資料の収集・分析、ゲスト・スピーカーによる講義、参観・実習・実験といった手法が用いられ、生徒の知的興味を喚起するような工夫がなされている。同じく必修でH1レベルのMTLは、先述のMTL"B"課程修了者やOレベル試験で母語教科を受験しなかった者、またはOレベル試験の高級民族母語（Higher MTL）でD7以上の者は免除される。

また、H3レベルの教科では、H2レベルと同じ教科に関して、より高度な内容を探究的に学ぶ。学力に秀で、特定の教科に優れた才能を示す生徒は、

表8-8　ジュニア・カレッジのカリキュラム（2009年度）

領域	科目	H1	H2	H3
教育省認定科目					
知と技能	総合論文	○		
	プロジェクト・ワーク	○		
	知と探究		○	
言語科目	MTL（華語、マレー語、タミル語）	○		
	フランス語	○		
	ドイツ語	○		
	日本語	○		
人文科目	芸術	○	○	○
	経済		○	○
	地理	○	○	○
	歴史	○	○	○
	英文学	○	○	○
	中国研究（英語）	○	○	
	中国研究（華語）	○	○	
	インド研究	○	○	
	中国史	○	○	
	英語学・英文学		○	
	世界事情研究（華語）	○		
	中国語・中国文学		○	○
	マレー語・マレー文学		○	○
	タミル語・タミル文学		○	○
	音楽		○	○
	演劇・ドラマ研究		○	
	経営学		○	
	フランス語		○	
	ドイツ語		○	
	日本語		○	
数理科目	生物学	○	○	○
	化学	○	○	○
	物理	○	○	○
	数学	○	○	○
	コンピュータ		○	
	会計原理		○	
大学連携認定科目					
人文科目	NUS 地政学：戦争と平和			○
	SMU ゲーム・競争理論			○
	NUS-教育省連携人文・社会科学研究			○
数理科目	NTU 数と行例			○
	NUS 線型代数学			○
	NUS 生物多様性			○
	NUS 現代物理			○
	NTU 分子生物学			○
	NTU 有機合成メカニズム			○
	NTU 半導体物理・機器			○
	NTU-科学技術研究庁-華中学院連携科学研究			○
	NUS-科学技術研究庁-ナショナル JC 連携科学研究			○
	NUS-科学技術庁-ラッフルズ JC 連携科学研究			○
	NUS-科学技術庁-ヴィクトリア JC 連携科学研究			○
	NUS-教育省連携科学研究			○
	NTU 科学研究			○

H3科目を最大2つまで選択でき、特別な個人指導や調査・演習が行われる。表8-8のように、大学や科学技術庁と連携したH3科目の単位は大学でも単位互換が行われ、これを履修した生徒には入学審査や奨学金において優先権が与えられる。

これ以外にも、いくつかのJCでは人文科目、言語、美術、音楽、ドラマといった各種の選択プログラム（Elective Programme）を用意しており、各分野で秀でた生徒に対して専門的な指導を行っている。

(2) 教科書・教材

小学校の社会、公民・道徳、MTL、中学校の社会、公民・道徳、MTL、歴史といった価値的教科の教科書については、教育省カリキュラム計画・開発局（Curriculum Planning & Development Division）が民間出版社と共同で製作・発行する。しかし、それ以外の英語、数学、科学といった教科の教科書は、民間会社が製作し、教育省の検定を受けた上で発行されている。なお、JC/CIでは、もともと教科書自体が存在せず、教員は市販のGCE-Aレベル試験用の図書や問題集を自由に選んで、教材として用いている。

教科書製作・検定・発行のスケジュールとしては、例えば2010年1月の新年度を発行目標とした場合、①2008年11月…教育省への検定用教科書の提出、②2009年3月…第1回検定・修正作業、③2009年5月…第2回検定・修正作業、④2009年8月…検定合格教科書リストの公表、区教育長や校長、教科担当教員による検討、⑤2009年9月…各校での使用教科書の決定、というプロセスを経ることになる。2回の検定では、数式や文法といった記述内容はもちろんのこと、行数、挿絵の図柄や色合い、ページのレイアウト、紙の質、本の重さなど、実に細かな点にまで指導が及ぶ。実際にどの教科書を使用するかという採択権は区教育長や校長に委ねられており、同一の学校区の中でも使用する教科書が異なる場合もあるという。

また、1997年に教育省が策定した「IT教育マスタープラン」（Masterplan for ICT in Education）では、2002年までに全教授時間の30％でITを利用することが目標とされ、これを実現するために、CD-ROMやインターネットを活用

したメディア複合型教材の開発・導入が急速に進んだ。例えば、国内最大手のSNP Pan Pacific Publishingが製作した英語教材「Eureka」などはその代表的なもので、教科書、ワークシート、CD-ROM、Webサイトといったメディアが組み合わせられており、生徒は教科書が与えた課題に対して、個人やグループで計画を練り、CD-ROMやSNPのWebサイトからデジタル映像・音声情報を入手し、ワークシートに回答を記入して、プレゼンテーションを行うという内容となっている。このように各出版社は、自社のWebサイト上にインタラクティブな応用問題を配したり、サーバー内にe-video教材などのダウンロード用コンテンツを置いたりして、生徒がどこでも、いつでも学習できるように工夫している。

　教育省やNIEも、教員が教案・教材といった教授用リソースやテスト問題などの評価用リソースをダウンロードしたり、各自が考案したこれらのリソースをアップロードしたりできるように、インターネット環境を整備し、国全体での教育リソースの共有化と効率化を図っている。

　「IT教育マスタープラン」は、第1次（1997～2002）、第2次（2003～2008）の成果を引き継いで、現在第3次（2009～2014）のプランが進行中である。今期は、①自己学習能力の強化、②個々の生徒にあわせた学習内容の提供、③学習活動の深化・応用への活用、④どこでもICTで学べる環境の構築を目標に掲げている。具体的には、①ICTを中核に位置づけた学習活動や評価法の更なる普及・促進、②ICT専門教員（specialist teacher）の育成、③専門教員やネットワークを通じて、FutureSchool@SingaporeやLEAD ICT@Schoolなどの実験校の先進的な教授法や教材を共有、④すべての学校をギガビット・ネットワークで接続し、児童・生徒に無線接続型PDAを配布といった施策が進められている。

(3) 授業方法

①中学校

　中学校もかつては小学校と同じく、午前・午後の2部制であったが、90年代にほぼすべての中学校が全日制へ移行した。正課の授業時間は午前7時半

頃から午後1時半頃までで、それ以降の時間帯はCCAや補習に利用されている。授業は35～40分単位で、多くの科目は2～3コマ連続して行われる。

　CCAは、小学校では4年生以上の希望者のみが参加するが、中学校では全生徒が3つのコア領域中、最低1つに所属しなければならない。コア領域とは、①スポーツ活動（トラック／フィールド競技、バスケットボール、テニスなど）、②制服活動（赤十字活動、軍事教練隊や警察教練隊など）、③文化活動（マーチング・バンド、民族舞踊、芸術、工芸など）である。この他にも各校は、写真、コンピュータ、ガーデニングなどのクラブを持っている。地域・全国レベルでの競技会や青年団活動も盛んで、後述の大学入学審査改革が進む中、これらのCCAの評価点は進学に当たってさらに重みを増すようになっている。

② JC/CI

　JC/CIの授業編成は、小・中学校と異なり大変柔軟で、前述のように、学習教科は生徒の興味や適性に応じて編成・決定される。授業形態は、講義、個人指導、実験実習の3つの方式がとられている。1日（全日制）の授業時間（45分単位）は、数理系の場合、平均で講義4、個人指導4、実験実習（科学・体育）2、人文系と商業系では、講義4、個人指導3、実習（体育）2となる。講義は150－200人の生徒を対象に行われ、個人指導では1人の教員が、人文系は生徒20人、数理系は25人、商業系では30人ほどを担当する。授業時間は、午前7時45分から午後4時45分までとなっている。

　JCの施設は大変充実しており、図書館、読書室、コンピュータ室、生徒センター、学習寮などがあり、個人や集団が随時利用することができる。

4．教員制度の歴史と現状

（1）国立教育学院（NIE）

　19世紀後半、英国植民地当局は現地マレー系の王族諸侯を支援し、主にマレー系子弟を対象としたいくつかの教員養成校（Malay College, Sultan Idris Training College, Malay Women Teachers' Collegeなど）を設けた。その後、当局はマレー

半島経営の円滑化を図るために、すべての民族を対象とした、英語による組織的な教員養成を試み、1907年に小学校教員、1929年にはラッフルズ・カレッジに中学校教員の養成コースを開いた。1950年には「教員養成カレッジ」(Teachers' Training College: TTC) を開設し、英語の他、54年に華語、57年にはマレー語とタミル語教員の養成を設けて、非大卒者に対するパートタイム養成を行った。また、1949年に開学したマラヤ大学 (University of Malaya, 62年から University of Singapore; US) は翌50年に教育学部を設置し、大卒者に対する1年間の全日制養成課程を開始した。

　1965年にシンガポールがマレーシアから独立した後、教育省、TTC、USの三者が協力して、73年に「教育学院」(Institute of Education: IE) を設立し、非大卒者に2年間、大卒者には1年間の全日制養成課程を提供した。また、1984年に設けられた体育カレッジ (College of Physical Education: CPE) は、非大卒者と大卒者向けの2年制の全日制コースを有し、体育教育ディプロマを発行した。先述のように、1991年に南洋理工学院がNTUに昇格したことに伴い、IEはCPEと合併して、現在のNIEとなり、NTU傘下の独立した一部局として大学機関の扱いを受けている。

(2) 芸術系教員の養成機関

　私立の「南洋芸術学院」(Nanyang Academy of Fine Arts: NAFA) や「ラ・サールーシンガポール芸術学院」(LaSalle-SIA College of the Arts) は、美術や音楽の学士号やディプロマを発行しており、これを取得した者はNIEでの課程を修了した後に、芸術系教科の教職に就くことができる。NAFAは英国のハダースフィールド大学やウェールズ大学、LaSalle-SIAは英国公開大学から学位の認証を受けている。NIEで取得できる教員資格は、後述のようにポリテクニック・ディプロマの有無やGCEのレベルによって区分されている。

(3) NIE開設の養成・研修課程

　NIEが開設する教員養成・研修課程は次のとおりである。

①学部教育

- 「人文系／理数系教育学士号」(Bachelor of Arts (Education) :BA (Ed) / Science (Education) :BSc (Ed)) …GCE-A レベルや国際バカロレア、ポリテクニック等のディプロマ保有者を対象とする4年間の全日制養成課程。課程修了後、「一般教育公務員」(General Education Officer: GEO) 1で採用され、BA(Ed) は人文教科、芸術系教科、民族語、BSc (Ed) は理数系教科を担当する。
- 「大卒教育ディプロマ」(Post Graduate Diploma in Education: PGDE) …国内外の大学や、NAFA、LaSalle-SIA などの学士号取得者向けの1年間の全日制養成課程(体育は2年間)。課程修了後、GEO1 で採用され、小中学校や JC/CI の各教科、芸術系教科、民族語などの教科を担当する。
- 「教育ディプロマ」(Diploma in Education) … GCE-A レベルや国際バカロレア、ポリテクニック等のディプロマ保有者を対象とする2年間の全日制養成課程。課程修了後、GEO2 で採用され、小学校の各教科や民族語、中学校の美術、音楽、民族語などを担当する。
- 「体育教育ディプロマ」(Diploma in Physical Education) … GCE-A レベルやポリテクニック・ディプロマ保有者向けの2年間の全日制養成課程。課程修了後、GEO2 で採用され、小中学校の体育教科を担当する。
- 「美術／音楽／家政教育ディプロマ」(Diploma in Art/Music/Home Economics Education) …NAFA や LaSalle-SIA、ポリテクニックのディプロマ保有者向けの2年間の全日制養成課程。課程修了後、GEO2 で採用され、小中学校の芸術系教科や中学校の家政科を担当する。
- 「華語／マレー語／タミル語教育ディプロマ」(Diploma in Chinese/Malay/Tamil Language Education) … GCE-O レベル保有者用の養成課程で、パートタイム2年間＋全日制2年間の合計4年間。課程修了後、GEO2で採用され、小学校の各民族語教科を担当する。
- 特殊教育ディプロマ (Diploma in Special Education) …特殊教育関連施設の候補教員や発達障害児を担当する補助教員を対象とする1年間の養成課程。

②大学院教育
- 博士課程…人文科学、自然科学、教育学、体育教育学の各博士号。
- 修士課程…教育学、応用言語学、応用心理学、教育経営、教授デザイン・技術、生命科学、スポーツ教育といった各修士号がある。全日制やパートタイム、コース・ワーク中心や論文作成中心など、専攻領域によって履修形態を柔軟に選ぶことができる。

③現職教員のキャリア・アップのための研修課程
- 「上級大卒ディプロマ」(Advanced Postgraduate Diploma) コース…障害児教育(幼児)、初等社会、高校社会、科学・技術教育、デザイン工学、生命科学、生徒指導・カウンセリング、演劇・演劇教育の各専門領域の各ディプロマ。
- 「上級ディプロマ」(Advanced Diploma) コース…英語、華語教育、障害児教育(幼児)、障害児教育(初等)、初等数学、初等理科、初等社会、初等美術、初等音楽、教育情報工学、生徒指導・カウンセリング、演劇・演劇教育の各専門領域の各ディプロマ。

(4) 教員身分・給与・職階制度

　教員身分は先述のように大卒者がGEO1、ポリテクニックや高校の修了資格保有者はGEO2と区分される。初任給(2012年度)はGEO1で3,300〜2,800Sドル、GEO 2では1,900〜1,400Sドルとなり、NIEでの養成期間中も初任給相当分の給与が支払われる。

　シンガポールの教員の職階は、「教員職能開発・キャリア計画」(Education Service Professional Development and Career Plan: Edu-Pac)に基づいて、3つのキャリア・トラックで明確に分けられている。教職に就いて3年目以降から、教員はこの3つのキャリアのどれに適しているか毎年評価を受けることになる。

- 教授専門トラック(Teaching Track)…教科指導や生徒指導の技能向上を専門とするルート。上級教員(Senior Teacher)は新任教員の個人研修や学級経営の指導を担当し、指導教員(Lead Teacher)は自校や学校区(School Cluster)内の上級教員を指導し、担当教科の教材研究や教授・評価方法の

技能向上を図る。顧問教員 (Master Teacher) は "教員の教員" とも呼ばれ、教員の授業開発・実践力の向上、カリキュラム開発や新しい教授法の導入など、教育省付きの臨時職 (出向職) として全国の学校を指導する。顧問教員長 (Principal Master Teacher) は国レベルの教科担当責任者として、当該教科の顧問教員を統括する。

・管理職トラック (Leadership Track) …主任や部局長、副校長や校長、学校区長を経て、最終的には教育省の事務方トップである教育長官まで達するルートである。

・研究専門トラック (Senior Specialist Track) …カリキュラム・教授デザイン、教育心理・相談、試験・評価、研究・統計の4分野について、専門知識の習得と研究開発に取り組むルートである。

このように同国の教員職階は、各教員の職歴や希望、将来計画などに基づいて分化している。給与査定や昇進は教育業績や授業評価、研修の受講単位数などによって決められ、校長や教頭になるための年齢制限もないことから、30代の校長もごく普通に見られる光景となっている。

5. 中等教育と高等教育との連関

(1) 高等教育の拡大と卒業者の進路状況

シンガポールでも大学進学の道は、かつては少数精鋭のエリートにのみに限られていたが、近年その門戸は急速に開かれ始めている。例えば小1入学時の同年齢集団内での全日制大学への進学率を見てみると、1980年の5％から、91年は14％、2001年は22％と伸びて、2011年現在は26％達しており、政府は2015年には大学進学率を30％、2020年には40％まで拡大する計画である。他にもSIM大学や海外大学も含めると、2020年には学位取得者は半数に達すると見込まれている。

GCE-Aレベル試験の成績上位者は、①大統領奨学金等の奨学金を得て、英米の名門私立大学へ進学、②国内大学へ進学、③英米やカナダ、オーストラリアなどの有名大学に私費留学といった道を進む。また、十分な成績を収

めることができなかった場合は、① GCE-A を再受験、②海外の大学へ私費留学、③ポリテクニックや民間の各種学校へ入学、④就職といった道を選ぶことになる。

　JC 生の大学進学率は、A レベル試験の得点ランキングによって、おおよそ3つの集団に分類できる。ラッフルズ、ホワチョン（華中）、ビクトリアといった伝統ある上位校の生徒はほぼ全員が大学に進み、ナンヤン（南洋）、アングロチャイニーズ（英華）、アンダーソンといった中位校でも9割前後の生徒は進学する。歴史の浅いセラングーン、ジュロン、イーシュンといった下位校では、70〜80％程度の進学率となっている。筆者が訪問調査したセラングーン JC では、約60％が国内の大学へ、約10〜20％が海外の大学へ進学するとのことであった。だが、全体として見れば、JC 生のほとんどが大学へ進むわけで、JC に入学した時点で、大学進学者はすでに相当絞り込まれていると言える。

(2) 大学入学審査の改革

　大学入学審査方法については、JC 検討委員会の勧告に基づいて2006年から JC/CI のカリキュラムが改訂されたことを受けて、04年2月に大学入学審査委員会が「柔軟で特色ある入学審査制度に向けて」(*Towards a Flexible & Differentiated University Admission System*) と題する報告書をまとめ、08年からの新しい審査フレームワークを提案した。

　具体的には、①これまで NUS と NTU が合同で行っていた入学審査 (Joint Admission Exercise) を廃止し、両大学は別個に独自の入学審査を実施する、②入学審査は大学と学部が個々に審査を行う2段階方式 (2-tier Admission) とし、両者の得点をあわせて入学者を決定する、③第1段階では大学が、A レベル保有者は GCE-A95％＋CCA5％、ポリテクニック・ディプロマ保有者はポリテクニックの成績75％＋GCE-O20％＋CCA 5％の配点で審査する、④第2段階では学部が独自に審査基準を設定して、面接、H3科目の成績、特定教科や学業以外の分野のポートフォリオの評価などで審査する、⑤新しい JC/CI カリキュラムにあわせて、08年から改良される GCE-A レベル試験 (3H2

＋1H1方式)を用いる、⑥ MTL は O レベルでの D7 評定または先述の MTL "B" 課程の修了を最低要件とする、といった内容であった。

　また2004年には、教育省・財務省官僚と NUS・NTU・SMU の3学長で大学自治・経営・財政検討委員会が組織され、翌年、*Autonomous Universities - Towards Peaks of Excellence* と題する報告書が提出された。そのタイトルのとおり、"世界の頂点に立つ"教育研究拠点を目指すべく、報告書は NUS・NTU を自治大学 (Autonomous University: AU) に移行すべきと勧告し、2006年に両大学は SMU と同じ会社法 (Companies Act) に基づいた非営利有限責任法人に改組された。

　それまで NUS や NTU は教育省管轄下の公的な法定機関 (statute board) として、その財源の使途や人事に関して細かな規制を受け、入学審査も合同で実施してきた。しかし AU への移行後は、政府からの補助金は一括交付となり、各大学は理事会が立てた経営戦略の下、特色ある財政・教育計画を立案し、財源の運用や教職員の人事・待遇を独自に定めることが可能となった。ただし、各大学法 (NUS Act、NTU Act、SMU Act) は、「教育省が定めた高等教育政策の方針に従わなければならない」とも規定しており、08年から始まった各大学・学部での新しい入学審査も前述のフレームワークに沿って実施されている。

(3) 大学入学審査の概要

　GCE-A レベル試験は、5～12月の間、① MTL や外国語の口述・筆記試験、②化学や音楽などの実験・実技試験、③総合論文や各科目の筆記試験の順に時期を分けて行われる。試験結果は翌年の3月に得点票 (results slip) が各人に郵送され、正式の合格証書は5月頃に所属校や本人に送付される。大学の学期制度は、初等・中等教育段階とは異なり、1学期は7～11月、2学期は1～4月となり、11・12月、5・6月は休暇期となる。

　実際の試験内容を見ると、例えば総合論文は短文作成と文章理解の2つのセクションからなり、それぞれが90分間で計3時間、配点は50％ずつとなる。短文作成では、「あなたの社会で少数者は公正に扱われていると思うか？」「核兵器所有を疑われている国に対して、他国が圧力をかけることをどう考

えるか？」「あなたの国や国民にとって、グローバリゼーションがもたらす利益と不利益を分析せよ」「漫画やアニメの芸術的・社会的価値とは？」「真実を常に話すことが最善か？」など、受験生の社会的視野や思考力を問う設問が12題出されて、500〜800字の英単語でそれぞれ回答しなければならない。また文章理解では、広告や会話文、エッセイなどから1つの設問を選び、理解力、文章力（説明・要約）力、語彙力などが広く問われる。

また、MTL教科の1つである華語のH1試験は、出題文の理解度や文法力を問う選択補充問題、文章要約や作文などの「筆記試験」(3時間)、短文朗読や日常会話などの「口述試験」(15分)、新聞・故事・日常会話などを題材とした「聞き取り試験」(35分)で構成され、得点配分は順に80％、15％、5％である。

3月にAレベル試験の結果を受けた後、志願者は希望する大学に対して審査申請を行う。申請手続きはAレベル試験の得点票とともに発行された審査番号（Admission PIN）を用いて、発表日から3日以内に各大学のWEB上で行い、申請後、3月中に審査手数料10Sドルを支払わなければならない。

大学全体で行う第1段階審査では、GCE-Aレベル試験科目(3H2 + 1H1)、「総合論文」や「知識と探究」、プロジェクト・ワークの成績を基準にコンピュータによって判別・決定される。各学部で必要となるおおよその成績基準は、各大学のWEBにて「3H2/1H1」方式で公開されている。例えばNUSのバイオ工学部では上位10％が「AAA/A」、下位10％は「AAB/C」、コンピュータ工学では上位10％「AAA/A」、下位10％「BBB/C」といった具合である。第2段階審査では、各学部が求める入学要件に従って審査が行われる。例えばNUSの電気工学では「H2数学修了およびH2物理またはH2化学を修了」、看護学部では「生物、化学、コンピュータ、物理、数学のいずれかのH2科目を修了」といった要件が示される。なお、医学部や歯学部、看護学部、法学部、建築学部などいくつかの学部では、4月頃に面接・筆記試験も実施される。これらの評価を総合して合否の正式決定がなされ、合格通知は5月中旬頃に各人へ送付される。

このほか、隣国マレーシアの高等学校修了資格（Sijil Tinggi Persekolahan Malaysia: STPM）やインドネシアの高等学校（Sekolah Menengah Atas: SMA）全国統

一試験成績証（Ujian Akhir Nasional: UAN）、中国の全国普通高等学校招生入学考試（"高考"）、豪州ニューサウスウェールズ州高等学校修了資格（Higher School Certificate: HSC）など、各国の中等教育修了資格もAレベルと同等の資格として認められている。

(4) 中等教育段階における入試準備と課外学習

　PSLEやGCE-Oレベル試験の記事が新聞紙上を賑わすのとは対照的に、Aレベル試験が大きな話題になることはあまりない。これは先に述べたように、JC/CIに辿りつくまでの間に、Aレベルを受験する生徒は限定されてしまい、大部分のJC/CI生が大学に進学するためである。

　従って、受験競争と呼ばれる状況は、PSLEやGCE-Oレベルの段階で最も過熱することになる。NUSやNTUのキャンパス内のアルバイト掲示板や新聞広告等には、このような親たちからの家庭教師募集の通知が多数掲示されているし、日本の公文式などの学習塾も隆盛である。だが、これら受験対策のための教育費は年々家計を圧迫するようになり、大きな社会問題ともなっている。これに比べると、JC/CIでは、学校の授業自体が少人数制であり、その授業内容も当初からAレベル試験に焦点を充てているため、成績が振るわない生徒を除けば、外部の補習機関に通う生徒はほとんどない。少数の富裕な家庭が、NUSやNTUの現役・元学生を家庭教師として雇う程度である。

　しかし、近年の大学入学審査改革では、多様な評価基準や能力指標が導入されるようになり、これまでのような暗記学習一辺倒の対応では通用しなくなっている。また、二転三転する審査制度・方法の変更に対して、学校現場からは対応し切れないという声も上がり、親や生徒の不安やストレスは日増しに強くなっていると言われる。

参考文献
　池田充裕「シンガポール―世界の頂点目指す自治大学化と米中を結ぶ新大学の誕生―」北村友人・杉村美紀共編『激動するアジアの大学改革―グローバル人材を育成するために』上智大学出版、2012年、65-81頁。
　池田充裕「シンガポールの教育改革と学力モデル」原田信之編著『確かな学力と豊か

な学力―各国教育改革の実態と学力モデル』ミネルヴァ書房、2007年、179-213頁。

池田充裕「シンガポール―グローバリゼーションに挑む教育改革」馬越徹編著『アジア・オセアニアの高等教育』玉川大学出版部、2004年、149-170頁。

The Committee on University Education Pathways, *Report of the Committee on University Education Pathways Beyond 2015: Greater Diversity, More Opportunities*, Ministry of Education Singapore, 2012.

Secondary School Education, Ministry of Education Singapore, 2012.

NUS Office of Admissions, *Application Guide for GCE-A Level Applicants AY2010-2011*, 2010.

The Steering Committee to Review University Autonomy, Governance and Funding, *Autonomous Universities: Towards Peaks of Excellence*, Ministry of Education, Singapore, 2005.

Tan, Jason and Ng, Pak Tee, *Shaping Singapore's Future: Thinking Schools, Learning Nation*, Persons Education: Singapore, 2005.

The University Admission Committee, *Towards a Flexible & Differentiated University Admission System*, Ministry of Education Singapore, 2004.

The Junior College/Upper Secondary Education Review Committee, *Report of the Junior College/Upper Secondary Education Review Committee*, Ministry of Education Singapore, 2002.

The Committee on University Admission System, *Preparing Graduates for a Knowledge Economy: A New University Admission System for Singapore*, Ministry of Education Singapore, 1999.

第9章　インドネシア
―― グローバル時代を生き抜く国民教育の見取図

服部美奈

1. 教育制度の歴史的背景と現状

　インドネシアは日本の約5倍の国土面積189万k㎡に大小1万3千の島々を有する世界最大の島嶼国家であると同時に、約2億3千万人の人口のうちに200以上の多様な民族・言語を抱える典型的な多民族国家である。

　1945年の独立宣言以降、パンチャシラと呼ばれる国家五原則を基礎とし、広大な国土と多様な民族をインドネシア国民として統合するための教育政策が推進されてきた。しかし1997年のアジア通貨危機を契機に、インドネシアで32年間続いたスハルトの「開発」体制が崩壊し、1998年以降、中央集権体制から地方分権化・民主化への流れを促進する「改革（レフォルマシ Reformasi）」体制に移行した。これに伴い教育分野においても、地方分権化への移行と同時に、2003年国家教育制度法（以下、2003年教育法）が制定され、地域の多様性と自律性を尊重する教育、さらにグローバリゼーション対応の新しい国民教育の羅針盤が示された。

　「改革」体制以降のインドネシアの教育の変化は著しく、定点的に現状を示すことが難しい。そのため本章ではスハルトの「開発」体制期から現体制に至る変遷の過程、さらに現体制以降の変遷の過程にも目を配りつつ、変化著しいインドネシアにおける近年の中等教育改革の動向を示したい。

　図9-1は現行のインドネシア学校教育体系である。6-3-3-4制をとり、初等教育6年間と前期中等教育3年間を基礎教育とし、義務教育は基礎教育の9年間である。義務教育年齢について、2003年教育法第34条では「6歳に達したすべての国民は義務教育を受けることができ」、第6条で「7歳から15

修学年限	教育段階		国家教育省管轄		宗教省管轄	
4年	高等教育		総合大学 (Universitas) インスティチュート (Institut) 単科大学 (Sekolah Tinggi) ポリテクニック (Politeknik) アカデミー (Akademi)	クジャル・パケットA・B・C／生涯学習機関	イスラーム大学 (UI) イスラーム宗教大学 (IAI) イスラーム単科大学 (STAI) 各宗教の高等教育機関	プサントレン／クルアーン学習機関
3年	後期中等教育		一般高校 (SMA) 職業高校 (SMK)		マドラサ・アリヤー (MA) 職業マドラサ・アリヤー (MAK)	
3年	基礎教育（義務教育）	前期中等教育	一般中学校 (SMP)		マドラサ・サナウィヤー (MTs)	
6年		初等教育	一般小学校 (SD)		マドラサ・イブティダイヤー (MI)	
2年	就学前教育		一般幼稚園 (TK)		イスラーム幼稚園 (RA)	
教育形態			ノン・フォーマル教育	フォーマル教育		ノン・フォーマル教育

図9-1　インドネシアの学校教育体系

歳のすべての国民は基礎教育を受ける義務を負う」と規定されている。標準的な在籍年齢は、小学校7歳－12歳、中学校13歳－15歳、高校16歳－18歳であるが、原級留置や早期入学によって実際に在籍する児童・生徒の年齢には幅が見られる。

9年制義務教育 (Wajib Belajar Pendidikan Dasar Sembilan Tahun) は1994年5月2日、国民教育の日 (Hari Pendidikan Nasional) に政府によって宣言され、2015年の完全実施に向けた活動が展開されている。9年制義務教育が宣言されるちょうど10年前の1984年には6年制義務教育が宣言されたが、その後就学率は順調に上昇し、6年制義務教育はほぼ達成されたという判断から3年間の延長となった。

この計画は当初、2004年までに達成することが目標とされていた。その背景としては、ジョムティエン会議といった国際的な潮流の影響と同時に、国内的な事情、つまりアセアン自由貿易圏 AFTA (Asean Free Trade Area) や APEC (Asia Pacific Economic Corporation) によるグローバル市場、自由市場への参入にインドネシア国民が対応できるように意図されたものであった。しかし、1997年以降の経済危機や政治体制の転換などの国内事情から、2000年、当計画の達成を当初の2004年から2008年へ延長することが政府によって示

表9-1 各教育段階の学校数および児童・生徒数（2009/10年度）

教育段階	学校数	児童生徒数
一般幼稚園	67,550	2,947,193
イスラーム幼稚園	23,007	915,315
一般小学校	143,252	27,328,601
マドラサ・イブティダイヤー	22,239	3,013,220
一般中学校	29,866	9,255,006
マドラサ・サナウィヤー	14,022	2,541,839
一般高校	11,036	3,942,776
マドラサ・アリヤー	5,897	917,227
職業高校（職業マドラサ・アリヤーを含む）	8,399	3,319,068

出典：Kementerian Pendidikan Nasional, *Ikhtisar Data Pendidikan Nasional Tahun 2009/2010*, 2011, p.4.

され、さらに完全実施を確実にするために2015年に延長されている（Marlan, 2004: 45-46）。

インドネシアでは、国家教育省管轄（2012年以降、再び教育文化省に名称変更されている）の一般学校の他に、宗教省管轄の学校が一定の割合を占めていることが特徴である。表9-1は各教育段階別にそれぞれの学校数および児童・生徒数を示したものである。全体の傾向として、各教育段階で国家教育省管轄の学校の方が学校数、児童・生徒数ともに多い。しかし、中学校・高校段階では学校数、児童・生徒数ともに小学校段階に比べ、全体に占めるマドラサ・サナウィヤーとマドラサ・アリヤーの割合が増している点も特徴である。また高校段階では職業高校の割合も大きい。

次に就学状況を見てみたい。表9-2はそれを示したものである。粗就学率は、小学校116.77％、中学校98.11％、高校69.60％となっている。小学校と中学校についてはかなり高いものの、純就学率を見ると小学校95.23％、中学校74.52％となっており、9年制義務教育の達成に現在も課題を抱えている

表9-2 各教育段階の就学状況（2009/10年度） （単位％）

	粗就学率	純就学率	留年率	退学率
就学前教育	40.50	25.39	—	—
小学校	116.77	95.23	3.36	1.50
中学校	98.11	74.52	0.33	1.88
高校	69.60	55.73	0.41	3.83

出典：Kementerian Pendidikan Nasional, *Ikhtisar Data Pendidikan Nasional Tahun 2009/2010*, 2011, pp.23-24, 48-51.

ことが分かる。また高校の純就学率は55.73％で、該当年齢の約半分強の就学となっている。一方、就学前教育は粗就学率40.50％、純就学率25.39％と、小学校の就学率に比して低いことが分かる。

　また、小学校から高校の留年率と退学率を見ると、留年率は小学校で3.36％と他の教育段階に比して高く、退学率は教育段階が上がるにつれて1.50％、1.88％、3.83％と上昇している。ここで2006/07年度のデータと比べると、小学校の留年率3.61％、退学率は教育段階別に2.21％、2.52％、3.84％となっていることから、いずれも徐々に低下しており、留年率と退学率が改善されつつある。政府はこれまでも、留年率・退学率の改善を目標に掲げており、数値から見る限り、一定の成果を収めていると言えるであろう。

　2003年7月1日に公布・施行された2003年教育法は、それ以前の1989年国家教育制度法（以下、1989年教育法とする）とはいくつかの点において明らかに異なる特徴を持っており、現在の教育改革の根幹をなしている。

　1989年教育法は、憲法で謳われた単一の国民教育制度を実現するための教育システムの統合と、初等・中等教育の再編が主要な改革の柱となっていた。インドネシアの学校は一般的な学校の系列と宗教省が管轄する教育機関の系列に分かれ、さらに前者の系列として、教育文化省（当時の名称）が管轄する学校の他、農業省や保健省などの各省庁が管轄する職業・専門学校や公務員専門学校が存在していたが、1989年教育法はこれまで縦割り行政の下で統一性に欠けていた制度を、単一の国民教育制度に統一した点に特色がある。さらに、小学校6年間と中学校3年間の9年間を「基礎教育」として、高校3年間を基礎教育に続く「中等教育」として位置づけた点も特徴として挙げられる。また、スハルト体制期には国民統合を目指す教育が強調され、「多様性の中の統一」を実現する装置として学校教育の果たす役割が重視された。その中で1989年教育法も中央集権的な教育システムを基本としていた。

　一方、2003年教育法は地域の多様性や自律性を尊重する地方分権を基本とし、さらに国民の教育への責任と参加を促す方向へと大きく転換した。2003年教育法に先立ち、地方自治二法（地方行政法1999年第22号、中央・地方財政均衡法1999年第25号）が1999年に成立、2001年に施行されたが、これ

が従来の教育システムにも大変革をもたらした。地方行政法第7条では外交、国防・治安、司法、金融・税制、宗教を除くすべての行政分野の権限を地方の権限とすること、また第11条第2項では県および市政府で実施義務のある行政分野として教育分野が示された。つまり、この法律によって従来の中央集権的な教育システムが改編され、教育に関する権限が県・市レベルに委譲されることになったのである。従来は、中央の教育文化省の下に、州事務所(Kantor Wilayah)、県・市レベルに教育文化省事務所が置かれていた。小学校に関しては内務省の管轄で、州知事事務所(Kantor Guburnur)の中に教育に関する部局が設けられ、学校の建設や維持などに責任を持ち、教育文化省は教育内容に対して責任を持っていた。

　2003年教育法には、教育財源に関する国と地方政府の責任分担の明確化やカリキュラム運用の弾力化、地域や学校主体の学校づくりなど、1989年教育法には見られなかった新しい側面が規定されている。

2. 入学者選抜方法と進級・卒業認定

(1) 入学者選抜方法

　インドネシアにおける国立中学校・高校の入学者選抜は、国家教育省管轄の学校・宗教省管轄の学校ともに、基本的に各教育段階の最終学年末試験の結果を下に行われる。私立中学校・高校への進学の場合、各学校による入学試験が課される場合も多いが、国立学校への進学と同様、この最終学年末試験の結果はきわめて重要である。ただ、この最終学年末試験のあり方をめぐっては歴史的にも紆余曲折が見られ、2000年以降も現在に至るまでしばしば変更が加えられており、教育現場に少なからず混乱を与えている。

　2001/02年度までの最終学年末試験は、①各学校単位で実施される「最終学力評価(Evaluasi Belajar Tahap Akhir：略してEBTA：エブタ)」試験と、②全国一律に実施される「全国最終学力評価(Evaluasi Belajar Tahap Akhir Nasional：略してEBTANAS：エブタナス)」試験の2種類があり、国立・私立ともに各教育段階の最終学年末、つまり小学校6年、中学校3年、高校3年の学年末に実施

されてきた。インドネシアの新学期は毎年7月第3週目の月曜日に始まるため、それに先立ち、各学校単位で実施されるEBTAが5月にかけて実施され、EBTA終了後、全国一律のEBTANASが5月下旬から6月中旬にかけて実施された。つまり、児童・生徒に対して学年末のおよそ1か月以上にわたり試験が課されていた。EBTANASの結果は、全国最終学力評価試験評定(Nilai Ebtanas Murni (NEM): ネム)として学校および児童・生徒に通知され、全国の結果が国家教育省で集計される。その後、進学希望者はこのNEMをもとに願書を提出し、進学希望先の選考結果を待つというのが入学者選抜の基本的な過程であった。しかし従来から、試験科目が重複した2種類の試験を連続して受験しなければならないこの方法は、児童・生徒に過重な負担を強いることが指摘されてきた。

　歴史的経緯から見ると、EBTAは1965年に導入された国家試験・修了資格制度に代わって1972年に導入されたものである。国家試験・修了資格制度が全国統一の試験であったのに対し、EBTAは各学校単位で実施される点に特色があった。ところがEBTAがインドネシア全域で完全に実施されなかったため、1980年以降、EBTAに加えて全国規模の試験としてEBTANASが実施されるようになったのである。EBTANASが導入されてもなおEBTAは廃止されず、結果的に2つの試験が並行して実施されてきたのが2001年までの試験制度であった。

　そこで、2002年1月の国家教育省大臣決定により、まず小学校卒業時のEBTANASが廃止となり、児童は各学校単位で実施される学校最終試験(Ujian Akhir Sekolah: UAS)だけを受験すればよいことになった。この措置は、①小学校卒業時の過剰な試験負担によって9年制義務教育完全実施の促進が妨げられないようにし、また、②近年の教育改革の1つである学校主体の運営(Manajemen Berbasis Sekolah: MBS)の原則に沿い、最終試験の実施についても各学校により多くの権限を与えるためであるとされる。また2002/03年度以降、中学校および高校卒業時のEBTAとEBTANASが、2つの試験における受験科目の重複を避けた形で、学校試験(Ujian Sekolah: US)と全国最終試験(Ujian Akhir Nasional: UAN)となり、受験科目数の面で児童・生徒の負担は軽減された。

加えて、従来の EBTANAS では卒業認定基準が、2学期分の学校評定と前述の全国最終学力評価試験評定ネム NEM をもとに決定されていたが、全国最終試験 UAN では個々の科目評定によって決められるようになった。

その後、2004/05年度より、中学校と高校卒業時の全国最終試験 UAN は全国試験(Ujian Nasional: UN)に名称変更、さらに一時期廃止されていた小学校卒業時の全国規模の試験が2008/09年度より、全国標準学校最終試験(Ujian Akhir Sekolah Berstandar Nasional: UASBN)として再開されている。このように、一時期は緩和化に向かったように思われたが、2005/06年以降、義務教育の質の向上を達成するため、再び試験による質の保障が目指されるようになった。

(2) 全国試験の結果による学校の序列化

EBTANAS の時代から、全国一斉に行われる全国最終学力評価試験の結果は、卒業予定者および進学希望者の学力評価として機能しているだけではなく、進学希望者が志望校を決定する際の学校ランキング指標としても機能してきた。具体的には、インドネシア全国に存在する学校について、小学校から高校に至るまで各学校の教科別・総合別の平均点が出され、公表されている。例えば、1999/2000年度に実施された全国最終学力評価試験は、小学校から高校に至る全国トップ50校の校名と各教科・総合の平均点が国家教育省のホームページ上で公開された。進学希望者はこれらの指標をもとに志望校を決定する。また国立中学校進学の場合、基本的に小学校を卒業していれば無試験で入ることができるが、全国最終学力評価試験で各中学校の評点も算出されるため、評価の高い中学校には入学希望者が集まる傾向が見られた。結果的に、全国最終学力評価試験の結果は小学校から高校までの各学校間の競争を促してきたと言える。

さらに全国最終学力評価試験の結果は、各学校間の比較だけではなく、州や県・市ごとの教科別・総合別の平均点が集計されるため、地域間の比較指標としても機能してきた。2000年2月に出された「1999/2000年度全国最終学力評価試験実施のための指針」には、この試験の目的として、①教育の質を向上させるため、学校にとっての動因装置として、②進学する際の1つの

選抜装置として、③個人的かつ全国的データについて卒業生の学力の現況を提供する尺度として、④時系列的に、教育段階別および地域別に卒業生の学力や教育の質についての現況を提供する尺度として、⑤各学校レベルから中央レベルに至るまで適切な教育政策を選択し、カリキュラムを発展させるための基礎資料として、⑥自国の教育がどこまで成果を収めたのかを評価できるように社会の成員に対する1つの責任形態として、⑦卒業を決定するための判断材料として、の7つが挙げられている。ここからも全国最終学力評価試験が、単に進学・卒業の判断材料のみならず、すべての学校教育の質を縦断的・時系列的に評価する機能を担ってきたことが分かる。

EBTANASからUAN、さらにUN/UASBNに変更後、全国試験で課される受験科目の増減や変更があったものの、依然としてこの全国試験の結果は学校の序列化や評価の基準として機能している。州レベル、市・県レベルから各学校レベルに至るまで詳細な試験結果が公開され、インターネットでアクセスが可能となっている。

(3) 評価と進級

中学校および高校における成績評価は、基本的に試験の成績に基づいて評価される。1994年のカリキュラム改訂以降、中学校と高校は2学期制から3学期制となり、年3回の学期 (catur wulan) 末ごとに成績表に評価が記入されていたが、2002/2003年度から再び就学前教育段階から後期中等教育段階まで2学期制に変更となった。

2004年カリキュラム改訂以前、成績評価は絶対評価によるもので、1から10までの10段階に分かれていた。10段階の内訳は、10＝特別 (istimewa)、9＝特優 (baik sekali)、8＝優 (baik)、7＝特良 (lebih dari cukup)、6＝良 (cukup)、5＝可 (hampir cukup)、4＝劣 (kurang)、3＝特劣 (kurang sekali)、2＝悪い (buruk)、1＝特に悪い (buruk sekali) である。原則として評定6＝良以上が及第点とされているため、評定5＝可以下は赤で表記された。通知表には科目別に1から10までの評定と評定の合計点、参考として各科目のクラス平均、また通常、評定の下の欄にクラス内の席次も記入された。席次は、児童・生徒にとって

関心事で、学校によっては学期ごとに各クラスの成績優秀者上位3名を表彰しているところもある。その他、学期中の生活態度や授業態度に関して、「日頃の行い」「勤勉さ」「清潔さ」の3項目についての評価がAからDの4段階で評価されたが、とくに全体的な評価に影響を与えるものではなかった。また課外活動についての記録とその評定および欠席日数が別に記載される。

　従来から、インドネシアでは原級留置やドロップアウトの問題が深刻であった。中学校・高校における進級方法は学年制をとり、原則として教科の筆頭科目であるパンチャシラ公民教育、宗教教育、インドネシア語・文学で評定5＝可を取った場合には進級できないとされてきた。例えば高校の場合、3科目以上が基準点以下だと進級できなかった。

　しかし、2004年カリキュラム改訂により、各科目の基準点を各学校の判断で設定できるようになったため、進級の認定には各学校の裁量を生かすことができるようになった (Wahyudin 2005: 399-400)。従来と比べると大きな変化であると言える。また、2004年カリキュラム以前の通知表は、前述したように10段階（1から10）の絶対評価のみが記載されるものであったが、2004年以降は10段階評価に加え、科目ごとに生徒の達成度を文章で記載する項目や学習態度という項目が追加され、児童・生徒を総合的に評価しようという試みが始まっている。

(4) 卒業認定方法
①最終学年末試験の内容と方法

　最終学年末試験に合格し、卒業が認められた生徒に対しては卒業認定証書 (Surat Tanda Tamat Belajar: STTB) が授与される。前述のように、EBTAとEBTANASの2本立てだった最終学年末試験は、いく度かの変遷を経て、受験科目の調整を図った上での学校試験USと全国試験UN/ UASBNとなった。前述したように、全国試験は時期により受験科目の変更や科目数の増減がある。

　1980年にEBTANASが導入された当初は、民族意識を高める目的の教科、つまりパンシャシラ道徳教育のみ、翌1981年もインドネシア語を加えて2科目にとどまっていた。しかしその後、1983年9科目、1984年16科目、

1985年18科目、1986年に19科目と著しく受験科目数が増加した時期もあった (Departemen Pendidikan dan Kebudayaan, 1996)。この時期の EBTANAS の受験科目は、EBTA との科目の重複に関わりなく「最終学年まで教えられているすべての科目」とされていたため、卒業予定の児童・生徒は EBTA と EBTANAS で同じ科目を繰り返し受験することになった。

その後2000年の改訂により、各学校で行われる EBTA の試験科目を「EBTANAS で課されない科目のうち、最終学年まで教えられている科目」と定めたことにより、受験科目が軽減されることになった。また改訂の中で、EBTA の試験方法について、筆記・口頭・実技など、各学校それぞれの裁量で実施可能なこと、生徒の卒業認定に当たっては、通知表、EBTA および EBTANAS の結果の他、児童・生徒の学習態度や生活態度も考慮し、最終的に各学校の職員会議が決定権を持つことが明記された。つまり、教育の地方分権化によって各学校の自主性が尊重される方向に改訂されたのである。

1999/00年度の EBTANAS の試験科目は、2000年2月24日に出された「1999/00年度 EBTANAS 実施の指針」によれば、小学校の場合、①パンチャシラ公民教育、②インドネシア語、③算数、④理科、⑤社会の5科目、中学校の場合、①パンチャシラ公民教育、②インドネシア語、③英語、④数学、⑤理科、⑥社会の6科目とされた。高校の場合は、コース (言語・社会・理科) によって異なる。①パンチャシラ公民教育、②インドネシア語・文学、③英語、④数学の4科目は3つのコースに共通であるが、言語コースは⑤文化史、⑥外国語(アラビア語、日本語、ドイツ語、フランス語から選択)、⑦インドネシア語・文学(文学)の3科目、理科コースは⑤物理、⑥生物、⑦化学の3科目、社会コースは⑤経済、⑥行政、⑦社会学の3科目が受験科目となった。

さらに2002/03年度以降、EBTANAS から UAN への変更により、受験科目はいっそう削減された。中学校卒業時の受験科目は6科目からインドネシア語、英語、数学の3科目に、高校卒業時の受験科目については、インドネシア語、英語に加え、3つのプログラムごとの受験科目(言語プログラムでは英語以外の外国語 —— アラビア語、日本語、ドイツ語、フランス語、中国語からの選択、自然科学プログラムでは数学、社会科学プログラムでは経済)の3科目となってい

る。その他の科目は学校試験(US)で実施すればよいことになった。

　2009/2010年度をもとに現在の状況を見てみると、復活した小学校卒業試験 UASBN の受験科目は、インドネシア語、数学、理科の3科目、中学校卒業時の全国試験 UN の受験科目は、インドネシア語、英語、数学、理科の4科目となっている。また高校卒業時の全国試験 UN の受験科目は、4つのプログラム共通科目としてインドネシア語、英語、数学の3科目の他、プログラムごとの受験科目(自然科学プログラムでは物理、化学、生物、社会科学プログラムでは経済、社会学、地理、言語プログラムでは英語以外の外国語、文化史・人類学、インドネシア文学、宗教プログラムではタフシール、ハディース、フィクフ)の3科目を加えた計6科目となっている。試験は、UASBN が5月、UN が3月に行われている。

　上記の状況から、一時期削減された受験科目が近年、再び増加傾向に転じていることが分かる。教育の質的向上や国際競争力の強化を図ろうとする政府の教育政策が背景にあると言えるであろう。ただ、復活した UASBN に関しては、地域の多様性と9年制義務教育の達成を鑑みて出題の75％を州政府に任せており、全国一律試験ではなく地域性を考慮した形態がとられるようになっている。

　卒業に際しては、卒業認定証書と2つの試験結果が明記された証明書が渡される。スハルト体制期には1979年から全教育段階の全新入生・全公務員に対して義務づけられていた約1週間にわたるパンチャシラ研修の修了証書が卒業認定に必須条件であった。パンチャシラ研修はP4（ペー・ウンパット）と呼ばれたパンチャシラモラル向上プロジェクトのことで、パンチャシラの啓蒙・普及活動を目的に1978年の大統領令で普及運動が決定されたスハルト体制のイデオロギー教育政策の柱であった。しかし、1999年のパンチャシラ教育庁廃止とともに姿を消しており、スハルト体制期以降の教育再編が進んでいることを物語っている。

②卒業認定合格基準

　卒業認定の合格基準について、国家教育省は毎年のように調整を行ってい

る。政府には、9年制義務教育普及の達成とともに、教育の質的向上が求められており、両者のバランスに考慮しながら合格基準を設定する必要があるためである。この合格基準は時期によっても異なるものの、全体としては緩和化、つまり合格基準点の引き下げの方向に向かっているようである。

例えば1998/99年度に実施された中学校・高校卒業時のEBTANASの評定平均を国立・私立別に見てみると、当時の規定上、卒業には原則として評定が10段階評価の6.00を下回らないこととされているものの、国立中学校が5.75、私立中学校が5.22、国立高校が3.99、私立高校が3.19といずれも基準以下だった。しかし、実際には97％を越える生徒が卒業を認められており、この卒業認定合格基準が厳密に適用されたわけではなかった。これは、仮に基準どおりに合否判定を行った場合、大量の不合格者が出ることを避けたためであろうと推測される。そしてこの事実は、試験そのものが適切な問題を提供していないのか、全国的な教育水準そのものが問題であるのか、理由はいく通りにも考えられるが、EBTANASの結果と卒業認定が厳密には対応していない、つまり評定がかなり低くても卒業できることを示していた。

一方、2009年に出された2009/10年度全国試験の実施に関する教育大臣規定によれば、中学校・高校卒業時の全国試験UNの合格基準は「全受験科目の評定平均が最低でも5.50であること、しかしその際、2科目以上の評定が4.00を下回らず、かつその他の科目の評定も4.25を下回らないこと」と定められている。1998/99年度と比べると評定平均の基準が6.00から5.50に下がり、また各科目の最低評定が4.00に設定されていることから、認定基準が緩和化されているように思われる。

同時に近年、全国試験と学校評価を総合した最終評価(Nilai Akhir)は次のように決められている。まず学校評価については、学校試験USの評定と各学期の成績の評定平均を6対4の比率で評価する。この際、中学校については1学期から5学期までの評定、高校については3学期から5学期までの評定を用いる。次に、最終評価の算出に当たっては、全国試験と学校評価が用いられる。ここで、全国試験と学校評価の評定は6対4の比率で計算される。つまり学校評価よりも全国試験の比重が高い。以上の計算によって最終評価

が算出されるわけだが、卒業が認められるためには、この最終評価が5.50以上、またどの科目も4.00を下回らないことが条件となっている。

3. 中等教育課程の特色

(1) カリキュラムの変遷

　32年間続いたスハルト「開発」体制期、カリキュラムは1968年、1975年、1984年、1994年とほぼ10年単位で改訂されてきた。しかし、1998年のスハルト体制崩壊後の「改革（レフォルマシ）」期に入り、カリキュラムも大幅に再編されることとなった。この間、体制移行期に暫定的に作成された修正版1994年カリキュラムを経た後、別名「コンピテンシーに基づくカリキュラム（Kurikulum Berbasis Kompitensi:KBK）」と称される2004年カリキュラム、そしてその後、別名「教育ユニットに基づくカリキュラム（Kurikulum Tingkat Satuan Pendidikan: KTSP）」と称される2006年カリキュラムが制定された。この2つのカリキュラムには2003年教育法が反映され、カリキュラム編成には学校や地域の自律性が尊重されるようになっている。

　従来、インドネシアでは、小学校から高校に至るまで全体的な教科数が他国に比べて多いことが生徒の負担になっているとの認識があり、カリキュラム改訂において教科数の削減が検討されてきた。また1994年カリキュラムの問題点、学力問題への取り組みから、コンピテンシーに基礎を置くカリキュラム、2004年カリキュラムが開発された。2004年カリキュラムは、「コンピテンシー」というキーワード抜きには語れない。そして前述したように、地域・学校の特性を生かした「多様化」と「制度の弾力的運用（柔軟性）」への方向も、地方分権化・民主化を背景にして生まれてきた新たな基軸である。

　コンピテンシーは、非常に多義的で捉えにくい概念であるが、ムルヤサ（Mulyasa）は「コンピテンシーに基づくカリキュラム」を「一定の遂行水準で諸課題を履行する能力（コンピテンシー）の発展に重点を置き、最終的に学習者が達成された成果を実感することができるような一つのカリキュラム概念であり、特定のコンピテンシーに対する遂行という形をとる」と定義づけて

いる。そして、コンピテンシーにもとづくカリキュラムは、「責任を持って、熟練、適切、成果という形で物事を遂行することができるよう、知識、理解、能力、価値、態度、学習者の興味を発展させるために方向づけられるべきもの」であるとしている (Mulyasa, 2002: 39)。この定義は、現在の社会情勢、つまり変化の激しい時代、グローバリゼーション時代にあって、進行する諸改革や時代の要請に応じることができるさまざまな能力を児童・生徒に準備させる必要性があるという認識に基づいている (Mulyasa, 2002: vi)。「ライフ・スキル」という概念も、2004年カリキュラムで非常に重要な概念となっているが、これが意味する内容も、単に職業能力だけではなく、学業、職業、自立性、指導力など、幅広い概念として用いられている。

　また、学校・地域の特性が生かされ、学習者の関心や地域の需要に合った学習内容、学習者の能力や習得の速度に応じた学習形態、学習のプロセスと成果に重点を置く評価などの特徴を持った総合的なカリキュラムの発展が期待されている (Mulyasa, 2002: 166-167)。つまり、単に科目や時間数を示すだけではなく、学習内容、学習方法、教授方法、評価方法、シラバス作成などすべてを包括する広い概念になっている。これは従来の1994年カリキュラムには見られなかった新しい展開と言える。各学校は学校のビジョンや地域に合うコンピテンシーを強調する自由を持ち (Mulyasa, 2002: 6)、あるコンピテンシーに重点を置くことによって学校に個性が生まれ、それぞれの学校は他の地域の学校とは異なる特色を持つことができるとされている。

　2003年教育法および新カリキュラムにともない新たな試みも始まった。第一に、能力の高い児童・生徒に対する速習プログラム (Program Akselerasi) である。これにより、小学校5年、中学校2年、高校2年で修了し、20歳前でも大学を卒業することが可能となった。第二に、バイリンガル教育プログラムも可能となった。ここで意味するインドネシア語以外の言語は英語とアラビア語である。このプログラムを導入すると、例えば英語とインドネシア語、あるいはアラビア語とインドネシア語の2言語を使用して学習活動を展開することが可能になる。第三に、時間割の編成にも裁量権が与えられた。具体的には月曜日は数学とインドネシア語、火曜日は理科と技術を集中して教え

るという時間割編成や午前午後にわたる時間割編成も認められるようになった。第四に、各科目に宗教的な価値を組み入れた学校づくりなども可能になっている (Mulyasa, 2002: 187-189)。

　一方、国家教育省は、上で見たような各地域・各学校の多様性と自律性を認める反面、国民教育としてのカリキュラムの共通性と水準を維持するため、各段階でコンピテンシーの基準 (standar) を示している。つまり、全科目に共通する科目共通コンピテンシーの基準 (standar kompetensi lintas kurikulum) がまずあり、次に科目別コンピテンシーの基準 (standar kompetensi mata pelajaran)、さらに各科目の単元ごとに基本コンピテンシー (kompetensi dasar) が示されており、カリキュラムの内容が具体的にどのようなコンピテンシーを獲得するためのものなのかが明確化されている。同時に、それらを総括して各教育段階の卒業時に求められるコンピテンシー (kompetensi lulusan) も示されており、単なる知識の獲得だけでなく道徳性や人間性も含めた教育の到達点と成果を求めようとする新カリキュラムの特徴が表れていると言える。また2004年カリキュラムでは年間の学習時間が削減された。小学校の1時限の授業は35分、中学校40分、高校45分となり、週間授業時間数は36～38時限、年間授業週は36～40週、年間授業時数は1,000時間とされた。

　しかし2004年カリキュラム制定後の2年後には新たに2006年カリキュラムが制定された。2006年カリキュラム改訂に先立ち、教育の国家標準に関する2005年政令第19号が制定され、すべての学校カリキュラムは国家標準によって編成されることが定められた。それと同時に、2006年カリキュラム改訂では、国家標準を満たした上で、各学校にカリキュラム編成の自律性が付与されることとなった。2006年カリキュラムの特徴は、前述したように別名「教育ユニットに基づくカリキュラム」と称されるように、各学校が比較的自由に学習時間を設定できる点にあるとされる。なお、この急な改訂の背景には1965年に起きた9.30事件の歴史記述をめぐる議論があったとされるが、詳細については検討を要する。そしてさらに現在、2013年カリキュラムの適用が検討されている。

(2) 2006年カリキュラム (KTSPカリキュラム)

表9-3は一般中学校およびマドラサ・サナウィヤー、**表9-4**は一般高校およびマドラサ・アリヤーの2006年カリキュラムを示したものである。2004年カリキュラム以降、学年は中学校1年生を7年生、高校1年生を10年生とする表記となっており、2006年カリキュラムも同様である。また2004年カリキュラム以降、国家教育省管轄の一般学校と宗教省管轄のマドラサのカリキュラムが一つのカリキュラム表にまとめられた。

①一般中学校およびマドラサ・サナウィヤー2006年カリキュラム

教科については、宗教教育と公民教育が週2時間、インドネシア語、英語、数学、理科、社会が週4時間、芸術、保健体育、技術／情報技術・コミュニケーションが週2時間となっている。この技術／情報技術・コミュニケーションは新教科として2004年カリキュラム以降に登場した教科である。

ここで1994年カリキュラムと比較してみると、①週時間数が42時間から

表9-3　一般中学校およびマドラサ・サナウィヤー2006年カリキュラム

構　成	週時間数[(1)]		
	7年	8年	9年
A．教科			
01．宗教教育	2	2	2
02．公民教育	2	2	2
03．インドネシア語	4	4	4
04．英語	4	4	4
05．数学	4	4	4
06．理科	4	4	4
07．社会	4	4	4
08．芸術	2	2	2
09．保健体育	2	2	2
10．情報技術・コミュニケーション	2	2	2
B．地域科（Muatan Lokal）	2	2	2
C．自己啓発（Pengembangan Diri）[(2)]	(2)	(2)	(2)
計	32	32	32

注：(1) 1時限40分。(2) 2時間相当。学校裁量によりエクストラ・カリキュラムになる場合もあるため、総授業時間数に含まない。
出典：Taufik Tardianto (ed.), *Kerangka Dasar, Struktur Kurikulum Standar Kompetensi dan Kompetensi Dasar Tingkat SD/MI dan SMP/Mts*, CV.BP.PANCABHAKTI, 2006, p.15.

32時間に削減された、②1994年カリキュラムの筆頭教科であった「パンチャシラ公民教育」から「パンチャシラ」の文字が消えて公民教育となり、宗教教育に次ぐ2番目の教科となった、③インドネシア語、英語、数学、理科、社会が週6時間から4時間に減った、④1994年カリキュラムで週2時間だった技術・芸術が、芸術週2時間、技術／情報技術・コミュニケーション週2時間と増加した点などに変化が見られる (Mulyasa, 2002: 79-80)。

パンチャシラ公民教育は、もともと1976年カリキュラム改訂でパンチャシラ道徳教育として登場した教科であり、1994年改訂によってパンチャシラ公民教育とされた。パンチャシラ (Pancasila, 五原則の意) とはインドネシア建国五原則を意味し、パンチャシラ公民教育は国民意識の形成を担う教科として設定された。1976年カリキュラム改訂においては科目順で宗教教育に次いで2番目に置かれていたが、1994年の改訂で科目順の筆頭となり、逆に宗教教育が2番目に置かれた。パンチャシラはとくにスハルト体制期に国民統合の重要なスローガンとして機能し、学校教育においてはスハルト体制強化のための教科という色合いが強かった。改革・民主化の時代に入り、スハルト色を一掃するという意味において、2004年カリキュラム以降、パンチャシラを科目名にしない必要があったのだろう。

また地域科は1994年カリキュラム改訂によって初めて登場した教科で、地域の裁量によって「地方語、小学校における英語、地方芸能、地域学習、地域環境の特性に関する知識、および当該の地域・学校で必要と考えられる事柄」を教える教科であり、州の国家教育省事務所の承認を得て、県および市の国家教育省事務所でその内容が決められていた。2004年カリキュラム改訂以降、一般の教科と区別されて表記されており、内容は各地域や学校に裁量が与えられている。

最後の自己啓発は、教員が教える教科という形態ではなく、生徒たちの才能や興味関心に応じて成長し自分を表現できるための機会を、それぞれの学校の状況に応じて生徒たちに提供することを目的とするものである。カウンセラーや教員あるいは教育関係者によって促進・指導される自己啓発は、エクストラ・カリキュラムという形態で行うことができる。また自己啓発活動

は、プライベートな自分自身の問題や、社会生活、学習、キャリア形成に関するカウンセリングサービス活動を通して行われるものであるとされている。

なお2006年カリキュラムの週総時間数は32時間、2学期制を採用し、年間総授業時間週34週から38週である。

②一般高校およびマドラサ・アリヤー2006年カリキュラム

高校の場合、1年生（10年生）は共通となっており、2年生（11年生）から理科、社会、言語、宗教の4つのプログラムに分かれる。1984年カリキュラム改訂では11年生（高校2年生）から物理、生物、社会、文化の4コースに分かれていたが、1994年カリキュラム改訂で12年生（高校3年生）から理科、社会、言語の3コースに分かれるようになった。今回の改訂で、コースに変化はないが、コース分化の時期に変更があった。また、4つめの宗教プログラムは、マドラサ・アリヤーのためのプログラムとなっている。

カリキュラムの構成は中学校と同じく、教科、地域科、自己啓発の3分類となっており、地域科と自己啓発に充てられる時間数も中学校と同様である。教科を見てみると、全学年の共通教科として、宗教教育、公民教育、インドネシア語、英語、数学、および、芸術、保健体育、情報技術・コミュニケーション、技術／外国語が設けられている。10年生ではこの他、理科教科群である物理、生物、化学と、社会教科群である歴史、地理、経済、社会学が一通り教えられる。11年生からはプログラム別のカリキュラムが用いられる。理科プログラムでは教科として物理、化学、生物、歴史が、社会プログラムでは歴史、地理、経済、社会学が、言語プログラムでは歴史、インドネシア文学、外国語、人類学が、宗教プログラムではタフシール・タフシール学、ハディース、ウスル・フィクフ、タサウフ／神学が設けられている。

1994年カリキュラムからの変化として、パンチャシラ公民教育から公民教育への変更や、新教科「情報・コミュニケーション技術」の登場は中学校と同様である。この他、①週時間数が42時間から38〜39時間に減少し、また特に言語コースの場合、②英語以外の外国語として、従来のアラビア語、ド

表9-4　一般高校およびマドラサ・アリヤーの2006年カリキュラム

構　成	共通	理科		社会		言語		宗教	
	10年	11年	12年	11年	12年	11年	12年	11年	12年
A-1. 教科									
宗教教育	2	2	2	2	2	2	2	2	2
公民教育	2	2	2	2	2	2	2	2	2
インドネシア語	4	4	4	4	4	5	5	4	4
英語	4	4	4	4	4	5	5	4	4
数学	4	4	4	4	4	3	3	4	4
物理	2	—	—	—	—	—	—	—	—
生物	2	—	—	—	—	—	—	—	—
化学	2	—	—	—	—	—	—	—	—
歴史	1	—	—	—	—	—	—	—	—
地理	1	—	—	—	—	—	—	—	—
経済	2	—	—	—	—	—	—	—	—
社会学	2	—	—	—	—	—	—	—	—
芸術	2	2	2	2	2	2	2	2	2
保健体育	2	2	2	2	2	2	2	2	2
情報技術・コミュニケーション	2	2	2	2	2	2	2	2	2
技術／外国語	2	2	2	2	2	2	2	2	2
A-2. プログラム別教科									
物理	—	4	4	—	—	—	—	—	—
化学	—	4	4	—	—	—	—	—	—
生物	—	4	4	—	—	—	—	—	—
歴史	—	1	1	3	3	2	2	—	—
地理	—	—	—	3	3	—	—	—	—
経済	—	—	—	4	4	—	—	—	—
社会学	—	—	—	3	3	—	—	—	—
インドネシア文学	—	—	—	—	—	4	4	—	—
外国語	—	—	—	—	—	4	4	—	—
人類学	—	—	—	—	—	2	2	—	—
タフシール・タフシール学	—	—	—	—	—	—	—	3	3
ハディース	—	—	—	—	—	—	—	3	3
ウスル・フィクフ	—	—	—	—	—	—	—	3	3
タサウフ・神学(Ilmu Kalam)	—	—	—	—	—	—	—	3	3
B. 地域科	2	2	2	2	2	2	2	2	2
C. 自己啓発	(2)	(2)	(2)	(2)	(2)	(2)	(2)	(2)	(2)
合　計	38	39	39	39	39	39	39	38	38

注：(1) 1時限は45分。
出典：Taufik Tardianto (ed.), *Kerangka Dasar, Struktur Kurikulum Standar Kompetensi dan Kompetensi Dasar Tingkat SD/MI dan SMP/Mts*, CV.BP.PANCABHAKTI, 2006, pp.16-22.

イツ語、フランス語、日本語に加えてマンダリン（中国語ないし華語）が登場した点などを挙げることができる。英語以外の外国語にマンダリンが加わった背景には、今後マンダリンの国際的プレゼンスが高まるという予測もさることながら、20世紀末の民主化以降、それまで制限されてきた漢字使用が認められるようになったり、いく度となく暴動の犠牲になってきたインドネシア華人に対する配慮の結果であると言える。なお、年間総授業時間週は中学校と同様、34週から38週である。

(3) 授業方法と学習の評価

近年、授業方法や評価方法に対しても改革が行われている。

従来、インドネシアの学校では教員が中心となって教える授業方法が中心であった。また日々の授業態度や生活態度に対する評価も通知表に記載されるものの、中心となるのは試験の結果・席次であった。前述したように、EBTANASの結果は生徒のみならず、教員・学校の評価と直結するため、とくに都市部の学校では試験対策が日々の学習の中心的課題となる傾向が指摘されてきた。

しかし、学校主体の運営(MBS)によって学校の自律性が高まったことや、生徒の興味・関心に配慮が払われるようになったことにより、各学校の創意工夫を生かしてポートフォリオを用いた学習やモジュール学習が行われるようになっている(Mulyasa, 2002: 98)。また評価方法についても、前述のように各科目の基準点を各学校の判断で設定できるようになり、かつEBTANASの改革によって各学校の試験の比重が高まったため、前述したように各科目を10段階で評価するだけではなく、コンピテンシーの習得状況や学習態度、日々の評価によって、総合的に学習を評価する方向へと変化している。

(4) 教科書を含む教材

スハルト体制期からポストスハルト体制初期まで、教科書を含む教材は民間の出版社が教育文化省の審査をへて出版するものと、教育文化省が出版するものがあった。しかし民間の出版社による教材の質は常に問題とされ、他

方で教育文化省の教科書は生徒・教員にとって魅力がない、配布時期が遅いなどの問題が指摘されてきた。統計によれば1979年から1995年の17年間に教育文化省の条件を満たした民間の出版社の教材は47.9％で、かつ審査に通った教材も質・量ともに問題があったとされる（Sitepu, 2000: 307-321）。また、1994年の9年制義務教育の実施宣言により、就学率や教育の質を向上させるためには少なくとも良質の主教材（buku pelajaran pokok）を1人の児童・生徒に1冊ずつ、政府が無償で配布することが必須であると考えられるようになった。そこで1996年から、中学校のテキストについて、民間の出版社が作成した主教材を教育文化省が審査し、世界銀行の援助により無償で配布した時期もあった。

　同時期、民間の出版社が申請した教科書は、教育文化省の審査を経て採択の可否が決められた。審査は、教育文化大臣によって任命された国家教科書評価委員会（National Textbook Evaluation Committee）と、教員・大学教員から構成される専門家チームが担当した。2段階の審査のうち、第1段階ではまず申請した出版社が教科書を作成するための基準を満たしているかどうかが審査される。さらに第2段階はプレ評価と本評価に分かれており、プレ評価では、現行カリキュラムで要求される標準的内容を含んでいるか、またすでに印刷可能な完成度か、などが審査される。プレ評価を通過した教科書は本評価へ進み、さらに次の5つの基準が審査される。5つの基準とは、①内容－現行カリキュラムの要求基準と一致しているかどうか、②方法－論理的な帰結・表現を用いているか、例、練習問題は適切か、③インドネシア語－標準インドネシア語が使用されているか、語彙が適切に使用されているか、学年・年齢に応じたインドネシア語表現かどうか、④安全性－パンチャシラ精神・法規に反していないか、異なるエスニック集団・宗教・人種・社会階級（SARA）に摩擦が生ずるような記述はないか、⑤印刷・装丁・挿絵・サイズ・製本・紙質などが基準を満たしているか、である。④⑤については、①から③を通過して初めて審査された。これらの基準を80％満たしていれば合格となり、満たしていない箇所は修正を要求される（Directorate of Education Facilities, 1999）。採択率は低く、例えば1997年にはインドネシア語の教科書に対して59社が

申請したが合格は6社(10.2%)、数学では54社の申請のうち4社(7.4%)となっている。1998年の物理54社に対する8社(14.8%)、生物47社に対する13社(27.7%)が高い採択率の範疇に入る。

その後、改革体制期の教育再編のなかで2005年5月、国家教育省から独立した機関として教育国家標準局(Badan Standar Nasional Pendidikan)が設立され、教科書の審査はこの新機関が担うようになった。教育国家標準局は毎年、特定の教科について申請募集を行い、申請された教科書は、①内容、②提示方法、③言語、④挿絵の適切性の観点から審査される。その後、審査に合格した教科書は省令で公表される。一方、地域裁量で内容を決定する地域科で使用される教科書については、州あるいは県・市政府が、教科書の審査を行うこととなっている。

加えて近年、学校で使用される教科書の選定方法にも変化があった。使用される教科書は2003年までは州単位で決められていたが、近年の地方分権化の進展がこの状況を変えた(Sitepu, 2000: 319)。教科書に関する2005年国家教育大臣令11号では、学校委員会(Komite Sekolah)の見解も考慮に入れつつ、各学校の教員会議を通して選定され、選定された教科書は最低5年間使用することが明記されている。またおそらく出版社との癒着を避けるため、教職員や学校さらに学校委員会が教科書を販売することを禁じ、児童・生徒あるいは保護者は書店で購入することも明記されている。

4. 中等学校教員の養成と研修体制

(1) 養成制度の現状と問題点

1999年に国立教育大学(Institut Keguruan dan Ilmu Pendidikan: IKIP)を総合大学(Universitas)に再編する大統領決定が出され、全国に10設置されていた国立教育大学のうち6大学が同年8月に、3大学が同年10月に総合大学化された。1999年8月に総合大学となったのは、ジョグジャカルタ、スラバヤ、マラン、ウジュンパンダン、ジャカルタ、パダンの教育大学で、それぞれジョグジャカルタ国立大学、スラバヤ国立大学、マラン国立大学、マカッサル国立大学、

ジャカルタ国立大学、パダン国立大学と名称を変更した。10月にはスマラン、バンドゥン、メダンの教育大学もまた、スマラン国立大学、インドネシア教育大学、メダン国立大学となった。バンドン教育大学だけは、教育という名称を大学名の中に残し、1999年10月20日の創立第45周年記念祭に「インドネシア教育大学 (Universitas Pendidikan Indonesia)」となった。2000年9月には、マナド教育大学もマナド国立大学となり、さらにそれまで私立の教育大学であったゴロンタロとシンガラジャが、2001年2月にそれぞれ国立ゴロンタロ教育大学とシンガラジャ教育大学となっている。

　国立教育大学を総合大学化する構想はすでにスハルト体制期に構想されていたが、再編の主な理由として次の2つが考えられている。第一に、教育大学を総合大学化することによって国立大学の定員数を増加させることができる点にある。1999年当時、インドネシアには46の国立大学 (ポリテクニックなどを含めると81校) があったが、定員が限られているため毎年その狭き門をめぐって多くの受験生が押し寄せた。既存の大学の枠を拡大することによってその緩和を図ったものと考えることができる。第二に、これは教員の質と深く関わる問題であるが、国立教育大学はこれまで総合大学に劣る二流大学、あるいは第二の選択肢として考えられる傾向があった。受験生の多くは総合大学入学を希望し、国立教育大学の人気は低く、さらに国立教育大学入学生の学力は総合大学入学生よりも低いという認識が浸透していた。このような理由から教育大学を総合大学化することによってより質の高い学生の入学を確保し、教員の質の向上を図ろうとしたと考えられている。

　教育大学の総合大学化により、旧教育大学には従来の教育系の学部やコースに加え、教育系以外の学部やコースが新設されるようになった。現在、教員養成はこれら旧教育大学の他に、各大学の教育学部 (Fakultas Keguruan dan Ilmu Pendidikan: FKIP) も含め、およそ国立30機関でなされている。インドネシアの教員養成は開放制をとらず、教員となるためには基本的に教員養成学部を卒業することが原則である。しかし、教員養成学部を卒業していなくとも、アクタ (Akta) と呼ばれる1年間の非学位プログラムを受講することで教員になることも可能である。ただし、2007/08年度の統計によると、全教員

のうち教員養成系課程出身ではない教員の割合は小学校で1.83％、中学校で4.53％、高校で7.23％であり、その割合は非常に低い。

　近年の大きな改革として教員資格の変更が重要である。従来、小学校教員はディプロマ2年課程(D2)、中学校教員はディプロマ3年課程(D3)、高校教員は学士課程(S1)を取得することをその基礎資格としてきた。しかし、2005年の教員・大学教員法 (Undang-Undang RI Nomor 14 Tahun 2005 tentang Guru dan Dosen) の制定により、小学校から高校の教員は学士課程あるいはディプロマ4年制課程修了が基礎資格となった。この法律制定の目的は、教育の質的向上のために教員の質を向上させると同時に、教員に専門職としての専門性を認め、それに見合う待遇を実現することであるとされている。

　この他、教員の採用や給与の問題はこれまで中央つまり国家教育省が実施してきたが、地方分権化の進展に伴い、これらの権限を地方にどの程度委譲するかが争点となっている。

(2) 研修体制の課題

　前述したように2005年の教員・大学教員法の制定により、教員の基礎資格が最低、学士課程・ディプロマ4年制課程修了に変更となった。**表9-5**は、2007/08年度の教員の学位取得状況を示したものである。

　ここから、新しい資格を満たしていない教員は、小学校で77.85％、中学校28.33％、高校15.25％となっており、とくに小学校の教員が課題に直面していることが分かる。そのため多くの教員が現在、現職に就きながら放送大学や教員養成系の学部・大学に通い、基礎資格の取得に努めている。

　教員の質的向上の問題は長年インドネシアにとって課題であり、教員の各

表9-5　教員の最終学歴（2007/08年度）

教育段階	学位の取得率（％）			
	学士未取得	教員養成系学士	非教員養成系学士	修士・博士
小学校	77.85％	20.13％	1.83％	0.19％
中学校	28.33％	65.82％	4.53％	1.32％
高　校	15.25％	75.27％	7.23％	2.25％

注：マドラサ系統は含まない。高校は一般高校を指す。
出典：Departemen Pendidikan Nasional, *Ikhtisar Data Pendidikan Nasional Tahun 2007/2008*, 2008, p.29.

専門教科に対する知識不足もしばしば指摘されてきた。教員の各専門教科に対する知識不足の問題とは、教える教員自体が児童・生徒を教えるだけの知識を持っていないことを意味する。インドネシアでは現職教員に対して学力試験を実施し、教員の質を調査しているが、例えば2001年9月に新聞紙上で大きな問題となったのは、数学と物理の試験に対して3割の現職教員が0点であったというものである。現職教員の再教育の必要性は従来から指摘されてきたが、児童・生徒を教えるのに適切でないと判断された教員を事務職員に配置転換するなどの措置も検討されてきた。この問題の解決策の1つが上述の教員・大学教員法の制定であったと言える。

また現職教員の研修については、全国に支部を持つインドネシア教員同盟 (Persatusan Guru Republik Indonesia: PGRI) が今までにも各種の研修を行ってきており、今後の活動に対しても期待が寄せられている。

5. 中等教育と高等教育との連関

(1) 高等教育機関への進学状況

表9-6は2008/09年度の高等教育機関数および志願者・入学者・在学者数を国家教育省管轄の一般高等教育系統と宗教省管轄のイスラーム高等教育系統別に示したものである。高等教育機関は、総合大学 (Universitas)、インスティチュート (Institut)、単科大学 (Sekolah Tinggi)、ポリテクニック (Politeknik)、アカデミー (Akademi) に分類されるが、イスラーム高等教育系統は前者3種別である。

一般高等教育機関への志願者は約281万人で、そのうち約半数の140万人が国立総合大学を志望している。それに対して新入生は約100万人で、そのうち国立総合大学の新入生は約43万人となっている。表から概して国立への入学の方が私立に比べて倍率が高くなっていることが分かる。また一般高等教育機関全体の在学者数は428万人で、国立が約175万人、私立が約253万人となっている。一方、イスラーム高等教育機関への志願者は約18万人で、イスラーム高等教育系統内で見ると私立への志願者も多い。それに対して新入生は約13万人で、私立に約9万人が入学している。イスラーム高等教育

表9-6　高等教育機関数および志願者・入学者・在学者数（2008/09年度）

	一般高等教育系統			イスラーム高等教育系統		
	国立	私立	合計	国立	私立	合計
高等教育機関（全体）	83	2,892	2,97	5	505	557
（内訳）			5	2		
総合大学	48	393	441	6	85	91
インスティチュート	6	49	55	13	27	40
単科大学	2	1,391	1,393	33	393	426
ポリテクニック	27	104	131	—	—	—
アカデミー	0	955	955	—	—	—
志願者（全体）	1,605,893	1,204,620	2,810,5137	56,849	124,941	181,790
（内訳）						
総合大学	1,464,798	589,298	2,054,096	22,239	24,509	46,748
インスティチュート	62,582	48,324	110,906	19,234	6,633	25,867
単科大学	689	386,496	387,185	15,376	93,799	109,175
ポリテクニック	77,824	32,011	109,835	—	—	—
アカデミー	0	148,491	148,491	—	—	—
新入学生（全体）	469,284	528,247	997,531	40,703	89,888	130,591
（内訳）						
総合大学	431,219	268,429	699,648	15,635	17,530	33,165
インスティチュート	16,915	23,796	40,711	13,772	4,772	18,544
単科大学	527	179,390	179,917	11,296	67,586	78,882
ポリテクニック	20,623	14,930	35,553	—	—	—
アカデミー	0	41,702	41,702	—	—	—
在学者（全体）	1,748,201	2,533,494	4,281,695	157,612	353,567	511,179
（内訳）						
総合大学	1,628,597	1,322,674	2,951,271	52,337	57,887	110,224
インスティチュート	62,420	106,837	169,257	54,885	35,423	90,308
単科大学	1,802	799,086	800,888	50,390	260,257	310,647
ポリテクニック	55,382	48,846	104,228	—	—	—
アカデミー	0	256,051	256,051	—	—	—

注：志願者数は延べ人数を示す。
出典：国家教育省ウェブサイト http://www.kemdiknas.go.id/ *Statistik Perguruan Tinggi 2008/09*.

機関全体の在学者数は約51万人で、国立が約16万人、私立が約35万人である。

また別のデータによれば、2007/08年度に高校を卒業した生徒は1,997,150人（一般高校、マドラサ・アリヤー、職業高校、パケットC含む）であった。コーホートによる粗就学率をみると、高校の卒業生は同年齢集団の60.51％、さらに高等教育進学者は17.25％となっている（Departemen Pendidikan Nasional, 2008: 11）。時系列的に見ると、1992/1993年度に高等教育進学者は7.0％、1999/2000年度に11.6％と進学率は確実に増加していることが分かる（Ministry of National Education, 2004: 24-25）。

(2) 大学入学者選抜方法の現状と課題

インドネシアの大学入試制度はこれまでいく度かの改革を経て現在に至っている。2000年以降をとって見ても、1989年から続いてきた国立大学入学試験 (Ujian Masuk Perguruan Tinggi Negeri: UMPTN) が2001年度をもって廃止され、新入生入学試験 (Seleksi Penerimaan Mahasiswa Baru: SPMB) となったが、さらに2008年度以降は国立大学入学国家試験 (Seleksi Nasional Masuk Perguruan Tinggi Negeri: SNMPTN) が始まった。

2001年度まで、各国立大学は推薦入試以外には個別入試を行わず、国立大学入学志願者は全国一斉に実施されるUMPTNを受験し、その結果によって合否が決定されてきた。例年、入学定員に対して多くの志願者が集まり、国立大学入学は狭き門とされてきた。また推薦入試 (Penelusuran Minat dan Kemampuan: PMDK) は各大学の方針に沿って実施され、定員は大学によって異なった。従来、バンドン工科大学はUMPTNのみで選抜を行ってきたが、ボゴール農科大学は推薦入試枠が全体の80%で、残り20%をUMPTNによって選抜してきた。

2001年度をもってUMPTNが廃止されてから2007年頃まで、各大学はそれぞれ独自の選抜方法によって新入生入学選抜試験 (Ujian Seleksi Penerimaan Mahasiswa: SPMB) を実施することが可能となったことにより、各大学の自律性が高まった。2002年度以降の国立大学の入試方法は、推薦入試の他、大きく2つの方向性が見られる。1つは各大学が個別に入試を実施する方向性であり、もう1つはUMPTNの伝統をある意味で引き継ぐ方向性である。つまり、近隣の大学がいくつか集まってユニットを結成し、共通の入試を実施するという形式である。例えば2002年度、バンドンではバンドン工科大学、パジャジャラン大学、インドネシア教育大学の3つの国立大学が連合して「バンドン地域大学入学試験」を実施するなど、独自の入試を展開している大学も見られた。また私立大学の場合は、UMPTNに関わりなく、従来から各大学が個別に推薦入試と入学選抜試験を実施してきた。国立大学と同様、推薦入試枠と入学選抜試験枠の比率は各大学の方針に沿って決定される。

2008年度以降の国立大学入学国家試験の導入後、いくつかの大学入

試験が並行している。第一に、国立大学が参加する最も大規模な試験がこのSNMPTNである。2010年度には54の国立大学が参加し、447,107人が受験している。第二に、国立大学と私立大学が共同で試験を実施する形態もある。例えば、大学共通入学試験(Ujian Masuk Bersama Perguruan Tinggi: UMB-PT 2011)は12の国立大学と8つの私立大学が共同で入学試験を実施している(UMB-PT Pendaftaran Online)。そして第三に、推薦入試と大学個別の試験を実施する形態である。

但し、2013年度の大学入学試験からは全国一斉にオンラインによる受験申請が始まり、試験制度も統一化の方向に進んでいる。具体的には次のような方法をとる。SNMPTNによる試験は、第1段階の推薦試験(書類による選考)と第2段階の筆記試験からなる。推薦試験は高校単位ですべての生徒(受験生)が参加する形を取り、そこで入学定員の5割の合格者が決定する。つまり、従来のように各大学が各高校に推薦枠を設ける形は廃止されている。次に、第1段階の推薦試験で合格が決まらなかった生徒(受験生)が第2段階の筆記試験を受ける。筆記試験の定員は各大学が3割から5割の間で自由に設定できる。最後に、この2段階を経ても合格が決まらない生徒(受験生)が、各大学によって独自に実施される個別入学試験(Ujian Mandiri)を受験する。個別入学試験の定員は最大で定員の2割(つまり筆記試験を5割とした大学は個別入学試験を実施しない)とされている。2013年度SNMPTNに参加する大学は、一部の国立イスラーム高等教育機関も含み、61大学となっている。また、SNMPTNに参加しない国立イスラーム高等教育機関による入学試験がSNMPTN後に実施される。これは国立イスラーム高等教育機関・新入生入学試験(Seleksi Penerimaan Mahasiswa Baru Perguruan Tinggi Agama Islam Negeri, 略してSPMB-PTAIN)と言われるものである。このように大学入試は、2001年度から2012年度にかけての混在期を経て、徐々に整備されている。なお私立大学の場合、一般的には推薦入試と筆記試験による大学個別の入試が行われる。

入学試験に関する別の問題としては、前述した高校卒業時の最終学年末試験と国立大学入学試験を統一するかどうかが以前から議論されてきた。国立大学を志願する高校卒業予定者は、最終学年次に各学校で行われる試験、全

国最終学年末試験、国立大学入学試験の計3つの試験を連続して受験しなければならず、労力と費用の面で大きな負担になっているためである。しかし、前者2つは卒業時の生徒の学業達成を評価し、卒業認定のために行うものであるのに対し、後者は国立大学入学志願者を選抜するために行うという目的と機能の違いから考えると、両者の統一は難しいという見解もあり、最終的な結論には至っていないのが現状である。

(3) 試験勉強と課外学習の問題

　大学入試や UAN 受験対策のための学習塾 (Lembaga Bimbingan Belajar) は 1980年代から増加傾向にある。中でも高校3年生のための大学入試対策コースが最も盛んである。大手の学習塾としてプリマガマ (Primagama)、1984年にバンドゥンで設立されたガネシャ・オペレーション (Ganesha Operation)、ヌルル・フィクリ (Nurul Fikri) などを挙げることができるが、どれも1980年代に設立され、その後拡大している。

　プリマガマは1982年に当時ガジャマダ大学の学生であったプルディ・E・チャンドラによってジョグジャカルタで設立された学習塾である。1999年には14の州に142の支部、2001年3月には21の州115の都市に171の支部をもち、全国で7万4千人の生徒が通っている。設立当初、この塾は国立大学入学試験を受験する高校3年生だけを対象としていた。しかし、1985年には小学校6年生および中学校3年生を、1992年には中学・高校の1～2年生および小学校5年生も受け入れるようになった。ヌルル・フィクリはイスラームの道徳的価値を基礎とする学習塾で、1985年にインドネシア大学に在籍していたムスリムの大学生たちが、受験生を支援する目的で設立された。この塾の場合、イスラーム思想普及の目的から、女子生徒は通塾の際に頭髪を隠すクルドゥンと呼ばれるスカーフを着用することが義務づけられているのが特色である。

　インドネシア全体から見れば、学習塾に通っている児童・生徒は都市部を中心としており、通塾が社会問題化するまでには至っていない。しかし経済的な余裕のある中間層の増加に伴い、子どもの教育に対する期待は急速に高

まっており、今後、学習塾の需要はますます高まるであろう。

参考文献

Departemen Pendidikan dan Kebudayaan, *Lima Puluh Tahun Perkembangan Pendidikan Indonesia*, 1996.

Departemen Pendidikan Nasional, *Ikhtisar Data Pendidikan Nasional Tahun 2007/2008*, 2008.

Kementerian Pendidikan Nasional, *Ikhtisar Data Pendidikan Nasional Tahun 2009/2010*, 2011. (http://www.pdsp.kemdiknas.go.id)

Directorate of Education Facilities, Directorate General of Primary and Secondary Education, Ministry of Education and Culture, *Standard Bidding Documents for Procurement of Textbooks by International Competitive Bidding Modified for Use under the Indonesia book and Reading Development Project (Loan 3887-IND)*,1999.

Marlan Harahap, Wajib Belajar Pendidikan Dasar 9 Tahun, Departemen Pendidikan Nasional BALITBANG, *Selintas Pendidikan Indonesia di Awal Tahun 2003: Tujuh Isu Pendidikan*, 2004.

Ministry of Education and Culture, *Standard Bidding Documents for Procurement of Textbooks by International Competitive Bidding Modified for Use under the Indonesia book and Reading Development Project* (Loan 3887-IND),1999.

Ministry of National Education, *Indonesia: Educational Statistics in Brief 2003/2004*, 2004.

Mulyasa,E., *Kurikulum Berbasis Kompetensi*,Rosda,2002.

Sitepu, Otonomi Penyediaan Buku Pelajaran, *Analisis CSIS-Pendidikan Nasional: Reformasi atau Revolsi?*, Tahun XXIX/2000. No.3, Centre for Strategic and International Studies,2000, pp. 307-321.

Taufik Tardianto(ed.), *Kerangka Dasar, Struktur Kurikulum Standar Kompetensi dan Kompetensi Dasar Tingkat SD/MI dan SMP/Mts*, CV.BP.PANCABHAKTI, 2006.

Wahyudin (ed.), *Petunjuk Pelaksanaan Sistem Pendidikan Nasional Tahun 2004/2005*, Cipta Jaya,2005.

ウエブサイト

Departemen Pendidikan Nasional (http://www.kemdiknas.go.id/)

Kementerian Pendidikan dan Kebudayaan (http://kemdiknas.go.id/)

UMB-PT Pendaftaran Online (Pendaftaran Mahasiswa Baru Ujian Masuk Bersama Perguruan Tinggi) (http://penerimaan.spmb.or.id/)

索　引

(1)各国独自の事項については、次の略号を付した。(韓)→韓国、(中)→中国、(台)→台湾、(比)→フィリピン、(べ)→ベトナム、(タ)→タイ、(マ)→マレーシア、(シ)→シンガポール、(イ)インドネシア
(2)その他の(　)内は、略語、別称、追加語句、説明等である。
(3)〔　〕内は、同種、同義の別表現を示す。
(4)同義の見出語が複数ある場合は、矢印が示す見出語の方に頁数を記してある。

〔ア行〕

IMF	3, 190
愛国心	v, 98, 100
ＩＴ教育マスタープラン（シ）	210, 211
アルバイト（教員の）	137
暗記中心	134, 135, 154
イスラーム（系学校、教育、教徒）	ⅷ, ⅹ, 161, 164, 167, 171-176, 179, 180, 185, 246, 249, 250
インデペンデント校（自主校）（シ）	193, 196, 200
英才教育	7, 8
エリート	ⅸ, 23, 119, 146, 165
OECD	3, 4, 133, 153
応試教育（中）	52
オートマス校（自治校）（シ）	196, 200, 201
オーネット（O-NET）（タ）	148, 153, 160, 161

〔カ行〕

会考（中）	29-31, 39, 44
学習指導要領	9, 74, 150
学習塾→予備校	
学区制	160, 195
華人	ⅷ, ⅸ, 168, 190, 241
課程計画（中）	32, 33, 35, 39
華文独立中学（マ）	168, 171, 177
価値教育	100, 103, 104
学校運営委員会	4, 16
学校系統〔教育制度〕図	6, 24, 54, 93, 120, 145, 166, 191, 223
学校試験（US）（イ）	227, 232
学校生活記録簿（韓）	8, 9, 14, 17
家庭教師〔個人教授〕	51, 144, 220
環境教育	35, 71
韓国教育開発院	13
完全寄宿制中学校（SMBP）（マ）	170
完全中学（台）	61
義務教育	ⅳ, ⅵ, ⅹ, 5, 25, 32, 54, 56, 60, 115, 118, 150, 222-225
義務教育法（中）	24, 26
教育課程	9, 10, 12, 13, 32, 35, 68, 74, 75, 98, 129, 150, 234
教育機会	94, 164, 165, 167
教育基本法	3, 19, 59, 68, 98
教育訓練省（べ）	116, 138
教育国家標準局（イ）	243
教育省（比）	93, 94, 103, 108
教育専門大学（マ）	180
教育バァウチャー制度	95
教育発展戦略2011－2020（べ）	116
教育部（韓）	9, 13, 18

教育部（中）	33	高等教育省（マ）	181, 182, 187
教育部（台）	55, 59, 62, 68, 77	高等教育法（韓）	3
教育文化省（イ）	226, 241, 242	高等教育法（比）	107
教育ユニットに基づくカリキュラム（2006年カリキュラム）（イ）	234, 236, 239	高入選抜考査（聯合考査）（韓）	4
		公民教育	131, 230, 231, 237-239
教員活動センター（マ）	181	公立中等教育無償法（比）	94, 96
教員研修センター（台）	82	国定（教科書）	13, 134, 153
教員職能開発・キャリア計画（Edu-Pac）（マ）	215	国民型学校（マ）	166
		国民学校（マ）	166
教員・大学教育法（イ）	245	国民教育憲章（韓）	4
教員評価	16, 241	国民中学（台）	60
教員養成	iv, v, 14, 58, 81, 82, 106-108, 135-137, 155-157, 179, 180, 212-215, 243	国民の政府（韓）	3
		国立教育学院（NIE）（シ）	195, 211-213
		国立教育大学（イ）	243, 244
教員養成カレッジ（シ）	213	個人教授→家庭教師	
教員養成協議会（比）	107	国家安全教育（ベ）	130-132
教学大綱（中）	37, 38	国家教育委員会（中）	33, 37, 51
教科書検定委員会（中）	37	国家教育省（イ）	224, 227, 232, 236, 237
教授言語	ii, viii, 49, 92, 102, 103, 165, 166, 168-170	国家教育審議会（タ）	158
		国家教育法（1999年）（タ）	144
業余学校（中）	22	国家大学（ベ）	132
クラブ活動	170	コンピテンシー	x, 234, 236, 241
グローバリゼーション（グローバル化）	ii, xi, 3, 150, 222	コンピテンシーに基づくカリキュラム（2004年カリキュラム）（イ）	234-236, 238
K-12基礎教育プログラム（比）	113	コンピュータ	iii, 11, 14, 35, 50, 99, 177, 188, 207
原級留置	v, x, 9, 96, 223, 230		
検定（教科書）	15, 37, 62, 78, 101, 102, 153, 154, 241, 242	〔サ行〕	
公開選考制（韓）	15	最終学力評価（EBTA）（イ）	226, 227, 230, 231
公開大学	122, 187	参与政府（韓）	4
高級中学（台）	60	自己主導学習選考（韓）	9
公共善	98	GCE（普通教育修了資格）	192, 193, 197, 202, 204, 218-220
高校全入時代	12		
高等教育委員会（比）	107, 108		

識字	22, 115	シンガポール試験・評価庁	200, 204
慈善学校（ベ）	121	申請入学（台）	63
自治大学（シ）	194, 218	新大学（タ）	155
質保証	v, vii, viii, 228	人民行動党（シ）	190
師範短大・大学（ベ）	136	数学オリンピック	52, 141
市民性（教育、促進訓練）	101, 112	正課並行活動（CCA）（シ）	206, 212, 217
就学率	v, vi, 22, 116, 117, 144, 224, 225	成績表〔成績証明書〕	9, 28, 104, 105, 125-127, 149, 229
重点校（中学、大学）（中）	17, 32, 48, 50	成績評価	9, 28, 31, 39, 66, 79, 80, 127, 148, 229
宗教教育	173-175, 230, 237, 239	生徒指導	79
宗教国民中等学校（SMKA）（マ）	167, 170, 171	生徒中心主義	vii, 135
宗教省（イ）	224, 225, 237	世界化→グローバリゼーション	
受験	vi, 48, 51, 62, 89, 90, 141, 162	全国学力評価（EBTANAS）（イ）	226, 228, 230, 231, 233, 241
種子教師（台）	83	全国試験	17, 49, 124, 125, 171, 227-230, 232
ジュニア・カレッジ（JC）（シ）	194, 195, 197, 200, 203, 204, 206, 209, 210, 212, 213, 217, 220	全国試験（UN）（イ）	228, 230, 232, 238
奨学金〔授業料援助〕	95, 156	全国初等教育評価試験（NEAT）（比）	76
少子化	4, 18, 60, 119, 156	全国中等教育能力試験（NSAT）（比）	97, 110
小学校卒業試験（PSLE）（シ）	192, 193, 197, 200	専科学校（台）	59, 60
小学校到達度評価（UPSR）（マ）	169, 170	専門職規制委員会（比）	106, 107
少数民族	118, 135	総合高級中学（台）	60
職業教育	5, 25, 54, 56, 57, 60, 74, 119, 120, 146, 177	総合課程（IP）（シ）	193, 197, 198
植民地	ii, iv, 169, 170	総合的学習	131
初・中等教育法（韓）	3	速習プログラム（イ）	235
自律高等学校（韓）	7	素質教育（中）	27, 52
自律性	3, 222, 225, 241	卒業試験	39, 44, 124, 230-232
進学率（高校、大学）	7, 8, 17, 43, 44, 51, 138, 178, 179	卒業認定	x, 65, 66, 97, 124, 150, 169, 230-233
シンガポール国立大学（NUS）	194, 217-219	〔タ行〕	
		大学修学能力試験（韓）	13
		大衆化	iv, vii, ix, x, 44, 139

第二外国語	12, 75, 81, 152	ンシーに基づくカリキュラム	
多様化	iv, 3, 9, 27, 50, 222, 234	2005年教育法（ベ）	116, 137, 141
単線型	3, 45, 54, 60	2006年カリキュラム（イ）→教育ユニットに基づくカリキュラム	
地域科（イ）	232, 239		
地域間格差	21, 50, 148, 156	2‐2プラン（比）	92
地域総合大学（タ）	155, 159	入学審査官（韓）	9, 18
地域の知恵	152	「認識台湾」	iv, 76
地方自治法（比）	94	ノンフォーマル教育	121
中央教育学院（CI）（シ）	194, 201, 203, 204, 206, 210, 212, 216, 220	**（ハ行）**	
		バイリンガル〔2言語〕教育	102, 235
中学教師職位試行条例（中）	40	バランガイ学校（比）	94
中華人民共和国教師法	41	半労半学学校（中）	22
中退〔退学〕	x, 7, 118, 225, 230	万人のための教育（EFA）	i
ディプロマ	179, 180-184, 214, 245	PISA	133
ドイモイ	vi, 116, 132	一人っ子政策（中）	46, 48
統一試験	viii, 17, 27, 29, 37, 49, 88, 124, 125, 171	「開かれた教育」運動（韓）	14
		フィリピン教員専門職化法	106, 108
トウィニング・プログラム	viii, 180, 182, 185	複線型	45, 54, 60
		普通教育修了資格→GCE	
道徳教育	71, 174, 178, 230, 232	ブミプトラ（マ）	viii, 164, 165, 167-169, 183, 185, 186
特性化高等学校（韓）	7		
特殊目的高等学校（韓）	7	ブリッジ・プログラム	96, 104, 113
特別活動	12, 13	分権化	9, 114, 222, 234
飛び級	66, 170	文民政府（韓）	3
ドロップアウト→中退		平準化政策（韓）	8
（ナ行）		補習教育	142, 162
南洋理工大学（NTU）（シ）	194, 217-219	ポリテクニック	ix, 170, 181-184, 194, 199, 214, 217, 246
2001年基礎教育カリキュラム（タ）	148, 150, 151	ボローニャ・プロセス	113
		（マ行）	
2002年基礎教育カリキュラム（比）	98, 99, 112	マイスター高（韓）	7
		マカバヤン（比）	v, 98-103, 113
2003年国家教育制度法（イ）	222, 225, 226, 234, 235	マドラサ・アリヤー（イ）	224, 239, 240, 247
2004年カリキュラム（イ）→コンピテ			

マドラサ・サナウィヤー（イ）　224, 237
マトリキュラシー（大学予科）（マ）　167, 172, 182
マラ理科下級カレッジ（マ）　168, 170, 172, 178
マルクス・レーニン主義　22, 46, 131
マレーシア学校教育高等資格（STPM）　168, 171-174, 182, 183
マレーシア教育資格（SPM）　170, 172, 182, 184
マレーシア宗教高等資格（STAM）　173, 175, 182, 183, 188
民間支援学校法（比）　95
民族母語（MTL）（シ）　192, 201, 203, 204, 207, 208, 218, 219
民弁教師（中）　40
民立大学（ベ）　122
無試験入学〔進学〕　v, viii, 18, 52, 61, 88, 147, 148
免試入学（台）　63
毛沢東思想　22, 46
モデル学校（示範学校）（韓）　14
問題解決学習　36, 100, 103

〔ヤ行〕

ユニバーサル・アクセス　iii, iv, 7, 17
四つの現代化（中）　25
予備校〔学習塾〕　v, 51, 90, 162, 258

〔ラ行〕

留学　22, 54, 140, 185
聯考（台）　86
聯招（台）　86-88
連邦教育省（マ）　167, 171
ルックイースト政策（マ）　185

〔ワ行〕

ワシントン協定　113

執筆者一覧(執筆順、○印編者)

○**馬越　徹**(Umakoshi Toru)　第1章担当
奥付「編者紹介」を参照。

韓　龍震(Hahn Yong Jin)　第1章担当
高麗大学教育学部卒業、同大学院教育学研究科修士、博士(教育哲学及び教育史学)。名古屋大学大学院教育学研究科修学(比較国際教育学)、韓国古典翻訳院付設古典翻訳教育院卒業、高麗大学教育問題研究所総幹事を経て、現在、高麗大学教授(教育学科)。
【主要著書・訳書】
『教育学用語辞典』(共編著、元美社、2007)、『児戯原覧』(共訳、韓国学術情報、2008)、『教育思想の歴史』(共編著、集文堂、2009)、『主要先進国の大学発展動向』(共編著、学志社、2009)、『近代以降日本の教育』(図書出版文、2010)、『近代韓国高等教育研究』(高麗大学民族文化研究院、2012)

○**大塚　豊**(Otsuka Yutaka)　序・第2章担当
奥付「編者紹介」を参照。

小川佳万(Ogawa Yoshikazu)　第2章担当
名古屋大学教育学部卒業、同大学院博士後期課程単位取得満期退学。博士(教育学)。比較教育学専攻。広島大学助手(大学教育研究センター)、ボストンカレッジ研究助手(国際高等教育センター)、東北大学大学院准教授(教育学研究科)を経て、現在、東北大学大学院教授(教育学研究科)。
【主要著書・訳書】
『社会主義中国における少数民族教育』(東信堂、2001)。『東アジアの教育大学院』(編著、広島大学高等教育研究開発センター、2010)。『東アジアの高大接続プログラム』(編著、広島大学高等教育研究開発センター、2012)、『アジアの教員』(共編著、ジアース教育新社、2012)、『アメリカの公立学校』(共監訳、東信堂、近刊)

所澤　潤(Shozawa Jun)　第3章担当
東京大学教養学部基礎科学科卒、東京大学大学院教育学研究科博士課程単位取得退学。専門は教育方法学。東京大学助手(東京大学史史料室)、群馬大学講師(教育学部)・助教授・教授、同大学院教授(教育学研究科教職リーダー専攻)を経て、現在、東京未来大学教授(こども心理学部)。
【主要著書・訳書】
『史料叢書東京大学史　東京大学年報』(全6巻、共編著、東京大学出版会、1993～1994)、「専門学校卒業者と台北帝国大学」(『年報・近代日本研究』19所収、山

川出版社、1997)、「聴取り調査　外地の進学体験」I〜IX(『群馬大学教育学部紀要人文・社会科学編』、1995〜2003)、『台湾の社会的リーダー階層と日本統治』(監訳、財団法人交流協会、2010)

中井俊樹(Nakai Toshiki)　第4章担当

東京大学教育学部卒業、名古屋大学大学院国際開発研究科修士課程修了、同大学院博士課程中途退学。専門は高等教育論。名古屋大学高等教育研究センター助手・講師・助教授を経て、現在、名古屋大学高等教育研究センター准教授。

【主要著書】

『成長するティップス先生』(共著、玉川大学出版部、2001)、『アジア・オセアニアの高等教育』(分担執筆、玉川大学出版部、2004)、『ベトナムにおける初等教育の普遍化政策』(分担執筆、明石書店、2008)、『大学教員のための教室英語表現300』(編著、アルク、2008)、『大学教員準備講座』(共著、玉川大学出版部、2010)、『大学の教務Q&A』(共編著、玉川大学出版部、2012)

北村友人(Kitamura Yuto)　第4章担当

慶應義塾大学文学部教育学専攻卒業。カリフォルニア大学ロサンゼルス校(UCLA)教育学大学院修士課程・博士課程修了。Ph.D.(教育学)。国連教育科学文化機関(UNESCO)教育担当官補(パリ本部教育局)、名古屋大学大学院准教授(国際開発研究科)、上智大学准教授(総合人間科学部教育学科)を経て、現在、東京大学大学院准教授(教育学研究科)。

【主要著書・訳書】

『アジアの高等教育改革』(監訳、玉川大学出版部、2006)、『国際教育開発の再検討』(共編、東信堂、2008)、『途上国への基礎教育支援』(共編、学文社、2008)、The Political Economy of Educational Reforms and Capacity Development in Southeast Asia (共編、Springer、2009)、『揺れる世界の学力マップ』(共編、明石書店、2009)、『激動するアジアの大学改革』(共編、上智大学出版、2012)

近田政博(Chikada Masahiro)　第5章担当

名古屋大学教育学部教育学科卒業、同大学院教育学研究科博士後期課程単位取得退学。博士(教育学)。名古屋大学助手(教育学部)、同専任講師(高等教育研究センター)、同助教授(同センター)を経て、現在、名古屋大学大学院准教授(同センターおよび教育発達科学研究科高等教育学講座)。

【主要著書・訳書】

『成長するティップス先生』(共著、玉川大学出版部、2001)、『近代ベトナム高等教育の政策史』(多賀出版、2005)、『学びのティップス　大学で鍛える思考法』(玉川大学出版部、2009)、『ベトナム2005年教育法』(越訳、ウェブ版、2009)、『大学教員準備講座』(共著、玉川大学出版部、2010)、『名古屋大学教員のための留学生受け入れハンドブック』(編著、ウェブ版、2011)

野津隆志(Notsu Takashi)　第6章担当
　筑波大学人間学類卒業、同大学院教育学研究科博士課程中退。博士(教育学)。比較教育学、教育人類学専攻。タイ・スリナカリンウィロート大学講師、埼玉短期大学助教授を経て、現在、兵庫県立大学経済学部教授。
　【主要著書】
　　『国民の形成』(明石書店、2005)、『アメリカの教育支援ネットワーク』(東信堂、2007)、『スタディ・スキル入門』(編著、有斐閣、2008)

西野節男(Nishino Setsuo)　第7章担当
　東京大学教育学部卒業、同大学院教育学研究科博士課程単位取得退学。教育学博士。比較教育学専攻。東京大学助手(教育学部)、JICA(国際協力機構)専門家、名古屋大学助教授(教育学部)を経て、現在,名古屋大学大学院教授(教育発達科学研究科)。
　【主要著書】
　　『インドネシアのイスラム教育』(勁草書房,1990)、『変貌するインドネシア・イスラーム教育』(共編著、東洋大学アジア文化研究所・アジア地域研究センター、2007)、『現代カンボジア教育の諸相』(編著、同上、2009)、『東南アジア・マレー世界のイスラーム教育』(編著、同上、2010)

池田充裕(Ikeda Mitsuhiro)　第8章担当
　筑波大学第二学群人間学類(教育学専攻)卒業、同大学院博士課程教育学研究科単位取得退学。1995年から2年間、文部省アジア諸国等派遣留学生として、シンガポール国立大学に留学の後、日本学術振興会特別研究員、山梨県立女子短期大学助教授を経て、現在、山梨県立大学准教授(人間福祉学部)。
　【主要著書・訳書】
　　『アジアの就学前教育』(山田千明との共編著、明石書店、2006)の他、『世界の学校』(二宮皓編著、学事出版、2006)、『確かな学力と豊かな学力』(原田信之編著、ミネルヴァ書房、2007)、『世界のシティズンシップ教育』(嶺井明子編著、東信堂、2007)、『PISAから見る、できる国・頑張る国』(渡辺良監訳、明石書店、2011)のシンガポールに関する章の執筆・翻訳を担当。

服部美奈(Hattori Mina)　第9章担当
　名古屋大学教育学部教育学科卒業、同大学院教育学研究科博士後期課程満期退学。博士(教育学)。比較教育学・教育人類学専攻。岐阜聖徳学園大学専任講師・助教授を経て、現在、名古屋大学大学院准教授(教育発達科学研究科)。
　【主要著書・訳書】
　　『インドネシアの近代女子教育』(勁草書房、2001)、『変貌するインドネシア・イスラーム教育』(西野節男と共編著、東洋大学アジア文化研究所、2007)、『途上国における基礎教育支援(下)』(共著、学文社、2008)、『現代教育改革論』(共著、放送大学教育振興会、2011)、『家族と教育(ジェンダー史叢書2)』(共著、明石書店、2011)

編者紹介

馬越　徹 (Umakoshi Toru)
広島大学教育学部教育学科卒業、同大学院教育学研究科博士課程中退。博士(教育学)。比較教育学専攻。九州大学助手(教育学部)、文部省事務官(大臣官房調査課)、広島大学助教授(大学教育研究センター)、名古屋大学大学院教授(教育発達科学研究科)を経て、桜美林大学教授(大学院国際学研究科)在職中の2011年4月逝去。名古屋大学名誉教授。

【主要著書・訳書】
『現代韓国教育研究』(高麗書林、1981)、『現代アジアの教育』(編著、東信堂、1989)、『アジアの大学』(共監訳、玉川大学出版部、1993)、『韓国近代大学の成立と展開』(名古屋大学出版会、1995)、『比較教育学の理論と方法』(共監訳、東信堂、2000)、『アジア・オセアニアの高等教育』(編著、玉川大学出版部、2004)、Asian Universities (共編著、The Johns Hopkins University Press, 2004)、『ヨーロッパの高等教育改革』(共監訳、玉川大学出版部、2006)、『比較教育学』(東信堂、2007)、『韓国大学改革のダイナミズム』(東信堂、2010)

大塚　豊 (Otsuka Yutaka)
広島大学教育学部教育学科卒業、米国George Peabody教育大学(現Vanderbilt大学)大学院修士課程修了、広島大学大学院教育学研究科博士課程中退。博士(教育学)。比較教育学専攻。広島大学助手(大学教育研究センター)、国立教育研究所(現国立教育政策研究所)研究員・同主任研究官、広島大学助教授・教授(大学教育研究センター)、名古屋大学大学院教授(国際開発研究科)を経て、現在、広島大学大学院教授(教育学研究科)。

【主要著書・訳書】
『中国の近代化と教育』(共著、明治図書出版、1983)、『アジアの大学』(共監訳、玉川大学出版部、1993)、『現代中国高等教育の成立』(玉川大学出版部、1996)、『変革期ベトナムの大学』(監訳、東信堂、1998)、『比較教育学』(共監訳、東信堂、2006)、『中国大学入試研究』(東信堂、2007)、『中国教育の文化的基盤』(監訳、東信堂、2009)

アジアの中等教育改革――グローバル化への対応

2013年4月10日　初　版第1刷発行　　〔検印省略〕
定価はカバーに表示してあります。

編者Ⓒ馬越徹・大塚豊／発行者　下田勝司　　印刷・製本／中央精版印刷株式会社

東京都文京区向丘1-20-6　郵便振替00110-6-37828
〒113-0023　TEL(03)3818-5521　FAX(03)3818-5514
発行所　株式会社　東信堂
Published by TOSHINDO PUBLISHING CO., LTD.
1-20-6, Mukougaoka, Bunkyo-ku, Tokyo, 113-0023, Japan
E-mail : tk203444@fsinet.or.jp　http://www.toshindo-pub.com

ISBN978-4-7989-0173-2　C3037　　Ⓒ Umakoshi Toru / Otsuka Yutaka

東信堂

書名	編著者	価格
比較教育学事典	日本比較教育学会編	一二〇〇〇円
比較教育学の地平を拓く——多様な学問観と知の協働	森山田 肖 稔子編著	四六〇〇円
比較教育学——越境のレッスン	馬越 徹	三六〇〇円
比較教育学——伝統・挑戦・新しいパラダイムを求めて	M・ブレイ編著 馬越・大塚豊監訳	三八〇〇円
国際教育開発の再検討——途上国の基礎教育普及に向けて	北村友人他編著 小川啓一	二四〇〇円
アジアの中等教育改革——グローバル化への対応	大塚豊監訳 馬越徹編	二八〇〇円
韓国大学改革のダイナミズム——ワールドクラス(WCU)への挑戦	馬越 徹	二七〇〇円
韓国の才能教育制度	石川裕之	三八〇〇円
中国教育の文化的基盤	大塚豊監訳 顧明遠	二九〇〇円
中国大学入試研究——変貌する国家の人材選抜	大塚 豊	三六〇〇円
中国高等教育独学試験制度の展開	南部広孝	三二〇〇円
中国の民営高等教育機関——社会ニーズとの対応	鮑 威	四六〇〇円
「改革・開放」下中国教育の動態	阿部洋編著	五四〇〇円
中国高等教育の拡大と教育機会の変容——江蘇省の場合を中心に	劉 文君	三八二七円
現代中国初中等教育の多様化と教育改革	呉 琦来	五〇四八円
中国の職業教育拡大政策——背景・実現過程・帰結	王 傑	三九〇〇円
中国の後期中等教育の拡大と経済発展パターン——江蘇省と広東省の比較	楠山 研	三六〇〇円
教育における国家原理と市場原理——チリ現代教育史に関する研究	斉藤泰雄	三八〇〇円
バングラデシュ農村の初等教育制度受容	日下部達哉	三六〇〇円
オーストラリア学校経営改革の研究——自律的学校経営とアカウンタビリティ	佐藤博志	三八〇〇円
中央アジアの教育とグローバリズム	川野辺敏 嶺井明子編著	三二〇〇円
オーストラリアの言語教育政策——多文化主義における「多様性と」「統一性」の揺らぎと共存	青木麻衣子	三八〇〇円
マレーシア青年期女性の進路形成	鴨川明子	四七〇〇円
「郷土」としての台湾——郷土教育の展開にみるアイデンティティの変容	林 初梅	四六〇〇円
戦後台湾教育とナショナル・アイデンティティ	山﨑直也	四〇〇〇円

〒113-0023 東京都文京区向丘1-20-6　TEL 03-3818-5521　FAX03-3818-5514　振替 00110-6-37828
Email tk203444@fsinet.or.jp　URL・http://www.toshindo-pub.com/

※定価：表示価格（本体）＋税

東信堂

転換期を読み解く——潮木守一時評・書評集	潮木守一	二六〇〇円
大学再生への具体像（第二版）	潮木守一	二五〇〇円
フンボルト理念の終焉？——現代大学の新次元	潮木守一	二五〇〇円
いくさの響きを聞きながら——横須賀そしてベルリン	潮木守一	二四〇〇円
大学教育の思想——学士課程教育のデザイン	潮木守一	二八〇〇円
国立大学法人の形成	絹川正吉	二六〇〇円
国立大学・法人化の行方——自立と格差のはざまで	大崎仁	二六〇〇円
転換期日本の大学改革——アメリカと日本	江原武一	三六〇〇円
大学の責務	天野郁夫	三六〇〇円
大学の財政と経営	立川明・坂本辰朗 D・ケネディ 井上比呂子訳著	三八〇〇円
私立大学マネジメント	丸山文裕	三二〇〇円
私立大学の経営と拡大・再編	㈳私立大学連盟編	四二〇〇円
大学の発想転換——一九八〇年代後半以降の動態	両角亜希子	四七〇〇円
ドラッカーの警鐘を超えて——体験的イノベーション論二五年	坂本和一	二〇〇〇円
30年後を展望する中規模大学	坂本和一	二五〇〇円
大学のカリキュラムマネジメント——マネジメント・学習支援・連携	市川太一	二五〇〇円
戦後日本産業界の大学教育要求——経済団体の教育言説と現代の教養論	中留武昭	三三〇〇円
教育機会均等への挑戦——授業料と奨学金の8カ国比較	飯吉弘子	五四〇〇円
アメリカ連邦政府による大学生経済支援政策	小林雅之編著	六八〇〇円
アメリカ大学管理運営職の養成	犬塚典子	三八〇〇円
[新版]大学事務職員のための高等教育システム論——より良い大学経営専門職となるために	高野篤子	三三〇〇円
現代アメリカにおける学力形成論の展開——スタンダードに基づくカリキュラムの設計	山本眞一	一六〇〇円
アメリカにおける多文化的歴史カリキュラム——マサチューセッツ州（MCASテスト）を中心に	石井英真	四二〇〇円
現代アメリカの教育アセスメント行政の展開	北野秋男編	四八〇〇円
大学教育とジェンダー——ジェンダーはアメリカの大学をどう変革したか	桐谷正信	三六〇〇円
	ホーン川嶋瑤子	三六〇〇円
スタンフォード 21世紀を創る大学	ホーン川嶋瑤子	二五〇〇円

〒113-0023 東京都文京区向丘1-20-6 TEL 03-3818-5521 FAX 03-3818-5514 振替 00110-6-37828
Email tk203444@fsinet.or.jp URL:http://www.toshindo-pub.com/

※定価：表示価格（本体）＋税

東信堂

大学の自己変革とオートノミー ―点検から創造へ	寺﨑昌男	二五〇〇円
大学教育の創造 ―歴史・システム・カリキュラム	寺﨑昌男	二五〇〇円
大学教育の可能性 ―評価・実践・教養教育	寺﨑昌男	二五〇〇円
大学は歴史の思想で変わる ―FD・評価・私学	寺﨑昌男	二八〇〇円
大学改革 その先を読む	寺﨑昌男	一三〇〇円
大学自らの総合力 ―理念とFDそしてSD	寺﨑昌男	二〇〇〇円
大学教育の明日へ ―FDの明日へ	田中毎実	二八〇〇円
大学教育のネットワークを創る ―臨床的人間形成論第一部	京都大学高等教育研究開発推進センター編	三三〇〇円
大学教育の臨床的研究	田口和博貴弘編	三六〇〇円
高等教育質保証の国際比較	杉羽澤田編	
英語の一貫教育へ向けて	立教学院英語教育研究会編	二八〇〇円
ポートフォリオが日本の大学を変える ―ティーチング/ラーニング/アカデミック・ポートフォリオの活用	土持ゲーリー法一	二五〇〇円
ティーチング・ポートフォリオ ―授業改善の秘訣	土持ゲーリー法一	二〇〇〇円
ラーニング・ポートフォリオ ―学習改善の秘訣	土持ゲーリー法一	二五〇〇円
IT時代の教育プロ養成戦略 ―日本初のeラーニング専門家養成ネット大学院の挑戦	大森不二雄編	二六〇〇円
学士課程教育の質保証へむけて ―学生調査と初年次教育からみえてきたもの	山田礼子	三三〇〇円
大学教育を科学する ―学生の教育評価の国際比較	山田礼子編著	三六〇〇円
一年次(導入)教育の日米比較	山田礼子編著	二八〇〇円
「深い学び」につながるアクティブラーニング ―全国大学の学科調査報告とカリキュラム設計の課題	河合塾編著	二八〇〇円
アクティブラーニングでなぜ学生が成長するのか ―経済系・工学系の全国大学調査からみえてきたこと	河合塾編著	二八〇〇円
初年次教育でなぜ学生が成長するのか ―全国大学調査からみえてきたこと	河合塾編	二八〇〇円
あなたの未来を拓く通信制大学院 ―日本大学大学院・宮本ゼミの一二年のドキュメント	宮本晃著	一八〇〇円

〒113-0023 東京都文京区向丘1-20-6
TEL 03-3818-5521 FAX03-3818-5514 振替 00110-6-37828
Email tk203444@fsinet.or.jp URL:http://www.toshindo-pub.com/

※定価：表示価格（本体）＋税

東信堂

現代日本の地域分化――センサス等の市町村別集計に見る地域変動のダイナミックス	蓮見音彦	三八〇〇円
地域社会研究と社会学者群像――社会学としての闘争論の伝統	橋本和孝	五九〇〇円
覚醒剤の社会史――ドラッグ・ディスコース・統治技術	佐藤哲彦	五六〇〇円
捕鯨問題の歴史社会学――近代日本におけるクジラと人間	渡邊洋之	二八〇〇円
新版 新潟水俣病問題――加害と被害の社会学	飯島伸子・舩橋晴俊編	三八〇〇円
新潟水俣病をめぐる制度・表象・地域	関 礼子	五六〇〇円
新潟水俣病問題の受容と克服	堀田恭子	四八〇〇円
組織の存立構造論と両義性論――社会学理論の重層的探究	舩橋晴俊	二五〇〇円
自立支援の実践知――阪神・淡路大震災と共同・市民社会	似田貝香門編	三八〇〇円
〔改訂版〕ボランティア活動の論理――ボランタリズムとサブシステンス	西山志保	三六〇〇円
自立と支援の社会学――阪神大震災とボランティア	佐藤恵	三二〇〇円
個人化する社会と行政の変容――情報、コミュニケーションによるガバナンスの展開	藤谷忠昭	三八〇〇円
《大転換期と教育社会論的考察》		
第1巻 教育社会史――日本とイタリアと	小林 甫	近刊
第2巻 現代的教養Ⅰ――生涯学者生涯学習の地域的展開	小林 甫	七八〇〇円
第2巻 現代的教養Ⅱ――技術者生涯学習の生成と展望	小林 甫	六八〇〇円
第3巻 学習力変革――地域自治と社会構築	小林 甫	六八〇〇円
第4巻 社会共生力――東アジアと成人学習	小林 甫	近刊
ソーシャルキャピタルと生涯学習	J・フィールド 矢野裕俊監訳	三二〇〇円
NPOの公共性と生涯学習のガバナンス	高橋 満	二八〇〇円
〈アーバン・ソーシャル・プランニングを考える〉（全2巻）	橋本和孝・藤田弘夫・吉原直樹編著	
都市社会計画の思想と展開	弘夫・吉原直樹編著	二三〇〇円
世界の都市社会計画――グローバル時代の都市社会計画	橋本和孝・藤田弘夫・吉原直樹編著	二三〇〇円
移動の時代を生きる――人・権力・コミュニティ	吉原直樹・大西仁監修	三二〇〇円

〒113-0023 東京都文京区向丘 1-20-6
TEL 03-3818-5521 FAX 03-3818-5514 振替 00110-6-37828
Email tk203444@fsinet.or.jp URL:http://www.toshindo-pub.com/

※定価：表示価格（本体）＋税

東信堂

《未来を拓く人文・社会科学シリーズ》〈全17冊・別巻2〉

科学技術ガバナンス	城山英明編	一八〇〇円
ボトムアップな人間関係——心理・教育・福祉・環境・社会の12の現場から	サトウタツヤ編	一六〇〇円
高齢社会を生きる——老いる人／看取るシステム	清水哲郎編	一八〇〇円
家族のデザイン	小長谷有紀編	一八〇〇円
水をめぐるガバナンス——日本、アジア、中東、ヨーロッパの現場から	蔵治光一郎編	一八〇〇円
生活者がつくる市場社会	久米郁夫編	一八〇〇円
グローバル・ガバナンスの最前線——現在と過去のあいだ	遠藤乾編	二二〇〇円
資源を見る眼——現場からの分配論	佐藤仁編	二〇〇〇円
これからの教養教育——「カタ」の効用	葛西康徳・鈴木秀徳編	二〇〇〇円
「対テロ戦争」の時代の平和構築——過去からの視点、未来への展望	黒木英充編	一八〇〇円
企業の錯誤／教育の迷走——人材育成の「失われた一〇年」	青島矢一編	一八〇〇円
日本文化の空間学	桑子敏雄編	二二〇〇円
千年持続学の構築	木村武史編	一八〇〇円
多元的共生を求めて——〈市民の社会〉をつくる	宇田川妙子編	一八〇〇円
芸術は何を超えていくのか？	沼野充義編	一八〇〇円
芸術の生まれる場	木下直之編	二〇〇〇円
文学・芸術は何のためにあるのか？	岡田暁生編	二〇〇〇円
紛争現場からの平和構築——国際刑事司法の役割と課題	城山英明・石田勇治・遠藤乾編	二八〇〇円
〈境界〉の今を生きる	荒川歩・川喜田敦子・竜一・内藤順子・柴田晃芳編	一八〇〇円
日本の未来社会——エネルギー・環境と技術・政策	角和昌浩・城山英明・鈴木達治郎編	二三〇〇円

〒113-0023 東京都文京区向丘1-20-6　TEL 03-3818-5521　FAX 03-3818-5514　振替 00110-6-37828
Email tk203444@fsinet.or.jp　URL:http://www.toshindo-pub.com/

※定価：表示価格（本体）＋税